国家社会科学基金重大项目"协同推进绿色低碳消费的体制机制和政策创新研究"（23&ZD096）、教育部人文社会科学研究后期资助项目"高质量发展背景下新城新区产城融合机制与路径研究"（20JHQ097）、浙江省一流A类学科 – 浙江财经大学"公共管理学"资助

新城新区
XINCHENG XINQU
CHANCHENG RONGHE JIZHI YU LUJING
产城融合机制与路径

杨雪锋［著］

U0330658

中国建筑工业出版社
中国城市出版社

图书在版编目（CIP）数据

新城新区产城融合机制与路径 / 杨雪锋著 . -- 北京：中国城市出版社，2024. 12. -- ISBN 978-7-5074-3780-5

Ⅰ . F291.1

中国国家版本馆 CIP 数据核字第 2024R3765T 号

责任编辑：张智芊　宋　凯
责任校对：赵　力

新城新区产城融合机制与路径

杨雪锋　著

*

中国建筑工业出版社、中国城市出版社出版、发行（北京海淀三里河路 9 号）
各地新华书店、建筑书店经销
北京雅盈中佳图文设计公司制版
建工社（河北）印刷有限公司印刷

*

开本：787 毫米 × 1092 毫米　1/16　印张：$18\frac{3}{4}$　字数：354 千字
2025 年 3 月第一版　2025 年 3 月第一次印刷
定价：**72.00** 元
ISBN 978-7-5074-3780-5
　　（904803）

前　言

产城融合既是城市可持续发展的客观要求，也是城市化高质量发展的必经之路。《中华人民共和国国民经济和社会发展第十四个五年规划和 2035 年远景目标纲要》明确要坚持产城融合，完善郊区新城功能；新城新区要顺应城市发展新理念新趋势，建设宜居、创新、智慧、绿色、人文、韧性城市。本书围绕新城新区产城融合主题展开研究。

本书坚持问题导向，剖析传统城市化模式产城关系扭曲现象及其根源，阐释以人为本发展理念的理论意蕴。反思传统发展模式下新城新区产城分离弊端，对其主要类型、根本原因、形成机理进行了剖析，解析高质量发展背景下产城融合的理论内涵、现实背景、发展基础及根本动因，寻找城市规划新理念与产城融合之间的契合点，借鉴发达国家新城新区建设的成功经验，构建产城融合的逻辑路径、政策路径和治理创新路径。

本书在价值导向上，以人为核心，坚持幸福导向，把"人"作为产城融合的主体，分析其作为生产者与消费者、劳动生产者与人口再生产者、员工与居民多重角色的空间转换关系，揭示生产、生活、居住、服务的一致性、相通性、融合性。以人为核心，建立包含产、城、人、文、地、居、业七大要素的城市空间关系和配置结构，从新城新区总体发展的宏观架构、中观运作和微观行为三个层面，综合采用跨学科研究方法对产城关系协调发展的动力机制进行分析。

本书围绕高质量发展背景下新城新区产城融合发展的内涵、理念、基础理论、学理脉络、理论机理展开深入研究，并运用多种定量方法进行实证研究，针对不同类型的新城新区进行案例研究，提出相应的产城融合发展路径。本课题运用系统动力学方法，揭示产城融合动态演变过程和产城关系互动机理。不同于常用的宏观经济数据做计量分析，本课题采用微观计量方法，利用问卷调查和实地调研获取的一手数据，刻画产城分离状态下职住选择行为的影响因素。细分不同类型的产城分离状态和产城融合模式，在理论上分析产城融合的人本逻辑及作用机理，在实证上验证产城融合的动力机制、职住选择的行为动因，在个案上，针对科技新城、国家级新区、特色小镇的产城关系和空间形态进行理论解释，并提出发展路径和政策选择。选取杭州下沙新城、杭州经济技术开发区、杭州未来科技城、四川天府新区、雄安新区、温州智能电气小镇等地作为个案进行实证研究，描述其各自的背景和产城关系状况，分析其产城融合发展存在问题及发展需求，提出相应的对策建议。

目　录

第一章　导论

回顾 40 多年的城市化发展之路，我国新城新区建设取得丰硕的成果，新城新区已经成为经济增长的新引擎、产业升级的新空间、创新创业的新平台，同时承载着一个城市发展的新希望，也是规避主城区"城市病"的新选择。但是，40 多年的发展同样暴露了众多的问题，例如，人口流动受限、生态环境破坏严重、土地资源浪费严重、产城功能割裂等。新时代背景下中国新型城镇化突出强调高质量发展，迫切要求新城新区转变以往的发展模式，加快推进产城深度融合发展，提升新区的发展品质与质量，实现高质量的城市建设、高质量的基础设施、高质量的公共服务、高质量的人居环境、高质量的城市管理和高质量的市民化的有机统一。

第一节　问题的提出

一、中国城市化进程的反思

总结中国城市化的特征可以将其概括为：时空压缩性、政市交织性、多维变动性。首先，所谓的时空压缩性表现在：在时间尺度上，中国只用了 40 多年便走完了西方国家 300 多年的城市化发展路程；在空间尺度上，我国的城市化主要集中于东部沿海等发达地区、若干大中城市。其次，所谓的政市交织性主要表现在：中国的城市化推进主体主要为政府和开发商，政府在城市化中起到主导核心资源配置的作用，而开发商则起到主导城市空间资源开发、经营的作用。最后，所谓的多维变动性主要表现在：中国城市化往往伴随空间、产业、人口大规模变迁，经济体制、社会结构、土地制度的二元结构消解与固化。这种超大规模、结构化、制度性的历史变革，在微观层面就突出表现为产城分离、职住分离、社群分割等问题。

二、中国城市化的两大问题及后果

（一）社会系统割裂

新城新区的建设离不开大量人口的支撑，而当前许多新城新区面临的问题就在于"农村人进不来，城里人出不去"，许多新城新区或多或少对于农村人口进入城市设置了壁垒，严格的户籍制度限制了大量的农村人口进入城市，无法享受同市民一样的社会保障待遇，同样二元户籍制度的存在也不允许城市人口向农村转移。这种割裂不仅存在于农村与城市人口结构上，同样存在于年轻人与老年人这一人口结构上，表现为"新人留不住，老人走不了"，通常是因为城市的生活成本过高，给年轻人带来的压力过大，使年轻人对城市的热情下降，老年人则因为城市环境不够乐观，普遍希望能够回到乡下享受惬意的老年生活。这种人口结构上的矛盾也就导致了整个社会系统的割裂。

（二）生态系统破碎

从物质流动的角度来看，物质的流动往往是单向且线性的。氮磷钾等元素以食物的形式从田野流进城市，最后都以各种形式排向大海。这种单向的物质流动导致土地越来越贫瘠，农业生产越来越依靠化学农业。而化学药剂及肥料的大量使用破坏土地的原生生态系统，最终威胁到整个生物链，包括人类本身。

从城市建筑的发展角度来看，摊大饼式的城市发展是我国城市面临的普遍问题，城市建筑普遍依赖水泥等建筑材料，城市的发展导致土地的硬化面积越来越大，而硬化的土地丧失了储水渗水等功能，无法形成大气水循环，导致城市及周边地区气候恶化，非旱即涝。

除了上述问题以外，城市中的绿化存在绿量不足、结构单一、生态失调等问题，导致城市的热岛效应得不到有效缓解，空气质量持续下降，生活环境质量不佳，影响人们的健康。

（三）传统城市化发展模式的不良后果

城市的畸形发展，最终损害的不只有城市。从城乡的协调发展来讲，这种不协调的城市发展首先导致严重的"农村病"：伴随城市畸形发展，新城盲目扩张，城市吸附了更多的农村年轻人口，各种资源都流向城市，使农村的发展愈发营养不良。

其次，这种不协调的发展也将影响城市本身，产生了一系列的"城市病"：环境污染、交通拥堵、房价飞涨等。城市的公益性设施布局造成邻避困境，城市人口的大量增加导致公共产品和服务供给不足都影响了城市的健康发展。

将这种影响延伸到新城的发展上，可以概括为"新城病"：各类新城建设目标趋同、功能重复，产业同构、创新乏力，"千城一面"、特色危机，盲目扩张、债务沉重，人气不旺、商业凋敝，"空城"遍地、"鬼城"泛滥。

与"城市病"同时并存的是"乡村病"，表现为：生态环境恶化，农村成为城市垃圾的堆放地和污染避难所；农业生态系统被破坏，化学农业导致土壤污染；乡村社会结构破碎，基层治理瘫痪；公共服务良莠不齐，基础设施严重短缺；农村社会建设滞后，留守妇女儿童、空巢老人生存状况堪忧等。

多年的粗放型城市化累积的种种弊病在新城新区发展中也集中暴露出来。当前，新城新区同时面临"城市病""乡村病"和"新城病"等多重难题，需要综合治理、系统治理。基本思路是以产城融合为主线，通过"三生"融合，提高城市发展质量和生活品质，化解"城市病"；通过城乡融合，将城市公共服务和公共治理延伸到乡村，治疗"乡村病"；通过空间融合，推进主城区和新城区基础设施和公共服务的协同发展，规避"新城病"。

三、产城融合视角下新城新区高质量发展的主要议题

简要概述我国新城新区发展情况，总结其主要特点和发展趋势，特别是在产业集聚、人口集聚、土地利用、空间结构、市政建设、公共服务等方面存在的突出问题和主要短板。

改革开放以来，我国城镇化水平有了很大提高。截至 2021 年末，我国城镇常住人口达到 91425 万人，城镇化率由 1978 年的 17.9% 提高到 2021 年的 64.72%，较 1978 年提高 46.82 个百分点。但是由于户籍限制和增长至上的城市发展模式等诸多因素的影响，城市户籍人口的比例增长缓慢，截至 2021 年末，我国户籍人口城镇化率提高到 46.7%，与常住人口城镇化率相差 18.02 个百分点，空间城镇化与人口城镇化的差距不但没有缩小，近年来反而呈现扩大趋势。《国家新型城镇化规划（2014—2020 年）》明确提出到 2020 年"户籍人口城镇化率与常住人口城镇化率差距缩小 2 个百分点左右"。农村人口落户城镇的实际情况不及预期，这种深层次的发展问题反映到城市的表象中就是当前普遍存在的产城分离。

回顾改革开放以来的城市发展历史，虽然城市的发展方式各不相同，但城市的发展理念都可以归结为经济导向。因此，我国城市的发展除了在城市的核心旧城区基础上的修修补补，就是各个城市竞相设立的产业园区或者开发区，这也是增长主义和理性主义发展理念的直接反映。这些产业园区或者开发区的设立是招商引资、表现政绩并造福社会的结果。由于我国的特殊国情，这些设立的产业园区在发展的初期基本以传统制造业和加工业作为主导产业，经济功能突出，城市的其他功能相对弱势；再者，普遍存在环保准入门槛低，这与日渐严格的环境保护标准存在较大的矛盾。这导致了职住分离、潮汐式交通等无限加大城市运行成本的问题；而钟摆式生活、候鸟式迁徙造成居民生活质量严重下降和员工精神压力加大。这些

都是许多城市所面临的产城分离现象。产城融合作为克服产城分离的城市发展方式，日益成为各地的施政选择。

改革开放40多年以来，我国的城镇化和工业化保持高速发展，特别是近10年来，新城新区作为城镇化、工业化的重要平台，已形成庞大的建成区规模。据不完全统计，截至2014年，县及县以上的新城新区数量超过3000个。然而，由于过度追求经济增长目标，缺乏以人为本的科学规划理念，不少新城新区忽视了城镇化与工业化的协同推进，导致人民居业协调缺乏平衡，产城分离乱象横生。多数新城新区由于规划面积过大，而且空间布局远离主城区，无法接受主城区基础设施和公共服务的辐射，或因城市功能不足，以致新城区不能健康持续发展，或因产业集聚缺乏规模效应导致城市对人口吸纳能力有限，出现"空城""鬼城"等怪象。这种空间城市化或土地城市化，表现为"有城无产"和"有产无城"两种情形。"有城无产"的城区往往缺乏相关实体经济的支撑，转而片面追求房地产市场的开发，产业结构单一，经济缺乏活力，就业吸纳能力低下，无法实现规划目标设定的人口规模；"有产无城"的城区则缺乏基本的城市基础设施，城市功能单一，公共服务供给匮乏，居住环境不佳，仅是制造业集聚的生产基地。基于不同的发展需求，当前新城新区呈现多种空间形态，其产城分离的特征和成因也存在差异，有必要对其进行梳理和归纳，探寻产城协调发展的规律，提出产城融合的对策。

为了解决产城分离所带来的一系列问题，促进新城新区高质量发展，产城融合成为新城新区发展的新要求。首先，要认识到产城融合是反思当前城市发展困境之后对协调、共享城市发展理念的回归，城市的发展不是孤立的，而是应该相互协调，优势互补。其次，理解产城融合，要紧紧把握"人既是生产者也是消费者"这一根本经济属性，城市发展不能只偏重于产业化，更应该发展和完善居住和配套服务设施。最后，产城融合是产、城、人、地、业、居六大要素在空间上的有机结合，其中"人"是核心，"地"是载体；"业"和"居"是支撑，"产"是关键，"城"是基础。产因城兴，城因产立，人因产而业、因城而居；反之亦然，人因业而立、因居而乐，业聚为产，人聚为城。业和居是产和城的微观基础，业与居的协调要求产与城的融合。在以人为核心的基础上，切实落实"业"和"居"，才能实行产城融合。

《中华人民共和国国民经济和社会发展第十四个五年规划和2035年远景目标纲要》（以下简称《规划纲要》）指出，坚持走中国特色新型城镇化道路，深入推进以人为核心的新型城镇化战略，以城市群、都市圈为依托促进大中小城市和小城镇协调联动、特色化发展，使更多人民群众享有更高品质的城市生活。《规划纲要》指明了高质量城镇化的两大发展方向：超大特大城市要坚持产城融合，完善郊区新城功能，实现多中心、组团式发展；中小城市要顺应城市发展新理念新趋势，开展城市现代化试点示范，建设宜居、创新、智慧、绿色、人文、韧性城市。概括起来就是要发展新城新区，实现产城融合。基本宗旨是坚持以人为本，目的是为了使城市实现高质量发展，是全面协调发展，不再是单纯的经济驱动，而是为了使发展成果惠及广大城市居民，实现共享发展。

第二节　文献回顾

一、产城融合基本问题及内涵界定

产城融合问题是城市化进程中几乎不可避免的问题，尤其是城市规模逐步扩张到大中型城市之后（Piper Gaubatz，1999）。基于此，国外对产城融合的研究在 20 世纪 80 年代就已经出现的，不过文字表述不同于我国，基本是职住融合等（Robert Cervero，1996）。在收集阅读中外相关文献中，发现中外在此领域研究虽然立足点都是大中型城市发展过程出现的问题，但却在研究结论、研究内容等方面出现较大的差别。国外学者的研究非常倾向于市场的力量解决城市发展中出现问题，比如通勤成本过高、私家车数量过多等。Brueckner J.K（2000）就详细论述了通过政府行政力量改造城市的后果，他认为政府想当然地定义了城市居民的偏好，认为居民已经不能忍受产城分离所带来的通勤问题，并用理论推导的方法说明了市场"这只看不见的手"的有效性，同时也认为应当在城市规划的过程中重视城市的空间价值并将之量化。David L. Sjoquist（2001）则进一步研究了居民城市在空间偏好上的差异性。同时，在如何解决这些问题上，经济学家和城市规划师一直以来都是各持己见（Tony E. Smith，2003）。但从国外相关研究文献中，可以看出产城融合研究要深入问题的本质来探讨相关的机制（Rietveld and Nijkamp，1998）。

我国学者在对产城融合的研究中虽然也是基于城市发展过程中出现的问题（罗守贵，2014），也从经济学角度和城市规划的角度出发（李文彬，等，2012；刘荣增，2013），但问题的落脚点却并不是国外学者普遍关注的城市居民通勤等问题。国内的产城融合研究更多关注城市的有序扩张以及产业的合理发展，这与我国依然处于城市化快速发展的阶段有关。

现如今，中国城镇化和工业化进程已进入新阶段，经济新常态要求更加注重经济发展质量和效益，城市化也更加强调以人为本和协调发展，实现产城融合。产城分离不仅不利于产业和城市功能的良好互动，导致城市空间结构失衡，降低城市人居品质，还会加剧城市新区经济增长的不稳定、不协调和不可持续。产城分离问题成为当下城市化领域的重要议题，相关文献大致可以分为产城融合内涵研究、产城关系变化、职住分离及通勤问题、产城融合评价及其实现路径等几方面。

关于产城融合内涵研究。产城融合这一概念提出的背景基于我国的城镇化，是结合我国城市发展面临的问题而提出的发展要求和目标。在国内学者中，张道刚（2011）较早提出产城融合的概念，他认为产业是城市发展的基础，城市是产业发展的载体。城市与产业是相伴而生、共同发展的，城市没有产业支撑，即便再漂亮，也就是"空城"，产业没有城市依托，即便再高端，也只能"空转"，分析了早期上海出现的"产城不融合"现象。林华（2011）认为产城融合应是居住与就业的融合，核心是使产业结构符合城市发展的定位，并且提出高科技企业等创新资源与高素质人口等人力资本的积聚互动对城市发展的长期影响。李文彬和陈浩（2012）、王政武（2013）、何磊（2015）等则提出了产城融合的内涵，认为产城融合的内涵应为人本导向、功能融合和结构匹配三方面，是一个城市发展到一定阶段的产物，并提出了根据各地区不同实际情况制定针对性的发展措施的政策建议；刘畅等（2012）则认为我国城市发展应当汲取过去的经验教训，积极推进产城融合，认为产城融合应该具备"功能复合、配套完善与布局融合"的核心内涵，并结合实际进行了论证。但产城融合的发展也是要区分为不同程度的，因此，李光辉（2014）构建了产城融合发展评价体系，说明了我国产城融合存在显著的地域性特征。

二、职住关系及产城关系研究

关于职住分离的相关研究，部分学者运用市场理论对其进行了剖析。Jos van Ommeren，Piet Rietveld，Peter Nijkamp（1999）通过构建工作和住宅流动性与通勤距离的二因素构建出搜寻模型，得出通勤距离每增加10公里将使人们选择同样的工作和居住环境时间减少至少两年。Giuliano Genevieve（1991）通过对交通拥堵原因的阐述，提出划片划区的劣势并呼吁通过职住平衡来缓解交通状况。Smith T E，Zenou Y（2003）则提供了一个新的空间不匹配机制假设来解释居民优化行为，提出未工作者如果住在离工作地点很远的地方会导致他们选择不怎么去搜寻工作并失业，他们不愿意搬迁的理由是低地租和大房子消费的远期收益足以超过高概率找到一个工作但是得在附近居住的长期受益，进一步解释职住失衡问题。柴彦威等人（2010）通过北京地区问卷调查数据和多元回归模型验证了居民职住分离程度差异性影响，单位居住区的职住分离程度显著小于商品房居住区，并且单位福利住房的分离程度一般较低，政策性住房一般较高。

关于产城关系协调发展研究，相关学者也作出了丰富的阐述。李文彬、陈浩（2012）认为产城融合内涵的理解主要着眼于人本导向、功能融合和结构匹配这三个方面。罗守贵（2014）认为城市发展需要遵从科学规律，而产城融合理念是符合大规模城市扩张持续进行，并分别从全国层面、城市体系层面和单个城市层面进行阐述。杜东宝（2014）则用时间、空间、类型和人本四个维度系统地建立起产城融合概念内涵与外延的认知体系，提出城市的未来需要"产、城、人、境、意"等各方面要素的碰撞与融合。李文彬、张昀（2014）认为城市应该以人为本，一切功能围绕人的需求展开，即从人本主义的视角去理解产城融合，进而提出规划对策。刘畅（2012）、孔翔（2013）等学者提出产城融合的核心内涵是产业布局耦合、城市功能齐全与综合设施完善，区域产业空间和社会空间相协调。产城融合的本质在于理顺产城关系，使产业与城市的关系达到一种理想化的协调状态。产业与城市能够相互协调相互促进，产业的发展带动城市经济发展，促进城市基础设施的完善；城市基础功能的完备吸引公司投资，实现城市产业的"退二进三"。但是分析文献发现，学者们对产城关系有一定的探索，但大多停留在产城关系类型的分析，在分析了二者相互作用的关系后戛然而止，缺少深入探究相互作用的动力及原理研究。

三、产城融合评价及对策研究

关于产城融合评价方面，张开华（2014）等通过对湖北省12个地级市为对象，采用主成分分析方法，对湖北省的产城融合度进行测评。苏林（2013）等则对上海张江高新区产城融合水平建立了4层指标体系，包括经济发展水平、园区配套、城市化水平等，利用模糊层次综合评价法进行具体分析，得出每一个指标的权重以及综合测评结果。唐晓宏（2014）以上海市漕河泾新兴技术开发区、外高桥保税区、金桥经济技术开发区等五个代表性开发区为例，将灰色理论引入开发区产城融合评价中，构建了基于灰色关联分析的开发区产城融合度评价模型，以产业发展、人口融合、空间融合和城市功能四个维度构建了开发区产城融合的评价指标体系，对上海五个代表性开发区进行了实证分析。王菲（2014）通过产业发展水平和城市化发展水平两个方面，共12项指标，构建了产业集聚区产城融合度评价指标体系，运用四象限法对河南省20个代表性产业集聚区进行了实证分析，并将产业集聚区划分为休闲型、成熟型、幼稚型和生产型四种类型。

关于产城融合实现路径方面，李学杰（2012）等认为城市发展必然会有产城融合的结果，从系统工程的角度出发，认为要全面兼顾经济、社会、文化、生活、生态、人口、用地布局、道路、设施配套等资源要素的合理布局，产业依附于城市，城市更好地服务于产业，推动城市的可持续发展。蒋东华（2012）认为产城融合是一个复杂的网状形态，表现两者互为渗透复合发展，创造更大的生产力，城市建设依托产业发展，更需要产业合理升级与布局，而产业发展立足于城市建设，需要城市功能的完善。沈正平（2015）针对当前我国新城新区产城融合发展中存在的主要问题，认为应当从判定发展阶段、明确发展定位、实施科学规划、健全功能设施、聚合产业链群、优化空间布局等方面推动产城融合、促进新城新区健康发展。

四、研究评价

综上所述，现有研究对产城分离现象作了较为深入的分析，但就我国当前不同类型的产城分类现象还缺乏系统的归纳，对其背后的原因也没有作较为深入的解释。在国家新型工业化和新型城镇化协调互促的驱动之下，未来的研究重点更应涉及国家级新区等新形式的新区，着力规划和完善新区建设中的"产城融合"问题；始终坚持以人为本，关注人的需求和实现人的全面发展将是新区产业转型、城市综合水平提升及二者深度融合的热点和难点。产城融合始终是各级政府关注的焦点，因此，加快构建更具科学性、普遍性和全面性的产城融合指标体系，将成为地方政府更快更好地推进产城融合的助力器。产城融合各地的做法具有不可复制性，不能照搬某个地方的做法，需要因地制宜，因时制宜，在充分认识自身发展的阶段及优劣势的基础之上，引导和培养支柱型产业。一般性的城市要发掘自身产业、文化特色，结合特色小镇培养模式实现"产城融合"，乡村要紧紧依托乡村振兴战略的优势，打造特色生态旅游、新型农业发展模式，走乡村复兴道路，实现"产城融合"。

第三节　本书基本框架

一、主要内容和总体框架

本书主要内容由以下部分组成：

（一）高质量发展背景下产城融合的理论内涵及学理基础

（1）分析高质量发展背景下产城融合的理论内涵。内涵上区分狭义的产业区与城区的空间融合，广义的工业化与城镇化融合，体现新时代新发展理念的产城融合，还包括新城新区的社会融合、城乡之间的经济融合。

（2）揭示产城融合的人本逻辑和高质量发展意涵。产城融合是产、城、人、地、业、居六大要素在空间上的有机结合，从生产者和消费者的统一体、劳动力供给者和城市公共服务需求者的结合体、物质再生产和劳动力再生产活动二重性，分析"人"作为城市主体的中心地位和社会功能对城市生产空间和生活空间关系演化的内生要求。从高质量发展角度分析产城融合供给侧和需求侧的内生动力。

（二）高质量发展背景下城市竞争新逻辑与产城融合的理论意蕴

（1）厘清高质量城镇化导向的城市竞争新逻辑，推进产城融合具有经济、科技和市场需求等现实基础。高质量发展对产业结构、技术水平、人居环境、生活品质等方面提出新的要求，城市竞争从以往的供给导向转变为需求导向，即从过去注重要素供给转向资本和人才对营商环境、公共服务和城市生活品质的需求。

（2）解读人民为中心城市发展观与新城新区发展新要求。领会习近平生态文明思想和关于城市治理现代化重要论述、新时代城市科学发展重要论述中关于产城融合的理论意涵，为新城新区规划建设指明路径。

（三）新城新区空间形态演变、产城分离类型比较及病灶透视

（1）描述我国新型城镇化进程中新城新区空间形态演变。从工业化与城市化互动关系以及城市化进程两个方面分析产城关系变动规律，揭示产城融合与我国经济社会发展阶段、城市发展特定阶段等重大现实背景的关系。

（2）产城分离现状分析和产城分离类型比较分析及其根源透视。阐述产城分离的主要表现形式，通过对居住新区、产业园区、高铁新城和科技新城四种新城新区类型的产城分离现状进行比较分析，查找其不同的原因以及共同的根源。从分割的城乡二元户籍制度、土地制度、城市发展理念偏差及增长方式粗放等方面分析阻延人口集聚诱发产城分离的体制性根源。从城市基本公共服务选择性供给、土地供应结构失衡及土地出让价格扭曲，产业区与行政区管理体制失调、城市规划科学性不足以及多个规划缺乏衔接等方面剖析产城分离的内在原因。

（四）产业空间分异、职住选择与新区产城融合关系机理：以杭州下沙新城为例

分析服务业集聚与职住分离的机理。从产业集聚与城市空间分化、宏观和微观影响因素等方面分析服务业集聚下职住选择的行为机理，提出职住分离形成机制的三个假设：产业空间分布差异、区域内部产业失衡、个体行为决策分别是新城职住分离的宏观、中观和微观因素。通过问卷调查以及实地调研、访谈等数据搜集方式，着重探讨新城内部居民群体的通勤特征以及个人的经济社会属性，分析不同群体因从事产业不同而存在差异，探讨各因素之间的内在关系；最后从优化产业结构、完善城市功能、提升职住质量等方面提出政策建议。

（五）开发区产城融合动力机制研究：以杭州经济技术开发区为例

运用系统动力学方法，构建了开发区产城融合发展系统动力学模型。采用因果关系图反映模型中各变量之间的相互关系，通过对反馈回路的分析，清晰地表达系统内部的非线性因果关系，以明确其微观结构，预测各变量的变化趋势。运用系统动力学模型对杭州经济技术开发区 2005—2014 年的发展数据进行仿真模拟，仿真结果分析包括产城融合发展指数评价分析和产业发展指数、城市发展指数、生态文明指数的评价分析，以及影响因素灵敏度分析。

（六）科技新城产城融合路径选择及政策支持：以杭州未来科技城为例

揭示科技新城功能定位与产城融合发展要求。按照创新融合、功能契合、空间融合、人文融合等方面阐述科技新城不同时期产城融合多维发展要求，以杭州未来科技城为例，从城市综合功能、公共服务供给、基础设施建设、交通运行状况、居住条件、产业结构等方面分析其产城融合现状及原因。其发展路径为基于产业需求和人才需求的城市服务体系构建，产城融合的模块化布局、创新环境多元化引导；从提升城市功能、加快轨道交通建设、有序推动房地产开发、制定引新退老产业结构调整政策等方面构建科技新城产城融合政策支持体系。

（七）"产城人境业"融合发展的公园城市建设路径：以成都天府新区为例

阐述公园城市的理论内涵与产城融合理念的逻辑契合。阐述公园城市的科学内涵、基本特征，建设公园城市的基本原则，揭示其产城融合发展的内在要求和逻辑必然。构建公园城市的价值体系与天府新区产城融合成长坐标。以城市生命共同体为依归，构建以生态价值为核心的公园城市价值体系。从六个维度提出公园城市评价体系。作为产城融合、职住一体的公园城市，充分体现人本思想，其成长坐标可描述为自然之野、人文之韵、经济之活、治理之善、百姓之乐。寻求天府新区生态本底与公园城市建设路径。生态化指向的产城融合发展路径就是锚定公园城市成长坐标，坚持绿水青山就是金山银山的发展理念，以大融合、大生态、大健康为重点，构建绿色经济发展新机制。

（八）高质量发展背景下雄安新区绿色智慧新城的基础性系统与保障性体系

以生态宜居、产城融合、运行高效为目标，建设绿色智慧新城生态系统、基础设施系统、城市运行系统和创新创业系统等四大基础性系统。以内部安全、和谐，外部协调、共享为目标，构筑绿色智慧新城科学的空间规划设计体系、先进的城市建设标准体系、现代化城市治理能力体系、新型公共安全保障体系、区域发展统筹联动体系等保障性支持体系。

（九）产业特色小镇产城分离困境及产城融合发展路径：以温州乐清智能电气小镇为例

阐述特色小镇的理论基础及其对产城融合规划理念的引导，引入田园城市、新城市主义、卫星城镇等理论，借鉴了国内外关于特色小镇的学术成果。从发展条件、发展基础对其乐清电气小镇产城融合发展现状进行分析。针对产业发展水平不高、高端要素集聚不足、城市化功能不完善等问题，剖析其原因及制约因素，提出优化空间布局、发展特色产业、集聚高端要素、完善城市化功能、创新体制机制等建议。

本书总体框架为，从微观的人本逻辑到宏观的发展逻辑，构建"产、城、人、文、地、居、业要素融合与空间均衡"模型，揭示新城新区产城关系演变过程并对产城融合模式进行比较分析，基于理论分析，对六类新城形态产城融合机制进行实证研究和案例分析（图1-1）。

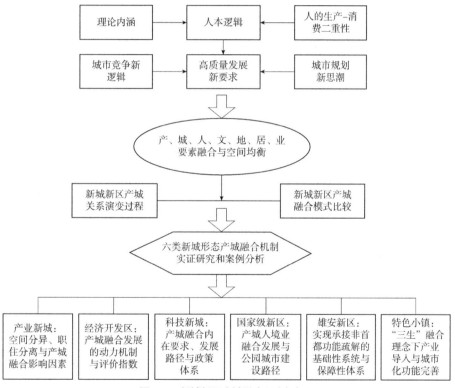

图1-1　新城新区产城融合研究框架图

二、研究方法与创新之处

（一）主要研究方法

（1）运用比较分析方法，对产城分离的不同类型以及产城融合的不同模式进行对比，分析其特征及原因，揭示其内在逻辑及形成条件，特别是对科技新城、特色小镇此类城市空间形态的不同类型进行分类比较。

（2）运用系统动力学的相关理论和方法，构建了开发区产城融合发展系统动力学模型。在实证分析方面，运用系统动力学模型对杭州经济技术开发区十年来数据进行仿真模拟，仿真结果分析包括产城融合发展指数评价分析以及影响因素灵敏度分析。

（3）以杭州下沙新城为调研范围，选取样本量500个开展问卷调查，并采用实地调研、访谈等数据搜集方式，分析新城内部居民群体的通勤特征以及个人的经济社会属性，通过对产业因素、个体社会经济因素进行多元回归分析以及服务业内部的 Logit 回归分析，探讨各因素之间的内在关系。

（二）创新点

（1）研究视角新。以人为核心，坚持幸福导向，把"人"作为产城融合的主体，分析其作为生产者与消费者、劳动生产者与人口再生产者、员工与居民多重角色的空间转换关系，揭示生产、生活、居住、服务的一致性、相通性、融合性。

（2）研究方法新。不同于已有文献的静态评价分析，本课题运用系统动力学方法，揭示产城融合动态演变过程和产城关系互动机理。不同于常用的宏观计量分析，本课题采用微观计量方法，利用问卷调查和实地调研获取的一手数据，刻画产城分离状态下职住选择行为的影响因素。

（3）研究内容新。以新城新区为研究对象，细分不同类型的产城分离状态和产城融合模式，在理论上分析产城融合的人本逻辑及作用机理，在实证上验证产城融合的动力机制、职住选择的行为动因，在个案上，针对科技新城、国家级新区、特色小镇的产城关系和空间形态进行理论解释并提出发展路径和政策选择。

三、学术价值

（1）构建了产城融合分析框架。以人为核心，建立包含产、城、人、地、居、业六大要素的城市空间关系和配置结构，从新城新区总体发展的宏观架构、中观运作和微观行为三个层面，综合采用跨学科研究方法对产城关系协调发展动力机制进行分析。

（2）深化了新型城镇化理论。探讨了新城新区作为高质量城镇化发展模式和区域经济发展的新增长点，在空间结构优化、区域协调发展、人居品质提升等方面作用机制及实践路径。

（3）丰富了新时代城市发展理论。产城融合是城市发展的新要求和新内涵，从城市空间治理、社会治理、生态治理等方面研究新城新区产城融合的治理策略，有效规避"城市病""新城病""农村病"，丰富了城市发展理论。

第二章　传统发展模式下新城新区产城关系反思

传统发展模式的 GDP 竞赛在城市化发展中也表现出理性主义主导的增长至上导向和功能的空间分割特征。新城新区是城镇化发展过程中城市空间的新形态，部分城区在发展过程中工业化和城镇化的互动规律出现了人为的偏离，产城之间和人民居业之间的协调关系被漠视，产城分离问题日渐突出。本章将从以下三个方面对产城融合问题进行分析，首先从新城新区空间形态演变规律揭示产城融合与我国经济社会发展阶段、城市发展特定阶段等重大现实背景的关系，其次对居住新区、产业园区、高铁新城和科技新城四种新城新区类型的产城分离现状进行比较分析，然后对分离现状的内在原因进行剖析，最后从分割的城乡二元户籍制度、土地制度、城市发展理念偏差及增长方式粗放等方面分析阻延人口集聚诱发产城分离的体制性根源来针对性地提出相应的政策建议。

第一节　新城新区发展现状及病灶透视

一、我国新城新区的现状

（一）新城新区的内涵

中国的新城新区与西方国家的新城新区有一定的区别，一般是指为了国家或城市政治、经济、社会、生态、文化等多方面的需要，经由主动规划与投资建设而成的相对独立的城市空间单元，包括但不限于国家新区、经济技术开发区、高新技术产业开发区、保税区、边境经济合作区、出口加工区、旅游度假区、物流园区、工业园区、自贸区、大学城、旅游度假区、物流园区、工业园区、自贸区、大学科技园，以及产业新城、高铁新城、智慧新城、生态低碳新城、科教新城、行政新城、临港新城、空港新城等。西方国家一般是指根据旧城区规划和建设新的住宅、产业、公共服务设施的空间地域单元。中国的新城新区根据不同的划分标准主要可以分为三类，如表 2-1 所示。

中国新城新区的类型　　　　　　　　　　　　表2-1

划分标准	按功能划分	按发展动力划分	按新城兴起原因划分
新城类型	生产型	内城改造型	工业卫星城
	居住型	乡镇整合型	大学城
	会展型	重大项目带动型	开发区
	空港物流型	城镇地区开发建设型	旅游休闲城镇
	行政中心型	开发区成功转型	综合性新城

按功能划分，新城新区分为生产型、居住型、会展型、空港物流型等；

按发展动力划分，新城新区分为内城改造型、乡镇整合型、重大项目带动型、城镇地区开发建设型等；

按新城兴起原因划分，新城新区分为工业卫星城、大学城、开发区、旅游休闲城镇、综合性新城等。

（二）中国新城新区的现状

近年来，我国的新城新区数量不断增加，面积逐渐扩大，在新常态下，面临新的政策环境，我国的新城新区已经步入新的阶段。

1.新城新区体系趋于完整，发展趋于稳定

经济增长速度放缓，数量趋于稳定。截至目前，我国已形成包括3000多个新城新区在内，多层次、多类型的新城新区体系。《国家新型城镇化规划（2014—2020年）》对新城新区的规划思路进行了统一。步入新常态，经济增长的速度有所放缓，工业化、城镇化高速增长时期已经结束。新城新区从总体而言将进入内涵式增长的新阶段，由此，我国新城新区的数量将趋于稳定，增速有所减缓。

2.产城空间融合正在成为新城新区主要空间布局形式

大量有产无城、有城无产、产城低端结合的新城新区，将通过转型发展，步入产城高度融合的发展阶段，这是新城新区在存量上找增量，在内涵上深入挖潜的重要体现。产城空间融合正在成为新城新区主要空间布局形式，融合范围和融合水平逐渐提高。新时代的新型城镇化国家突出以人为核心，以产业发展为动力，实现生产要素向城镇集聚、农业人口生活方式向城镇化转变，形成规模经济，进而影响地域空间结构演变。

3.影响新城新区的因素发生改变

随着重大基础设施条件的改善，各类新城新区已没有绝对的区位交通优势。国家、省对新城新区的支持，也从以前的给项目、给产业定位，转变为给试点、给机制、给政策创新空间。在此背景下，影响新城新区的因素出现重大变化，以往的区位、资源等优势的作用渐渐减弱。

（三）中国新城新区存在的问题

1. 新城新区数量与质量不一致

产业与城市功能不匹配、不协调的问题比较明显。2014 年有媒体发布"中国大陆城市'鬼城'指数排行榜（2014）"，50 个地级城市上榜，这些城市的城区人口与建成区面积之比小于 0.5 或略高于 0.5，即 1 平方公里人口 5000 人左右，小于住房和城乡建设部的城市用地标准（每 1 平方公里城区容纳 10000 人）。有些地方不顾实际，盲目规划建设新城，导致部分新城有城无产或有城无人，成为"空城""鬼城""死城"。这些新城既有临港新城，也有沿海地区部分号称"生态""低碳"的新城新区，还包括各地竞相发展的高铁新城新区。中国现有的空港新城规划面积普遍偏大，大多都超过了 100 平方公里。规划面积偏大很容易造成空港发展过程中土地资源浪费，建设无序的问题发生。

2. 缺乏科学规划与创新

定位同质化明显，缺乏鲜明的个性。部分新城新区定位不够清晰，在规划理念上照搬照抄，缺乏因城而异的科学规划与创新，导致"千城一面"的现象严重。比如高铁新城，大部分高铁新城的功能都定位于城市的副中心，由于缺乏对高铁新城具体深入的分析，多座高铁新城的功能相同或大同小异，如表 2-2 所示。

高铁新城功能汇总　　　　　　　　　　　　　　　表2-2

功能	业态/设施	城市数目	功能	业态/设施	城市数目
商务金融	商务	8	文化娱乐与休闲	科教	2
	商业	9		体育馆	2
	金融	4		展览中心	1
	酒店	4		图书馆	1
居住	经济适用	3		博物馆	1
	生态住宅	2		主题公园	1
	商住楼盘	3	其他	物流	3
	行政办公	3		创意	1
行政办公	企业总部	1			
	休闲娱乐	6			

二、产城融合视角下新城新区发展病灶透析

国外新城新区的建设可以追溯到 20 世纪 40 年代，伴随着"二战"后重建以及应对生育高峰，大规模卫星城镇建设在英国伦敦周围开始进行，也被后来学者称为"新城运动"，新城的概念由此产生。关于新城的概念有较为明确的定义，学界主要参考英国《不列颠百科全书》，书中将新城以一种城市规划形式展示，通过布局一定的教育、医疗、商业以及产业，发挥对人口进行调解的功能，包括吸附和疏散，最终区域形成的社会结构相对独立。

在国内研究中，新城新区建设热潮兴起于改革开放以后。自改革开放以来，我国城镇化水平有了很大提高。在新城发展形式上，与国外卫星城发展模式不同的是，国内的新城往往作为独立于主城区的形式存在，主要发挥承担地区经济增长作用，其主要目的是分担部分城市功能，主要有居住、产业、行政等，注重前期规划设计引导的城市社区。虽然国内外学者对新城的定义没有形成统一的概念，但在概念中的两大特征显而易见。首先是目标导向成为新城设立的重要指引；其次是新城建设不管初期还是后期的发展，人为干预性较强。

回顾改革开放以来的城市发展历史，虽然城市的发展方式各不相同，但城市的发展理念都可以归结为经济导向。因此，我国城市的发展除了在城市的核心旧城区基础上的修修补补，就是各个城市竞相设立的产业园区或者开发区，这也是增长主义和理性主义发展理念的直接反映。人为的干预性也隐含在经济导向之中，基于新中国成立初期经济基础薄弱，这些产业园区或者开发区的设立是招商引资促进经济发展的需求，为了实现经济在短时间内追赶式发展，我国政府加强对经济和市场的管理，偏向于强调政府对经济的调控作用，表现在新城新区的建设上，就是政府基于经济发展的需要来规划新城新区的设立和发展，同时新城新区建设也是各级政府表现政绩，并造福社会的结果。由于我国的特殊国情，这些设立的产业园区在发展的初期基本以传统制造业和加工业作为主导产业，经济功能突出，城市的其他功能相对弱势；再者普遍存在环保准入门槛低，这与日渐严格的环境保护标准存在较大的矛盾。这导致了职住分离、潮汐式交通等无限加大城市运行成本的问题；而钟摆式生活、候鸟式迁徙造成居民生活质量严重下降和员工精神压力加大，这些都是许多城市所面临的产城分离现象。产城融合作为克服产城分离的城市发展方式，日益成为各地的施政选择。

改革开放 40 多年来，我国的城镇化和工业化保持高速发展。特别是近十年来，新城新区作为城镇化、工业化的重要平台，已形成庞大的建成区规模。据不完全统计，截至 2014 年，县及县以上的新城新区数量超过 3000 个。新城新区的发展不仅

本身取得了重大的成果，同时为我国经济的腾飞和城镇化发展作出了巨大的贡献，但是通过总结新城新区的主要特点和发展趋势来看，新城新区建设在产业集聚、人口集聚、土地利用、空间结构、市政建设、公共服务等方面的主要问题和短板日益凸显。

由于过度追求经济增长目标，缺乏以人为本的科学规划理念，不少新城新区忽视了城镇化与工业化的协同推进，导致人民居业协调缺乏平衡，产城分离乱象横生。多数新城新区由于规划面积过大，而且空间布局远离主城区，无法接受主城区基础设施和公共服务的辐射，或因城市功能不足以致于新城区不能健康持续发展，或因产业集聚缺乏规模效应导致城市对人口吸纳能力有限，出现"空城""鬼城"等怪象。这种空间城市化或土地城市化，表现为"有城无产"和"有产无城"两种情形。"有城无产"的城区往往缺乏相关实体经济的支撑，转而片面追求房地产市场的开发，产业结构单一，经济缺乏活力，就业吸纳能力低下，无法实现规划目标设定的人口规模；"有产无城"的城区则缺乏基本的城市基础设施，城市功能单一，公共服务供给匮乏，居住环境不佳，仅是制造业集聚的生产基地。基于不同的发展需求，当前新城新区呈现多种空间形态，其产城分离的特征和成因也存在差异，有必要对其进行梳理和归纳，探寻产城协调发展的规律，提出产城融合的对策。

于是，为了解决产城分离所带来的一系列问题，促进新城新区高质量发展，产城融合成为新城新区发展的新要求。首先，要认识到产城融合是反思当前城市发展困境之后对协调、共享城市发展理念的回归，城市的发展不是孤立的，而是应该相互协调，优势互补。其次，理解产城融合，要紧紧把握"人既是生产者也是消费者"这一根本经济属性，城市发展不能只偏重于产业化，更应该发展和完善居住和配套服务设施。最后，产城融合是产、城、人、地、业、居六大要素在空间上的有机结合，其中"人"是核心，"地"是载体；"业"和"居"是支撑，"产"是关键，"城"是基础。产因城兴，城因产立，人因产而业、因城而居；反之亦然，人因业而立、因居而乐，业聚为产，人聚为城。业和居是产和城的微观基础，业与居的协调要求产与城的融合。在以人为核心的基础上，切实落实"业"和"居"，才能实行产城融合。

三、新城新区存在的偏离产城融合方向问题

（一）城市新区虚假城镇化，城市用地规模非理性扩张

很多地方政府为增加政绩提高城市形象而"摊大饼"式搞城市新区建设，虽然这一举措在一定程度上有利于分担主城区人口，但由于地方政府只把眼光放在短

期利益上，更重视房产开发，而轻产业培育和产业环境搭建，也正是这种无边际的新区开发，使新区周边许多农村区域中未经职业和空间转换的农村人口，一夜之间成为"市民"，这种虚假的城镇化在短期内无支撑产业的情况下，并不能很好地实现产城融合的目标，新区建设并不能很好地适应产城融合的要求。首先，表现在公共服务设施的建设缓慢，主要是由于受到政府财力、空间管制和开发管理模式的限制，城市新区的公共基础设施建设，只注重项目本身配套功能的建设，而普遍存在其从属功能和综合服务设施的定位偏低，配套设施不具有规模效应，从而难以实现城市功能的有效集聚。其次，在新型城镇化进程中，土地城镇化快于人口城镇化，造成土地资源的不合理利用，浪费问题严重。根据谭荣、曲福田（2006）的测算，1989—2003 年间，由于政府调控失灵，扭曲土地价格、排斥市场机制，导致过度农地非农化占比为 21.7% 。一味用行政手段在各省之间人为配置土地的模式，使中国丧失相当部分的区位优势和集聚效应（陆铭，2011）。最后，不少新城新区位于城市远郊，既不具备区位优势，又不具备比较优势，也难以共享主城区的基础设施和公共服务，但在行政配置下，却建设起了高端洋气的现代化城区，其结果必定是违背市场规律最终失去市场支撑，对社会资源来说无疑是巨大的浪费。

（二）城市定位和整体布局协调发展不够

规划是城市建设和管理的基本依据，本应在城市发展中起到先决作用，却因为浓厚的行政色彩掩盖了城市应有的活力。为了缓解中心城区的压力和发展城市新空间，中国的开发区和新城新区建设是在城市主中心之外的郊区或者远郊打造一个城市次中心，前者兴起于 20 世纪 90 年代初，是疏解中心区的制造业功能并打造产业平台，实际上是个功能区而非城市；鉴于开发区的功能残缺，与新型城镇化的基本理念不符，进入 21 世纪，新城新区成为城市扩张的新形态，基于人口流向和非农用地增长速度两个方面来看，中国的新城发展和美国的逆城市化具有相似之处。20 世纪美国的城市发展分别经历了 20 世纪五六十年代的人口居住郊区化浪潮，20 世纪 70 年代以后超级市场为代表的商业郊区化和 20 世纪 80 年代中期以后的就业岗位的全面郊区化三次郊区化浪潮。由此，美国郊区由传统农业、居住地向制造业、服务业等经济功能演变进而取代中心城市而成为美国经济增长中心。我国新城建设的路径类似于美国的城市边缘化的发展思路，但是也不尽相同。美国的郊区化的顺序是住宅－工业－商业－办公用地的郊区化，而我国的郊区化顺序是就业－住宅－商业－全面郊区化。造成中美两国的郊区城市或者城市新区的发展历程不同的原因主要是动力不同，美国的郊区化的行为主体自始至终都是人，郊区建设也紧紧围绕着人。伴随工业化大发展，城市化同步发展。但是随着交通拥堵、环境污染等"城市病"的出现，作为城市行为主体的人在主体意志驱动下开始了向城市郊区的逃离。与此同时城市公共交通大发展和电信技术和计算机产业的快速发展（这使在家办公成为可能）也大大促进了美国郊区化的进程。从美国的郊区化发展过程中可以看到，其城市空间扩张与产业空间发展是速度极为同步，换句话说，就是产和城是融合在一起的。

我国在加入WTO之后迅速成为世界工厂，为了承接更大规模的产业转移，大城市由于中心城区发展空间有限而向外扩张，城市的新区通常会聚集国家级企业抑或形成小的产业园区，企业也只是为员工提供简单的宿舍和生活区，但是由于大量外来务工者受到社会歧视而不能拥有城市户口，没有资格获得廉租房、社保房或者经济适用房，而只能生活在单调的厂区内，并没有真正形成市民化。并且诸多产业园区房产、学校、医院等生活公共服务设施方面不完善，所以更多员工愿意选择住在生活便利的市区，这也同样增加了大量通勤成本和时间成本，每天会有许多人往返于中心城区和城市新区之间，花费在路上的时间2-4小时不等，易导致上下班的交通堵塞，这并不遵循精明增长所要求的步行式社区原则，从而增大对汽车的依赖，同时也使新区的公共服务和基础配套措施利用率低。其次，对于企业来说，每天的班车也是一笔很大的支出，同时各产业园区对招商企业抓大放小，比较重视跨国公司和国内大型企业，对民营科技型中小企业关心程度不够。

（三）产城能级低、生态问题越发严重

随着城镇化进程的加快，产业和城市的融合逐渐迈入新的发展阶段，但是在有些城市的老城区仍然存在着不同程度的交通拥堵、资源紧张、能源短缺以及环境污染等"城市病"问题，使得城市的可承载力逐步逼近极限；部分新城新区空间规划超前，城市所需要公共服务、市政设施、环境卫生、产业配套严重滞后，城市能级低下，无法形成集聚效应。党的十八大把生态文明建设列为"五位一体"的发展战略之一，新型城镇化的推进也必须重视生态文明。目前，很多城市依然只为追求短期效益而忽略生态环境，环境容量的有限性与社会经济发展的矛盾形势严峻，土壤污染、水污染、空气污染等自然环境的恶劣形势也正在倒逼中国工业化的升级和结构转型。从过去的城镇化经验看，以工业化带动城镇化是很多地区采取的方式，特别是农村工业化催生了许多发展工业的小城镇，这些数量极多路径相似的工业型乡镇确实对农村城镇化起到了巨大的作用，但随之而来的问题近些年来逐渐显现，主要集中在城镇环境污染、基础设施质量差、公共服务水平低导致的城镇不宜居的问题。

（四）行政主导的政绩观驱动新城新区科学发展的偏离

我国城镇化的快速发展，得益于中国政府主导的城镇化发展模式。我国城镇化率从17%到64%只用了42年时间，与发达国家平均长达两三百年的历史进程相比，我国的城市化是高度压缩型城市化。中国的城镇化进程迅速，很大程度上糅合了政府主导、政策导向等人为因素。早期大力推进劳动密集型的产业发展，后期主打城市建设，建设时序上的不同步、城市规划结构不均衡，加之以浓厚的行政色彩，必然会出现产城分离的问题，制约新城的科学化发展。在政府主导下，由经济集聚效应驱动的新城新区建设，忽视人的需求，这种城市化模式不具有可持续性。以行政主导新城规划的背后反映出的是我国市场经济体制的不完善和不正确的政绩观。一方面，虽然我国确立了社会主义市场经济体制，但是这一市场经济体制是不完全的市场经济，要素市场仍然缺失，特别是现行土地制度和户籍制度下的全国统一的土地市场和劳动力市场并没有建立起来。计划经济下的行政配置资源机制在改革开放40多年后继续主导着要素配置，要素市场还是陷入了计划经济的思维，走了政府行政主导的道路；另一方面，土地财政下的地方政府债务问题、唯GDP主义的政绩考核标准、地方领导人自我的权益考量、"向上看"等都严重影响了政府决策的公共管理者性质，使政府越来越多地转向了经济人角色，将土地配置于产业发展来获得更高的GDP和税收。中美两国在城市发展的驱动力上存在着根本性的差异，美国地方政府的首要目标是保障自己辖区内人口分布、就业分布等空间布局最有效率，从而可以实现公共服务设施效率最大化、公共财政效率最大化，保障中心城区活力与留住税基；而对于中国，城市发展中存在着追求任期内政绩最大化的非理性冲动。因此，我国要实现城市精明增长，就必须要剔除发展中的非理性因子，回归可持续发展的理性道路，让城市规划回归人本，实现科学、可持续化发展。

第二节　新城新区产城分离表征及其形成机理

一、新城新区产城分离主要类型比较

在我国城市化推进的过程中，产城分离一直作为某些城市发展中的负和博弈，始终阻挠了城市的正常发展，成为影响城市功能、降低人们生活质量的一大问题。城市没有产业支撑，即便再漂亮，也就是"空城"，产业没有城市依托，即便再高端，也只能"空转"。与此对应，出现了一些新的名词，比如"造城运动""鬼城""城市摊大饼"等。以下将简要论述产城分离的几个重要类型（表2-3）。

城市新区产城分离现状分类表　　　　　　　　表2-3

主要类型	主导产业	城镇化水平	分离程度	存在问题
居住新区	房地产业	发达	有城无产	产业"空心化"、"摊大饼"式造城、库存量巨大
产业园区	传统工业、劳动密集型产业、制造加工业	滞后	有产无城	生活功能缺失、通勤成本巨大、员工植根性不足、企业层次低下
高铁新城	交通运输业、房地产业	适中	重城轻产	地处偏远难聚人气、配套设施难以跟上、存在被"虹吸"风险
科技新城	高新技术产业、教育产业	适中	重产轻城	难以形成产业集群、高素质人才和研究人员钟摆式通勤

（一）居住新区：产业空心化

居住新区有着明显的重房地产、轻实业与虚假城镇化、过度城镇化并存的倾向。基于城市形象和自身政绩的考虑，当地政府选择使用"摊大饼"的方式建设居住新区，盲目扩大城市框架。政府利用大规模征地和强化房地产建设来快速达成居住新区的规划目标，在某种程度上促使主城区人口转移至新区，实现人口的局部分流。然而居住新区除了必须有的生活服务业以外，重房地产开发，轻产业培育和产业环境营造，使得新区缺乏产业支撑，住房库存巨大，从而导致新区出现空城化局面。房地产的过度膨胀挤压着其他产业生存的空间。许多新城的 GDP 指标虽然在近期上有明显的增长，但这虚假的好景是没有实体支撑的，且不可持续的，许多新区经济效益一度停滞，更有甚者出现了明显的衰退现象。

以鄂尔多斯市康巴什新区为例，有报道称此地平均入住率为 30% 以下，却仍在大兴土木。大部分人买了房子不选择居住，二手房市场也不活跃。受近年国内房地产业的大环境影响，新区的房地产业出现了停滞现象，部分房地产项目不得不面临全面停滞的危险。康巴什新区在工作日时可以见到许多来此工作的人，可是周末的康巴什确是鲜有人烟，许多社区空有屋子却没有人，更谈不上现代化的都市生活方式。康巴什选择盲目跟风将产业化、城镇化片面地理解为房地产化，将"先建城，再聚人"的新城规划理念执行得"淋漓尽致"，形成一股全民炒房的浪潮。政府大规模征地以"摊大饼"的方式建造新城，使得很多地区"被城镇化"。当地原本的村民不能完全适应城市里的生活方式，还是用以往的生活理念进行着乡村生活，与城市新区所期望的状态格格不入。

（二）产业园区：城市化功能不足

当下各地产业园区普遍存在"有产无城"的现象，仅作为一种单一并且具有过渡属性的区块，因而不具有完整的城市功能，只是外地开发商在此进行加工制造活动的集聚生产基地。由于城乡户籍制度的二元特性，从外地到产业园区打工的农民工由于没有本地城市户口而受到社会的排斥，没有机会享受本地居民才能拥有的使用社保房、廉租房和经济适用房的权利，只能寄居于企业安排的简陋员工宿舍，其生活十分单调枯燥。而大部分产业园区由于受到产业本身的限定，其公共基础建设还未能及时跟上，缺乏学校、医院、公交、商业中心、娱乐场所等设施，使得外地打工者对生活失去信心，无法真正做到人的城市化。从一方面来讲，这种外在的户籍制度所引起的社会排斥，很容易带来外来人口与本地市民在文化和意识形态上的矛盾，降低当地城市和谐度，增加社会的不稳定因素；另一方面，这种粗劣枯燥的生活，对于高素质人才植根于当地生活是一个艰巨的难题，很容易出现"留不住人"的现象，进而无法形成区域内的创新动力和可持续发展。

居民住房收取的地租较工业用地要高，由于企业生产具有规模效益，从而导致产业园区中工业区和居住区分块现象严重，居业互动还不能够得到很好的平衡。以杭州大江东产业园区为例，其产城分离问题还表现在职住分离和空间错位，以及巨大的通勤成本。该园区的市政、交通等设施基本都得先考虑到工业的规划，这会使其他很多方面难以考虑周全。很多工作在大江东产业园区的员工选择居住在下沙新城甚至偏远的杭州中心城区，这给每天的通勤制造了很大的成本。另外，许多产业园区是通过政策的优势，将企业迁入特定的空间内，从而形成一种机械式增长的产业空间。很多企业虽然同在大江东，但企业各自为政的情况占大多数，没有形成产业集群。在遇到外部经济环境发生变化，园区自身优势消耗殆尽时，很可能由于企业植根性不足导致外迁。随着园区之间的竞争，常常引发各园区土地价格、税收减免等优惠政策竞争，导致资源浪费、收益下降。

（三）高铁新城：要素集聚有限

中国高铁连接内地大部分省会和50万人口以上城市，可以覆盖全国约90%以上人口，中国已经名副其实地跨入"高铁时代"，高铁新城也在这一浪潮下纷纷拔地而起。很多地方政府希望围绕高铁站点规划建设新区新城，但高铁新城是否能真正成为地方新的经济增长点还有待商榷，不应该仅仅是对高铁战略和城镇化战略进行机械式的复制推动。高铁站点大多位于郊区，其可开发的土地资源丰富，成本也较低，政府则有动力复制以往的那一套"土地财政"方式进行大规模造城运功。比如锡东新城规划面积为125km²、德州高铁新区56km²、济南西部新城55km²，南京高铁新城则高达184km²，通过圈地粗放发展的方式以达成城镇化目标而不注重引入产业和城市内涵发展，将会导致严重的产城分离。例如，德州东站的建设仅仅是刚刚起步，很多规划好的设施没有进行建造使用，办公场所也是人烟稀少。仅仅高铁站周围区域的开发都并没有很充分，农田围绕的现象不胜枚举，更谈不上所谓的高铁新城了。

大城市由于要素资源集中、交易成本较低，高铁新城对于大城市的发展可谓是锦上添花。但对于中小城市而言，想融入高铁经济带是要结合自身水平并花费相当的财力物力，而在各项条件都未达到足够的程度时，盲目建设高铁新城不仅可能使大量的要素资源付之东流，更有可能阻碍城市自身的良性发展，甚至出现一堆烂尾工程使城市发展倒退。高铁连接了主要各大城市，而对沿线的中小城市却会产生一定的"虹吸效应"，造成一定的不确定性。大城市的高铁新城建设得较为全面，其集聚效应会大于扩散效应，高铁开通以致让周边中小城市的资源更多地转向大城市，其高铁新城往往聚集不了应有的人气，成为受到打击的一方。由此可见，中小城市建设高铁新城是一把"双刃剑"，盲目热衷于高铁效益只会带来经济下滑和社会的不稳定。

（四）科技新城：创新集聚欠佳

科技新城通常是高新技术企业、科研机构和高等院校的集聚地，既有研发科学技术并对其付诸实际产业的作用，同时兼备生活、服务等普通城市功能的一种新型城市。但科技新城存在着一些问题，首先，政府是科技新城开发的资金、土地、基础设施、制度等要素的主要供给者，新城运行的经济目标更多地需要符合政府的价值指向，这会使当地经济发展具有局限性和滞后性。高新技术产业可能过多着眼于几个大型企业的发展，从而忽略了中小企业的全面发展，以致未能实现本地化经济的产业集群和完整的创新产业链。其次，服务业尤其是生产性服务业未能得到相匹配的发育，这对企业尤其是民企的创新氛围和环境大打折扣。杭州未来科技城虽然已经引入阿里巴巴等一系列服务业，但其直属支付宝等核心产业已经转移出了杭州，可见作为科技城并未能真正吸引相应的核心产业，这对新城的未来发展影响或许将是致命的。

科技新城也逐渐植入了相应的高等院校和科研院所，但与企业界联动机制还未完全建立起来，研究成果往往注重科研本身，而忽略了市场的转化。此外，大多数科技城已经拥有了良好客观条件，园区内的基础设施、产业基地、科研用房等方面有了很大的改善，但由于科技城通常注重本地区创造的经济价值，更像是戴着高科技帽子的生产工厂，就业与居住分离，其内部缺乏居住及城市服务功能，园区的配套服务不能满足研发人员的生活需求，短期内会导致大量流动人口，产生钟摆式交通。

二、产城分离的特征及其后果

产城分离的特征就是城市内部的二元结构体系，包括空间、产业、市场和社会四个方面的二元结构。首先，空间的二元结构体现为居、业分离，居住新区和产业新区就是典型的空间二元结构表现，有城无产、有产无城使新城在空间分布上具有明显的单一性；其次，新城产业的二元结构体现为城市中的第二、三产业的分离（制造业与服务业分离，特别是与高端服务业、消费型服务业、公共服务业分离）；然后，市场的二元结构主要表现在资源要素市场的城乡分割、地域分割，例如居住新城往往具备完善的基础设施和服务设施，但是人口的不足导致部分新城成为"空城""鬼城"；最后，社会的二元结构，可以认为是外来人口和原住民之间的社区分离，外来人员总是很难被原居民所接纳，这种分离体现在医疗、子女教育以及就业等各个方面。

产城分离的后果是多方面的。在经济发展方面，产城分离导致新城新区的生产率效应低下，新城新区的产业结构单一，导致产业集聚效应不足无法形成完整的产业链，企业生产率低下；在吸引人口方面，当前我国新城往往是位于郊区的相对独立的区域，导致人口流动动力不足，避免此类空城现象的出现，需要加快落实就近城镇化，从而实现居业的协调；在提升城镇化水平方面，以北京蔡家洼为例，政府通过吸引台商投资的方式，让企业参与承担城镇化的责任，大大提升了当地城镇化的水平和减轻了政府的工作压力。

在解决产城分离所带来的负面效应的时候，我们就面临几个现实的问题，建设用地从哪儿来？钱从哪儿来？人往哪儿去？本文就如何解决人、地、钱的有机结合问题提出"三挂钩"：财政转移支付与农业转移人口市民化挂钩、城镇建设用地新增指标与农业转移人口落户数挂钩、中央基建投资安排与农业转移人口市民化挂钩。通过这三个挂钩，调动城市政府吸纳农业转移人口落户的积极性，鼓励城镇政府吸收农业转移人口在城镇落户。

三、产城分离的形成机理

（一）造成产城分离的历史原因及制度根源

我国产城分离问题具有深刻的历史和制度原因，具体有如下三点：

首先，从宏观层面的来看，产城分离是我国增长主义和理性主义的城市发展理念导致的后果。在我国城镇化的过程中，政府在城镇化资源配置方面处于主导地位，政府有充分的物质条件左右城市发展模式和发展方向，同时城乡二元体制的制度约束加剧了土地城镇化和人口城镇化的脱节。伴随着城市规模的扩张，大量的农民工进城成为城市经济活动中的一员。但由于城乡二元体制附带的户籍制度、土地制度和社保制度等影响，农民工无法完整地融入城市。不能拥有社保、住房等基本权利的农民工无法对园区有归属感，公共服务资源对农民工的歧视性阻碍了他们对生活消费的积极向往。候鸟式迁徙成为农民工的常态生活，这一方面减少了农民工的可支配收入，不利于扩大消费，另一方面加重了城市本就紧张的资源要素流动渠道，变相地提高了城市运行的成本；高昂的房价或房租也构成落户安家的障碍。另外，城乡二元体制制度改革滞后，导致人才植入不甚乐观，经济发展将无法可持续。户籍制度附带的社会保障缺失，也令外来务工人员消费谨慎。所有这些因城乡二元体制而产生的诸多限制导致厂区或农民工集居区难以发展成为商业繁荣的生活之城。

其次，从中观层面看，产城分离是城镇化与工业化发展不协调的结果。自新中国成立以来，我国实行赶超型工业化战略，走先积累后消费的发展道路，资本的原始积累依赖对农民的剪刀差式掠夺。改革开放以来，我国工业化取得了巨大成就，无论是产业结构多样化，还是工业产值规模都有了较大增长，城市周边遍布各类产业园区，如高新区、经济开发区、保税区、物流园区、生态产业园等。但同时，城市规划和城市公共服务的配套往往具有一定滞后性，这在客观上造成了工业化进程与城市化进程的不匹配，导致城市化滞后于工业化。产业园区的工人不得不在产业园区和具备较完善生活配套服务的城区之间往返，这加剧了产城分离所带来的交通压力。

最后，从微观层面来看，"唯 GDP 论英雄"的政绩考核机制，是研究产城融合需要正视的现实。在这种考核制度下，地方官员不仅直接面临着土地制度附带的土地财政激励，更受到了土地引资所能带来的政治激励更强烈诱惑，因此，地方政府在城市发展过程中出现了公司化的倾向，逐渐成为一个"开发商"的角色，城市土地面积的扩大以及所附带的经济增长就成为政府这个"开发商"的业绩指标。地方官员有足够的动机推动城市经济功能的片面发展而忽视其他功能的完善，比如简单地停留在"三通一平"等情况。政府简单地把城市化等同于经济增长，进而狭隘地理解为大项目和房地产、土地城镇化等。

（二）城市规划及行政管理方面的原因

就区域整体发展而言，引发产城分离的因素涉及区内外、宏微观等多方面，对其原因加以归纳总结可以得出以下几点：

1. 城市发展理念偏差及增长方式粗放

长期以来，地方政府为追求经济增长，把城市化面积和城市规模作为政绩考核的重要指标，上项目、铺摊子，城市蔓延，呈现摊大饼式扩张态势。由于官员任期比较短，为追求政绩的时效性，地方官员在城市规划和城市建设过程中，往往抱着先易后难的心态，注重短期的指标，而忽视了长远的可持续收益。规避旧城修补和城中村改造等难点，大规模兴建新城新区，扩大城市骨架，迅速完成城市化指标，并拉动房地产业短期繁荣。与之类似的情况还发生在高铁新城，政府往往注重其交通枢纽作用和高铁经济效应，想让高铁新城在某种程度上吸引一定的人口集聚，然而没有相关产业的进驻只能让人口流动，并不能形成就业人口，使当地经济无法自给自足。当在建设产业园区时，主要以政府财税优惠政策和基础设施建设为保障，政府依然把招商引资作为头等大事，但忽略了对城市功能的提升，产业园区缺少城市应有的配套功能，无法使高层次人才植根于本地，使当地经济进入自主创新的可持续发展阶段，这对于其长远发展角度来讲是非常失败的。而科技新城的规划也是产业园区的一种特殊类型，只不过政府打着高新技术产业的旗帜完成中央的任务指标罢了，短期内光靠大规模的人才引进只能是饮鸩止渴。不把以人为本的理念引入城市规划建设中，而一味盲目追求短期经济效益，其后果是不堪设想的。

2. 城市发展科学规划不足及多个规划缺乏衔接

首先，在城市规划中普遍按照功能主义思想，机械式地进行功能分区。当城市规模过大、人口规模达到数百万数量级时，这种适用于单中心城市格局的理念显得极不合理。由于产业功能与住宅、服务业功能过度分割的问题，导致城市综合功能的机械式分割，市民职住分离，居不易、业难安，这也是导致部分居民通勤距离增加和城市交通拥堵的直接原因，此现象在所有的城市新城中普遍存在。其次，经济社会发展规划、产业规划、土地利用规划和城市总体规划之间缺乏衔接和协调，这与规划体系内存在的部门职能分割密不可分，经济社会生态系统要素被人为地切断联系，机械地组合。城市发展规划背后代表的相关政府机构十分冗杂，各司其职的同时缺乏整体性治理。由于城市新区规划缺乏科学整体的顶层设计，对各类规划难以统筹兼顾，以致产业区、商务区和居民区在空间分离，在功能上分割。

3. 建设用地管理制度问题突出

居住、工业和商业三类用地价格悬殊，供地结构失衡，导致土地资源不能有效配置。①在建设用地供给过程中，工业用地往往被优先考虑，而居住用地供给不足，两者地价悬殊，城市土地市场出现"剪刀差"。产业园区中由于工业用地价格过低，企业用地成本十分低廉，投资企业对土地使用极大浪费，不利于优质企业植入园区以增强整体竞争性，同时也诱发实体企业炒地动机。与此相反的是，居住用地价格普遍过高，地价推动房价上涨，削弱居民在新区购置房产的意愿，致使新区缺乏人气变得萧条。②土地用途管理细碎复杂，土地供应结构性宽松，在实践中就很难实现土地用途的混合功能，造成土地利用的局限，无法利用共享中间品、劳动力和技术溢出的优势。③用地效益管理制度不健全必然导致土地利用不集约。各类新城除了科技新城之外都普遍存在这种情况，土地集约度不高必然导致交易成本的提高，降低资源利用效率，城市基础设施和商务活动如果都缺少规模经济和集聚经济效益，那么设置一个机构不受到政府补助就必然亏损，而靠市场推动的服务业却更难以集聚和发展。④城乡土地市场分割导致用地低效。例如，城乡接合部占用大量土地，被低效利用；农村建设用地占用过大。农民土地的承包经营权没有分离，土地资源被荒废，没有得到充分利用。低密度开发模式阻碍了服务业及低碳化发展，各类新城都存在低密度模式，导致土地使用不集约，缺乏当地就业，对服务业需求不足，不利于形成服务业多元化发展。

4. 行政干预介入微观运行

政府对产业、人口、资金、土地等的不当干预，扭曲了资源配置，导致要素聚集及产业发展偏离最优路径，效率低下，债务与金融风险累积。过多的行政干预还导致新城建设与周边区域发展脱节，"外部资源＋特殊政策＋异地市场"的开发区模式，容易与周边区域发展脱节，且产业园区、开发区缺乏功能配套，难以成为推动区域整体发展的引擎。土地、户籍、社会保障制度改革滞后、要素市场扭曲，以及产业结构不合理导致新城扩张缺乏制度与产业支撑。再者，公共服务集中在大城市，使得人口、产业过于向大城市集中，新城往往缺乏公共服务配套。而现行财政体制使得公共服务不能随着人口迁移而分散化，导致新城区域公共服务资源供给不足，造成生活不便，运行成本高企，同时也无法支撑新兴产业和高端产业的发展。

第三节　改变产城分离问题的思路及对策

一、基本思路

产城融合包含产业和城市功能结合、空间整合与价值融合等方面，"以产促城，以城兴产，产城人融合"，其本质是从功能主义进入到人本主义导向。自2015年以来，随着新型城镇化的深入推进，国家发展改革委就产城融合连续多次发布政策，并在全国部分地区开展试点试验和示范。2015年，在全国范围内选择60个左右条件成熟的地区开展产城融合示范区建设工作（表2-4），推动产业园区从单一的生产型园区经济向综合型城市经济转型，要求各地科学划定示范区开发边界和各类生态保护红线，防止"摊大饼"式扩张和化解"空心化"等"城市病"。经过建设发展

国家级产城融合示范区第一批部分园区名单 　　　　表2-4

城市	所属省市	依托园区	城市	所属省市	依托园区
丰台区	北京市	丰台产城融合示范区（中关村丰台园西区）	合肥市	安徽省	合肥新站高新技术产业开发区
北辰区	天津市	北辰经济技术开发区	滁州市	安徽省	苏滁现代产业园
邢台市	河北省	邢东新区	宁波市	浙江省	杭州湾新区
邯郸市	河北省	冀南新区	襄阳市	湖北省	东津产城融合示范区
沈阳市	辽宁省	苏家屯区	宜昌市	湖北省	宜昌高新区生物产业园
吉林市	吉林省	吉林经济技术开发区	柳州市	广西壮族自治区	柳州高新技术开发区
通化市	吉林省	通化高新技术开发区	重庆市	重庆市	黔江区
潍坊市	山东省	潍坊滨海经济技术开发区	广州市	广东省	黄埔区
威海市	山东省	威海经济技术开发区	普洱市	云南省	普洱产城融合示范区
临沂市	山东省	临沂经济技术开发区	玉溪市	云南省	玉溪高新技术产业开发区
济源市	河南省	济源产城融合示范区	榆中县	甘肃省	兰州高新区榆中园区
常州市	江苏省	武进区	临夏州	甘肃省	临夏产城融合示范区
盐城市	江苏省	盐都区	绵阳市	四川省	绵阳高技术产业开发区
赣州市	江西省	赣州经开区、章贡经开区、南康经开区、赣州高新区	南充市	四川省	嘉陵区、顺庆区、高坪区及西充县的部分区域
九江市	江西省	九江经济技术开发区、八里湖新区和赛城湖新区	阿拉尔市	新疆生产建设兵团	阿拉尔经济技术开发区

资料来源：国家发展改革委网站。

成为产业发展基础较好、城市服务功能完善、边界相对明晰的城市综合功能区。时隔六年，国家发展改革委批复建设 11 个国家城乡融合发展试验区，提出 11 项试验任务和要求，以城带乡、以工补农，以缩小城乡发展差距和居民生活水平差距为目标，以协调推进乡村振兴战略和新型城镇化战略为抓手，以促进城乡生产要素双向自由流动和公共资源合理配置为关键，建立起城乡融合发展体制机制和政策体系。

按照《国家新型城镇化规划（2021—2025 年）》关于城市高质量发展新目标，提出"十四五"新型城镇化目标：到 2025 年，全国常住人口城镇化率稳步提高，户籍人口城镇化率明显提高，户籍人口城镇化率与常住人口城镇化率差距明显缩小。高质量高标准推进国家级新区规划建设，充分发挥引领示范作用。完善郊区新城功能，引入优质资源、促进产城融合，强化与中心城区快速交通连接，实现组团式发展。

从国家新型城镇化政策演变脉络来看，产城融合的发展方向不仅从产业区与城市的融合发展走向城乡融合发展，进而转向郊区新城的功能完善。总结多年来各地产城融合试点的实践经验，凝练国家新型城镇化发展方向，理清产城融合发展的基本思路。

（一）以产城融合发展理念为先导

改变各地开发区"产业主导"、产业先于城市发展的传统理念，从园区建设之初就贯彻产业发展与城市发展并重、产业发展规划与城镇建设规划同步的产城融合发展理念，摒弃单一发展制造业模式，始终在城镇建设和产业发展相互协调的框架内考虑产业发展的次序、布局和方向，并相应地在产业发展的不同阶段，适时调整城镇功能与定位，高起点、高标准、严要求推进城乡建设，实现产业发展与城市建设二者的良性互动。

（二）以前瞻的科学规划为引领

不同于以往开发区建设规划忽视产业发展与城市功能的协同，普遍存在"重产业、轻城市"的问题，坚持产业发展与城市发展的协调引领融合，关键在于产业布局与各功能区布局的科学性以及规划的完善性，做好产业规划与城市规划、土地规划和园区规划等多种规划相衔接，做到规划有据，严格实施。

（三）以主导产业的动态更新为基础

遵循产业发展规律，结合城市和区域发展的资源、制度、宏观环境等条件的变动，持续更新与不断改变当前的产业门类和发展层次，为现有产业的技术变革、商业方式创新与全新发展准备良好且充足的动力。特别是随着初期制造业基础和规模形成之后，生产性服务业和现代服务业应运而生，服务型制造逐渐成为制造业的主导形态，这将为产城融合的深度发展提供更加协调的产业基础。

首先，在初始产业基础确立方面，抓住国际国内产业转移的重要契机，贯彻产业链、上下游配套和招商选商的发展理念。以苏州工业园为例，从中新合作区直接延伸到区外的三个镇，通过规划引领配套协同发展，按照跨国公司的项目规模等级，设定相应的进入核心区的投资门槛，没有达到投资密度标准的配套企业进入周围乡镇。这些现今在发达地区土地生产要素日益紧缺的背景下看起来再自然不过的发展理念，在当时却十分难能可贵，这也为园区品质产业企业的确立奠定了极为重要的发展基础。

（四）以城市功能优化提升为支撑

产城融合的关键在于产业区和城市共享公共服务和基础设施，城镇功能对地方产业发展构成支撑的地方性公共产品和公共服务包括产业共性生产要素的供给优化、良好的生活配套以及城市整体发展环境的优化。一是优化共性生产要素的供给，包括适应产业发展不同阶段的人力资源保障体系建设和不断升级；二是提升生活配套及优化城市区块布局提升方面，按照产城融合发展理念，实行由内向外依次是商业区、居住区和工业区城市开发模式；三是完善公共服务功能优化方面，构建城市中心、片区中心、邻里中心和居住小区中心四级公共服务体系，满足不同层级和不同人群的功能需求。

二、对策措施

（一）调整土地用途管理和出让机制

调整土地用途管理是重点，提倡简化分类，更多地考虑使用综合平衡供地方法，尽量减少行政干预下的工业用地比重，按照居、商、产次序，优化用地结构和促进产业转型，确保用地在单空间、多维度中都能充分利用，以达到土地高效率配置和集约利用目标，提高产城融合发展水平。在征地制度方面，应以公平补偿、以人为本的理念为核心进行改革，补偿农民时应按照相对公平的价格，确保农民利益不受损害。政府在将土地征收为国有的同时，也理当将征地农民纳入城镇社保体系，保证其可持续生计，以实现人的城镇化。

（二）运用多维融合思想进行规划

由国家出面进行顶层设计，从长远角度考虑产业与城市互动发展的协调问题，着重考虑工业用地、居住用地、基础设施建设用地、商业用地、生态用地及休闲娱乐用地之间的统筹发展，体现产业融合理念的多维度综合效益，出台城市规划的整体指导意见。致力于将产业、城镇和土地规划都纳入到区域范围内的总体规划中，达到城镇建设、产业发展和土地集约利用的有效协调互动的目的。在注重城市运行效率的同时也要兼顾城市居民的生活品质，以自身优势产业为中心合理建设生产生活等各项设施。调整新城新区的功能定位和发展规划，增强城市的综合承载能力，推动城市与周边区域的良性互动。

（三）完善城市发展的产业激励政策

科学选择城市主导产业并打造产业链、培育产业集群是产城融合发展的关键性步骤。以增强核心竞争力为导向，培育产业生态系统，夯实本地产业经济基础；以战略性新兴产业为先导，创新发展多业态融合的商业模式；以提质增效为目标，实施产业转型升级。合理运用财政税收政策，适当对某些符合城市产业发展方向的企业给予税收补贴。适时引进国内外高新技术人才，加强企业与高校之间的合作力度，构建产业创新生态系统。

（四）完善户籍和住房政策

坚持以人为本，改革限制人口集聚的户籍制度。降低积分入户门槛，可循序渐进地实施公共服务量化供给的积分制，让长期工作生活在城市中的外来务工人员能够享受到应有的社保、医疗、教育等公共服务。而住房方面，则需要政府无论在城市新区还是产业园区都要加强公租房、廉租房、人才专用房建设，使得那些需要在新城新区长期发展的人们获得可靠的房源，以此吸引高素质人才的集聚，推动产城融合。

（五）寻求基础设施经营上的创新

各种城市新区的基础设施的建设都需要大量的资金投入，如果还是按照以往单纯依靠政府的税收财政一种来源，建设的成果往往会达不到预期效果。寻求诸如BOT、PPP等多样化的融资方式创新，可以缓解政府的财政支出，也可以加快新城新区的建设步伐。

第四节　本章小结

本章主要阐述新城新区发展现状并对其病灶进行剖析，进而指出发展方向和基本思路。首先，对现状进行概括。经过 20 年的突飞猛进发展，新城新区总体情况是：我国新城新区体系趋于完整，发展趋于稳定；产城空间融合正在成为新城新区主要空间布局形式，影响新城新区的因素发生改变。存在的主要问题是：城市定位和整体布局未实现协调发展；城市新区虚假城镇化，城市用地规模非理性扩张；产城能级低、生态问题越发严重；行政主导的政绩观驱动对新城新区科学发展的偏离。其次，对居住新区、产业园区、高铁新城、科技新城等新城新区几种典型类型存在产城分离的基本特征进行描述，剖析其形成机理。最后，总结我国较为成功的产业新区基本经验，提出改变产城分离问题的基本思路，包括以产城融合发展理念为先导，以前瞻的科学规划为引领，以主导产业的动态更新为基础，以城市功能优化提升为支撑；进而在用地政策、规划理念、房户政策、基础设施建设等方面提出几点初步建议。

第三章 高质量发展背景下产城融合的理论内涵及学理基础

第一节 产城融合的科学内涵及发展理念

一、产城融合的内在要求

产业与城市是现代经济社会发展的两大基础。从宏观经济来说，产业是以直接的产品和劳务供给成为经济社会发展的物质基础，城市则以要素集中供给和需求规模聚集成为经济发展的空间载体；就微观个体而言，产业与城市反映出作为社会中的"人"在经济社会中工作与生活的一体两面。因此，产与城必然是紧密联系、相辅相成的。产业是城市发展的基础，城市是产业发展的载体，产城融合是两者共同的内在发展需求。关于产城融合的理念虽已提出多年，但学术界对其内涵和机理研究尚欠深入。许健、刘璇（2014）从"特、集、融、亮"四个方面阐述新型城镇化的特征，强调融合发展才是新型城镇化的最终目标。熊珊（2015）提出从选择主导产业、形成并壮大产业集聚、从"园"到"城"转变等三个维度来推进产城融合。张道刚（2011）看来，产城融合的关键是要把产业园区精心打造成城镇社区，以体现通过城市功能建设促进产业区发展的要求，进而推动经济发展从"单一的生产型园区经济"向多功能的"生产、服务、消费"等"多点支撑"城市型经济转型。

产城融合应当综合"产业"和"城市"两个角度进行分析。一方面，城市是产业的载体，为产业提供发展空间，应服务于产业区的持续、健康发展；另一方面，产业是城市的经济基础，在发展壮大的同时又为城市发展提供保障，驱动着城市更新和服务配套完善，从而达到产、城、人三者之间充满活力、持续向上的和谐生态模式。城与产的紧密联系，推动着两者协调发展，没有产业支撑的城市缺乏经济活力而成为"死城"；没有城市依托，即便是再高端的产业也只能"空转"。"产城融合"就是要形成产业发展与城市功能优化之间的互促关系，既要以产业发展为城市功能优化提供经济支撑，更要以城市功能优化为产业发展创造优越的要素和市场环境，两者共同服务于人类文明的进步。形式上看，"产城融合"强调的是空间布局上产业区和城市功能区的合理优化发展，要求产业区打造成城镇社区，新城建设要强化其自身产业基础，从而建成集产业、商贸、居住、生活于一体的产城融合体，实现生产与生活、就业与居住的统一。在内涵上，"产城融合"就是要形成产业持续发展与城市功能优化的协同、互促机制，产业结构符合城市发展的定位，城市功能为产业发展提供重要的要素、市场、社会资本和基础设施保障，实现寓产于城、以城促产的融合渗透发展，形成具有丰富内涵和多元价值并可创造更大生产力、不断激发经济活力的经济社会复合体。

二、产城融合的理论内涵

产城融合在内涵上具有多维内容，从任务角度产城融合包括社会融合、经济融合、文化融合、产业融合和空间融合等内容，最终表现在城镇核心功能提升、空间结构优化、城乡一体化发展、社会人文生态协调发展等方面，其共同目标指向高质量发展。内涵上区分狭义的产业区与城区的空间融合、广义的工业化与城镇化融合，体现新时代新发展理念的新型产城融合，还包括新城新区的社会融合、城乡之间的经济融合。

作为产业与城市的融合发展，产城融合是产、城、人、地、业、居六大要素在空间上的有机结合，其中"人"是核心，"业"和"居"是支撑。产城融合使城市具备完整功能，实现城市的功能融合，须改变当前城市发展中的增长主义思维，扭转地方政府公司化倾向，确立共享的城市发展观和政府治理观，整合城市资源并完善城市功能，使城市宜业宜居。

在空间布局上，产业区与城市的融合。城市规划理念发生从"功能导向"转向"人本导向"，从以"资"为本转向以"人"为本，宏观上避免过去产城分离导致的园区空间和城市空间相背离，关注城市空间和园区空间的融合；中观上注重园区内部空间生产生活配套功能的融合；微观上关注人与人居环境的融合。

在发展阶段上，城市化进入高质量发展阶段，城市发展模式发生根本性转变。在以工业化主导的经济增长模式下城市是"增长机器"，在追求美好生活目标引领的全面协调发展模式下城市要成为"民生幸福家园"。与此同时，产城关系发生也要随之调整，工业化与城市化协调发展，互相促进。

在社会结构上，不仅要提高户籍人口的生活质量，要加快新城市人与城市的全方位融合。在推进新型城镇化过程中，要坚持人本思想，更加关注人的幸福感和获得感，让新城市人成为城市的"主人"而非"过客"。新城市人来到城市，不仅是在空间上由乡村转移到城市，职业发生了转变，更重要的是实现身份的转变，即在生产方式、生活方式、思想观念、价值观念、文化心理、社会权利、人际交往等方面全方位融入城市。

在城乡关系上，不仅要提升城市自身的品质形象，也要推动城乡融合发展。新型城镇化不同于传统的"造城运动"，也不是简单地把乡村变成城市，而是城市更加生态宜居，乡村更加富裕美丽，也就是说，"城市更像城市，乡村更像乡村"。城乡融合不仅要在基础设施和基本公共服务的均等化，还要在产业支撑、人居环境、生活方式等方面实现由"乡"到"城"的转变。

第二节　城市发展质量与产城融合的人本逻辑

一、产城融合的人本意蕴

（一）产城融合的人本逻辑

在我国城镇化快速推进的过程中，出现了有产无城和有城无产的产城分离现象。这两种现象虽然表现原因不同，但都没有深刻考虑到"人"的因素，没有同时满足人的生存需求和生活需求。产城融合是针对长期以来片面的城市化发展模式导致严重的产城分离问题而提出的城市发展新理念。城市化的快速发展导致"城市噩梦"，重"产"轻"城"、重"物"轻"人"的发展理念已经扭曲了城市发展模式。因此，只有清楚地理解产城融合的人文意蕴，才能结合实际问题，提出规划建议，高质量推进产城融合发展。

学界对产城融合的认识主要分为四类。首先，从物质空间角度来认识产城融合，即工作空间与居住空间的融合，产业与城市应当一同发展；其次，从产业－居住匹配角度来认识产城融合，即就业与居住融合的匹配程度；再次，从产城融合的体制机制方面来认识产城融合，即产业的结构调整和空间布局对推进产城融合的重要影响；最后，从城市开发建设时序来认识产城融合，即开发区建设和土地利用时序对实现产城融合的重要性。虽然以上观点从多个视角进行研究，但是未能揭示出产城融合的本质。对产城融合本质的理解还是要回归到对城市的本质认识上，城市是为了人的幸福而存在。

关于城市的发展要以人为中心的思想其实早在古希腊时期就已经出现，古希腊哲学家普罗泰戈拉说："人是万物的尺度"，他设立了人类聚居的规则和评价标准。希波丹姆提出了以方格网的道路系统为骨架，以城市广场为中心，充分体现了民主和平等的城邦精神的城市规划模式，发明了城市分区，按照宗教与城市公共生活要求，将城市分为圣地、主要公共建筑区、私宅地段三个主要部分。亚里士多德认为，"个人的幸福成于家庭，家庭的幸福成于城邦""城邦起于保生存，成于求幸福""城市建设的最终目的是使居住在其中的居民幸福地生活"，他设定了人类聚居学的最终目标。

城市发展要依靠人，城市发展是为了人。坚持人本理念，就是要强调人的本质，体现人的价值。"人"的发展是贯穿于城市建设和产业发展的主线，"人"把"产"和"城"连接在一起，"人"既是产业发展的投入要素，又是城市功能的需求者，即"依靠人"，最终"为了人"。人口的集聚规模决定了产业发展规模，人力资本决定了产业发展质量（郑耀群，2019）。产城融合是产、城、人、地、业、居六大要素在空间上的有机结合，其中"人"是核心，"业"和"居"是支撑，产是基础，城是空间，地是载体。从生产者和消费者的统一体、劳动力供给者和城市公共服务需求者的结合体、物质再生产和劳动力再生产活动二重性，分析"人"作为城市主体的中心地位和社会功能对城市生产空间和生活空间关系演化的内生要求。从高质量发展角度分析产城融合供给侧和需求侧的内生动力。

（二）城市规划理念和规划实践的人本价值取向

高质量发展要求下，"人"的作用变得越来越重要，成为联系城市和产业的媒介、直接制约"产城融合"质量的关键因素。产城融合主要是促进产业与城市的同步发展，从人本主义角度来看，其核心是就业人群与居住人群的匹配。1933年《雅典宪章》提出了城市的四种功能：居住、休憩、工作和交通。其中就蕴含着产业是城市重要组成的深刻含义。随着城市工业化进程的推进和城市产业结构的不断优化，城市的综合化服务功能逐渐成为产业发展的重要因素。因此，产业与城市在城市发展过程中的融合是两者共同发展的趋势。

如今优美舒适的人居环境已经成为全人类的共同追求，如何建设、评价人居环境是理论及实践探索的热点问题。著名的城市学家乔尔·科特金说过，城市是神圣、繁荣、安全之所。1961年，世界卫生组织总结了人类基本生活要求的推荐，就是安全性（Safety）、健康性（Health）、便利性（Convenience）、舒适性（Amenity），并提出居住环境的基本理念。众多的学者对城市人居环境以及人本思想进行详细的论述，本研究将重点阐述道萨迪亚斯的"人类聚居学理论"和梁鹤年的"城市人"理论，对城市的人本意蕴进行总结。

1.道萨迪亚斯的"人类聚居学理论"

道萨迪亚斯基于三位古希腊人普罗塔戈拉、希波丹姆以及亚里士多德，创立人类聚居学理论，他把人类聚居视为一个整体，系统地进行研究，将人居环境分为五个系统：自然系统、人类系统（物性的人）、社会系统（理性的人）、居住系统和支撑系统。他在 1968 年的《人类居住科学介绍》一书中这样写道，"人类不再满足他们的居住环境"，"交通，小区的分化不再平衡，因此人们在大城市中遭受着拥挤，噪声，同时人类也在大量毁坏着周围的自然环境"，为了解决这种问题，他提出了一些方法：城市的增长应该在单一方向增长；规划师应该有足够的预见能力，防止城市像癌细胞一样扩散，防止核心城市消耗周围的城市，周围的城市掠夺边缘的自然环境；限制城市建筑的高度，三层就好（大的话容积率太高，公共设施不够），高层建筑修建要官方授权，分离机动车和人行道，有可能的话，机动车最好转移到地下管道运行；构建的城市单元不要超过 2km×2km（这个距离对于行人来说是最大的舒适距离）。人居学理论的核心思想，即人的聚居是追求空间机会。因此，城市规划的使命就是创造美好空间以及美好生活所需的空间条件。虽然道萨迪亚斯的一些观点已经不适合当前城市发展的需求，但是他所强调的对人类居住环境的综合研究（包括自然界、人、社会、建筑物、联系网络等），了解人类聚居发展的客观规律，建设环境优美、生活宜人的居住环境，对当前城市发展仍有重要的借鉴意义。

2. 梁鹤年的"城市人"理论

加籍华裔规划学者梁鹤年先生通过多年探索，出版了《旧概念与新环境：以人为本的城镇化》一书。在书中，他首先对西方柏拉图、亚里士多德、卢梭等古代先哲们关于城市的经典表述进行回顾与解读，帮助我们认识当下城市建设和发展过程中面临的种种现象；然后针对改革开放以来中国大陆地区在推进新型城镇化过程中面临的新情况和新问题，借鉴经济学"经济人"理论和道萨迪亚斯"人居科学"的理性框架，提出"城市人"理论，认为"城市人"是"理性选择聚居，追求空间接触机会的人"，尝试为城市空间资源配置行动提供一种理论假设或理论基础。该理论的使命是打造以人为本的人居去匹配"城市人"所追求，和人居所能提供的空间机会。"城市人"理论的起点在人：人的理性、人的物性；终点也在人：在自存／共存平衡和美好生活向往的指引下构建的一套完全以人为本的城镇化理论。旨在通过法与义（规范每个人的行为、保证每个人的利益）去提升每个人和所有人的空间机会，使个人和群体更能达到最高幸福。

"城市人"是种身份的理念——通过聚居去追求空间机会者，他的身份是综合人、事、时、空而定性的，这些"城市人"是公众参与的唯一真正合法的参与者。他们最清楚自己的处境和利益，所以无需代言人（为民请命者），也不可以有代言人。他们的合法性来自他们独有的，以人、事、时、空定性的身份，每一个人都可以同时有好几个"城市人"身份。

每个"城市人"同时是空间机会的追求者和供给者。城市人的"基本属性"是理性——以最小气力追求最优空间机会。如果单考虑可达性作为空间机会的衡量，学校选址会聚焦于最优步行距离、工厂选址聚焦于最优通勤时间、商场选址聚焦于最优购物路程。什么是"最优"？这要回到亚奎那的自存／共存平衡原则，最优是指自存／共存的最高平衡，也就是亚里士多德指的个人／群体的最大幸福。"理性城市人""以最小气力追求最高自存／共存平衡"可以演绎为"城市人"通过聚居去追求空间机会的最优化：①"通过聚居"是因为人是理性群居动物，知道聚居之中自存与共存会相得益彰，会使他生活得更美好；②"追求空间机会"是因为空间接触是美好生活的必要条件；③"最优化"就是自存／共存平衡的最高共识。

"以人为本"就是以人的"本性"为本，这个本性有两个维度：理性维度和物性维度。以人的物性去衡量物质环境，快慢、大小、高低、远近、明暗等，也就是所谓"人的尺度"（Human scale）。"城市人"规划用以人为本去取代以功能为本，以人的"物性"需要去取代资本的效率需要。各类"城市人"追求不同的空间机会，但他们对空间机会的素质（安全、方便、舒适、美观）很多时候有类同的要求和取舍。"城市人"理论对"城市人"进行了详细的定义，阐述了"以人为本"的核心内容，这一理论得到了学界的广泛认同并加以完善。在规划实践中，可以把"城市人"理论"追求空间接触机会的人"具体化，比如社区公园的规划，不仅把市民等公园使用者看作"城市人"，也把公园管理者看作"城市人"，从而使规划师超越"甲方代理人"的角色限定，站在个人与政府之间，更加客观公正地进行规划观察和判断，用理性思考得出更加科学的规划结论。

二、共享发展理念下的产城融合

党的十九大以来，共享发展作为新理念的重要内容上升为治国的战略思想。笔者认为这是对过去城市发展中不够重视共享发展理念的一种直接纠偏。特别是针对产城分离问题，贯彻共享发展理念显得更为重要。之所以要研究产城融合问题，是因为各地在城市发展中出现了产城分离、空间资源分配不均衡的问题。这些问题的原因既有前文提到的一些客观原因，但主要还是我们的发展理念出现了问题。过去的城市发展道路过于强调 GDP，以致出现了地方政府成为"房地产开发商"的公司化倾向，这导致城市的发展成果没有惠及普通城市居民，反映到表象就是产城分离。那么基于此，什么是城市的共享发展呢？笔者认为，使发展成果惠及城市居民，也就是通常所说的公平公正地分蛋糕是一方面；但更重要的是要使广大城市居民能够更好地参与到城市发展中去，更好地释放人的创新能力，使城市发展充满活力和动力。这需要我们打破制度壁垒，重新审视城市发展中的诸多要素在城市的地位和作用。只有这样，才有可能实现产城融合。

共享发展体现的是包容性发展理念。产城分离在很大程度上是社会歧视性、排他性公共政策导致的结果，缺乏包容性发展理念，比如与户籍制度捆绑的购房政策、车牌号发放、教育医疗等基本社会保障。由于种种对人的限制，导致开发区沦为"工业厂房集聚区"，导致有产无城。外来务工人员无法融入城市，新城区缺乏长期稳定的产业人口，导致有城无产。产城融合不仅体现在空间上，还体现在社会结构中。让每一个来到城市的人，只要他为城市的发展作出贡献，都应该得到善待。政策设计、制度安排尽可能消除歧视性条款，特别是社会弱势群体、边缘阶层，他们的基本权利要受到尊重，他们的诉求能够表达，他们的利益能够得到维护。不同阶层的人在这个城市各尽其能、各得其所，为产城融合提供和谐的社会基础和有机的社会结构。

产城融合彰显"人民城市"的价值意蕴。城市是人生产生活的空间，承载着人的生存发展和精神创造。人民城市的发展理念就是要让城市的发展能够不断增强人们的幸福感获得感安全感，让未来的城市能够实现生产、生活、生态、生命的有机统一，通过城市发展与人的发展双向建构，伸展人的主体性和价值性，重塑人民主体共享的生活空间、权利空间和发展空间。产城融合就是要在城市化过程中，让更多市民和新城市人参与到这一进程，共享城市发展的收益。

三、城市竞争新逻辑

（一）高质量发展背景下城市竞争新逻辑

我国的城镇化进程历经40多年的高速发展，在数量上已经取得了巨大成就，迫切要求城市走高质量、可持续、相协调的发展道路。高质量城镇化为导向的城市竞争新逻辑由此产生，即要求城市转变以往粗放型的发展模式，由原来的供给取向转变为需求导向。

当前，我国经济总量已经跃居世界第二，且主要集中于大部分城市，随着经济实力、科学技术和消费水平不断提升，推进产城融合已经具有经济、科技和市场需求等现实基础，产城融合的目标就是建设多功能、综合化的新型城区。高质量发展对产业结构、技术水平、人居环境、生活品质等方面提出新的要求，城镇化从量的扩张转向质的提升。原来的城市竞争主要是供给性的竞争，以廉价的生产要素供给来招商引资，吸引企业入驻，在此基础上形成产业集聚，再来吸引就业与人才，最后实现经济增长。新时代的城市发展逻辑则是，城市部门优先提供高效优质的行政管理和公共服务，营造城市宜居宜业宜商环境，吸引优秀人才和优质生产要素集聚，进而形成良性的创新创业生态系统，然后企业入驻，最后实现经济发展、人城共荣。

总结新旧两种城市竞争逻辑，可以发现两者的区别主要在于：一是在发展目的上，前者以"资"为本，后者以人为本；二是在发展动力上，前者以"地"生财，后者以"才"创富；三是在发展的可持续性上，前者是"杀鸡取卵"，靠的是血拼，后者是"筑巢引凤"，靠的是内功；四是在发展模式上，前者追求量的扩张，边际效益递减，最终沦为"逐底竞争"，成为"污染天堂"，后者追求质的提升，边际效益递增，最终进入良性循环，持续发展。

基于上述对于城市新旧发展竞争逻辑的论述和对比，当前要实现城市持续发展，须转变思路，寻求新的发展路径，改变以往的"逐底竞争"的互相伤害型竞争模式，大力提升创新合作水平。

（二）产城融合厚植城市竞争新优势

营商环境是城市竞争的主要方面，而人才吸引力是城市竞争的关键点。古人云："筑巢引凤——有凤来仪"，运用到产城融合上，即城市和人才的相互吸引关系。城市致力于营造优良的宜居宜业宜商环境，才能吸引优秀人才就业入住；当前城市的发展不仅要"筑巢"，还要学会"织网"。所谓的"织网"就是要打造和培养创新创业生态系统，构建完善的产业生态网络和创新生态网络，这样才能使人才对城市一"网"情深。

《尚书·益稷》："萧韶九成，凤凰来仪。"意思是萧韶之曲连续演奏，凤凰也随乐声翩翩起舞。而在《论语》中提道，孔子闻韶，三月不知肉味。可知韶乐之美妙。演绎到产城融合上，城市需要通过转变思路，寻求新的发展路径，加快产城一体化，自然是对人才的最大吸引力。

具体落实到城市应该如何吹奏这曲"萧韶"，可以从以下四个方面展开：①在城市管理体制上做减法：降本、减税、简政，推进"放管服"改革，降低创新创业成本和行政运行成本，厚植经济持续创新发展基础；②在城市公共服务上做加法：数据多跑路、市民少跑路、管理精细化、服务人性化。推进数字化转型，借助数字化技术，及时掌握居民需求，快速回应市民诉求，实现精准治理和精细服务；③资源要素高端化：招才引"智"、招财引"知"（能够带来财政税收，吸引富含知识技术的资本）；④创新要集成：集聚创新要素，打造集成创新平台，集多产业为一体，培育创新生态系统。

第三节　发展质量导向的产城融合作用机理

一、产城融合的要素构成及其关系机理

关于产城融合实现机制研究。刘瑾等（2012）认为产城融合要把握"以产促城，以城兴产"，就是建设以良好的生态环境为基础、以现代产业体系为推动、生产性服务和生活性服务相互融合、城市功能复合的发展模式；产城融合本质上反映的是一种城市协调、可持续发展的理念。李学杰（2012）从系统工程的角度出发，认为要全面兼顾经济、社会、文化、生活、生态、人口、用地布局、道路组织、设施配套等资源要素的合理布局，产业依附于城市，城市更好地服务于产业，推动城市的可持续发展。叶振宇（2013）研究了产城互相促进的实现机制，认为在城镇化发展的不同阶段对产业的要求是不同的，主要体现在产业结构、生产组织、发展策略等方面。综上所述，现有的研究从各个角度探讨了产城融合现状及解决途径，共同提出了产城融合发展这一概念。但是并没有对产城融合的机理进行深入分析。本文基于共享城市发展理念，在理论分析中引入"空间"要素，认为应该尊重城市空间的经济意义和生态意义，在此基础上研究产城融合内在机理。

长期以来，片面的城市发展观以及扭曲的增长主义思维是导致产城分离问题的理念上原因，我国工业化发展与城镇化的脱节则是导致产城分离的发展模式原因，传统的功能主义城市规划理念和城市的规模经济导向也对城市的长期健康发展造成了负面影响。针对这种现状，分析我国城市推进产城融合的历史及现实背景，构建产城融合七要素模型，认为城市发展的核心是人，城市的本质是要满足城市居民不断变化的需求；产城融合是在反思当前城市发展困境之后，出现的对共享城市发展理念的回归；本研究认为，以共享理念为指导，以人为核心的产城融合有助于解决土地城镇化问题，使得城市居民能够真正在城市安居乐业，实现城市的共享发展。城市发展要整合城市资源，优化对城市空间的再利用，改善新城新区基础设施、公共服务和人文环境，正确处理产、城、人、文、地、居、业七大要素之间的关系，使得城市真正"让生活更美好"。

产城融合是产、城、人、文、地、居、业七大要素在空间上的有机结合，其中"人"是核心，"地"是载体；"业"和"居"是支撑，"产"是经济基础，"城"是发展平台，"文"是社会环境。其中，地、产、业属于生产性要素，文、城、居是生活性要素；产因城兴，城因产立，人因产而业、因城而居；反之亦然，人因业而立、因居而乐，业聚为产，人聚为城。业和居是产和城的微观基础，业与居的协调要求产与城的融合。微观基础的改造需要遵循人本理念，不仅提供完善的基础

设施，还要打造宜居宜业的人文社会环境，包括教育、学习、娱乐、健身、休闲等发展性的软环境。充分的就业机会、完善的基础设施、良好的人文环境不仅能够吸引人才，也能让更多人乐于定居并融入城市，从一个单纯的"打工人"转变为兼有生产者和消费者两种角色于一体的城市居民，从而释放出消费需求，并为城市的经济繁荣和社会活力注入新动力，原住民和新市民共享城市发展红利；与此同时，新城新区的空间生产与空间消费达成均衡。产城融合的目的是为了使城市的发展不再是单纯的经济驱动，而是为了使发展成果惠及广大城市居民，实现共享发展。七大要素之间的关系见图3-1。

人是产业发展和城市存在的核心要素，这是由城市的本质决定的。城市的本质就是要更好地满足人的需求，城市的兴起和发展是源于人的聚集，城市的衰落和消失也是因为人的迁离。目前，我国城市发展困境的主要原因就是背离了共享发展理念，城市发展的首要目标不再是为了更好地满足人的需要，而是让位于经济发展。这种扭曲的城市发展观直接导致地方政府对城市的公共服务重视不足，进而导致"空城""睡城"和土地城镇化问题，城市发展也因此陷入了困境。因此，只有回归以人为核心的共享城市发展观念，推进产城融合，才能协调发展城市功能，有效保证人的生产和生活需要，从而走出当前的城市发展困境。

产业的存在为人提供工作，这是人在城市安身立命的关键，也是城市存在发展的经济基础。在推进产城融合时，要遵循产业先行的原则。同时，一个地区的产业发展基本上也决定了城市的发展前景、居民的收入水平等。这对我们提供满足人

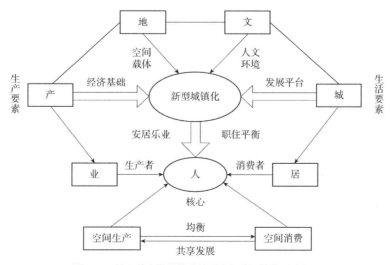

图3-1　基于共享发展的产城融合与空间均衡形成机理

资料来源：作者自制。

们生产和生活需要的公共服务具有重要的参考价值。

产业是关键，城市是基础，产无城不立，城无产不兴，两者共同为民众提供就业岗位和居住地方，两者是相互融合，相互促进的协调发展关系。土地是人类生产和生活的重要参与要素，是产业和城市发展的载体。产业和城市的发展、人类生产和生活都离不开土地要素。土地以及建立在土地基础上的城市，是人们在城市存在发展的空间载体。城市居民在城市空间的生产和消费应当达到一个均衡态势才能促进城市的健康发展。我国用地管理制度对当前的产城分离问题有直接的因果关系，一是农民的土地财产性收益没有得到合理保证，这不仅导致失地农民无法通过自己的土地收益获得在城市立足的资本，地方政府也有强劲的动力通过征地、改变土地的用途等手段获得大量的土地财政，推动土地城镇化，这是当前土地市场城乡分割和土地征收制度不完善的后果；二是我国土地制度对土地功能分区强调太多，城市规划普遍存在产业功能与住宅商业、服务业功能分割的问题。这种分区做法，从城市规划理论与政策实践来看早已过时，可是在我国还在大行其道。其结果必然是城市各类功能的空间分割，尤其是居住功能与就业功能的空间分割，人为地增加了上下班通勤距离和交通需求，这也导致了目前各类用途的土地差价太过明显。用地管理制度的第三个问题是土地用途分割得太细碎。根据原国土资源部在 2017 年组织修订的国家标准《土地利用现状分类》GB/T 21010—2017，将城市用地分为 12 个一级类、72 个二级类，用于土地调查、规划、审批、供应、整治、执法、评价、统计、登记及信息化管理等，虽然有助于用地管理和执法监管，但是在新区发展过程中都会对产城融合造成困难。

产、城、人、文、地、居、业作为推进产城融合中紧密相连的七大要素。其中"人"是核心，其他要素都是为改善人的生产和生活条件提供支持的。当前，我国城镇化的主要问题是只实现了土地的城镇化，而没有实现人口的城镇化，部分原因是有些扩建的城市不具备完整的城市功能。推进产城融合就是要使当前的有城无产、有产无城和功能不完善的老城区逐步转变为功能完整的城市主体，能够为群众提供完善的就业和生活保障，这在一定程度上促进了人口的城镇化，因此，产城融合是实现新型城镇化的一种手段。

产城融合是对城市空间的再利用，正确认识土地重要性，改革我国现行用地管理制度有助于更好地推进产城融合。在图 3-1 中，新型城镇化发展要求实现人的城镇化，产城融合是重要途径；产城融合需要通过空间再利用来更好地满足和实现人的需要，使土地城镇化与人口城镇化同步发展。

二、产城融合的本质：以人为核心的城市要素整合

首先，是促进城市人力资本的集聚。这需要提高城市主导产业的再生能力以及城市产业的多业态融合。城市人力资本的集聚从供给端来看是城市劳动力储备的提高，从需求端来看是城市潜在消费能力的提高。城市人力资本的提高会促进城市的繁荣发展。因此，政府应该将城市功能完备作为城市的发展目标之一，提高城市公共服务吸引外来人口。但我国目前城市发展的现状却并不是如此。根据 Tiebout 模型中的"用脚投票"原理，地方政府竞争可改善公共服务的有效提供。有效供给的前提是"用脚投票"机制的存在，即居民能够在社区间充分流动，他们可根据自身偏好的公共服务来选择要居住的辖区。因此，城市发展需要解决附属在户籍制度上的不公正的土地制度和社保制度，使得城市真正以人为核心。

其次，对于城市来讲，需要围绕城市处理好城市的内外部关系，主要是在城市内部或者城市群之间分级提供不同能级的城市功能。从城市的核心功能区到产业开发区，再到外围的城市郊区等，要分级提供完善的配套服务。通过完善各级别城区的配套设施和交通条件，促进工业区、居住区、商业区、休闲娱乐区等相关功能区块之间的有机融合，完善生产要素在城市之间的流动，打造有利于产业发展的内外部环境，通过产业发展来保证城市发展的活力。同时城市核心区、产业开发区和地方小城镇等应该根据不同情况，提供不同级别的公共服务配套，实现城市单元内部的产城融合。城市功能的完善不是要"高大上""大而全"地提供配套服务，这既不现实，也不符合市场经济的客观规律。应当根据各地区的实际情况，综合考虑各种影响城市功能和后续发展的要素，科学提供不同能级的配套服务，既要能有效满足城市居民的日常生活，减少城市居民和部分生活要素在城市之间不必要的流动，也要科学合理配置不同资源，提高资源的利用效率，充分认识其受城市所在地形、主导产业、城市人口密度等多种因素影响。从长远来看，完善城市功能，有助于吸收人才和新兴产业的发展，有利于城市的产业升级和竞争力的提高。

最后，实现城市空间均衡以达到产城融合的最优状态。空间条件或多或少影响着城市的发展，而我国城市发展通常则存在着空间不均衡的问题。"空间"的字面意思是城市扩张的空间，一般表现为简单的土地面积或者延伸出去的地上和地上空间。但这里所提出的空间均衡不是单纯的"空间"概念，而是针对产城分离的问题提出的，首先是要实现居住和就业的空间均衡，这涉及前文论述的产、居和业三大要素，这可以有效降低城市居民通勤的经济成本和时间成本；其次是要实现公共服务资源的均衡配置，这涉及前文论述的城和地两大要素，城市作为满足人类各种

需求的一个功能集合体，要更好地满足城市居民的需求，必然要求公共资源的均衡配置。目前，城市中心一方面通过高昂的土地价格"赶走"了大部分城市居民，一方面又通过行政配置等手段集中了太多城市资源，这样导致了产城分离。因此，需要立足城和地两大要素实现公共服务的空间均衡配置，实现了空间均衡的城市就是以人为本的城市，空间均衡也是产城融合的最优状态。

第四节　高质量发展背景下产城融合何以可能？

一、产城融合的现实需求

改革开放以来，我国的工业化与城市化一直保持着高速发展，全国各地兴起的产业园区建设不仅促成了中国工业化水平的迅速提升，也引致了城市空间的大规模拓展。据统计显示，截至 2021 年末，我国城镇化率已经高达 64.7%，属于中等城镇化水平，2021 年制造业增加值达 31.4 万亿元，占全球比重近 30%。20 世纪 90 年代以来，在推进工业化进程中，各地大量兴办开发区、产业园区；进入 21 世纪，随着房地产业的蓬勃发展，新城、新区建设遍布全国大中小城市。然而，由于各类开发区和城市新区在招商引资时普遍只注重基础设施建设，相对忽视了城市社会功能建设，单一的产业开发导致了生活配套不足和城市综合功能发展滞后，成为"工业孤岛"，而大量劳动密集型加工制造企业的进驻则更多带来了以农民工为主体的普通劳动力的集聚。因此，开发区大多仅仅实现了土地、产业和人口的城市化，却未能实现城市功能的优化，不过是外地农民工和加工制造活动集聚的生产基地，基于此低水平的城市发展就不能形成强大的向心力，对高素质人才和高科技企业吸附能力大大减弱，更无法形成有效的地方社会网络。这样的发展环境无论对于创新能力建设，或者先进制造业和现代服务业的成长都是极其不利的，必须尽快改变。还有，以房地产开发为主导的新城建设，由于缺乏必要的产业支撑变为"空城"或"睡城"，这样的职住分离，以及"潮汐式"运动增加了社会成本，严重影响了城市健康发展。中国已经进入城市化加速阶段，而且随着新型城镇化推进，城市人口规模还会继续扩大，如果不能化解产城分离问题、实现产城融合良性互动，城市发展将不可持续，长期经济增长将缺乏动力。因此，"产城融合"是新时期需要认真研究的新问题与大问题。历史的教训引发了对产业化与城市化协调发展的深入思考，新的发展和建设越来越突出强调产城融合。产城融合是城市化发展到一定阶段出现的城市发展理念，是对开发区模式的不断纠偏，经过 40 多年的发展，我国成熟的开发区基本上都经历了三个阶段，成型期、成长期、成熟期。成型期有产无城，成长期由工业区向综合功能区转变，成熟期由产业功能主导转向产城融合的新城区（李文彬，等，2014）。

二、产城融合的现实动因

从早期来看，城市化是由工业化所推动的，工业化引发了人口从农业向工业、从农村向城市转移，因而城市化与工业化发展具有内在一致性。钱纳里和赛尔奎因的研究显示，随着人均收入水平的上升，工业化推进导致产业结构演化，带动城市化水平提高。然而，20世纪60年代后，发展中国家为实现赶超型现代化目标，工业化与城市化开始出现了相偏离的趋势，增长主义、资本至上等理念占据决策者主流思想，忽视人的福利增进和社会全面发展，特别是倚重于重工业的发展模式，在城市规划和产业布局上出现产业区远离城市或居民区，导致就业与居住的分离。在我国许多地方出现形形色色的产城分离问题，不仅空间上的条块分割，而且造成功能上的缺失，主要表现有三个方面：

第一，有城无产。主要体现在重房产、轻产业，即土地城镇化高于人口的城镇化。地方政府基于政绩和形象工程不断拉大城市框架，以"摊大饼"的形式搞城市新区建设，将工业的部分人口进行集中安置，在一定程度上分担了主城区人口，缓解了地方交通压力，然而，地方政府基于短期经济效益，过分重视收益快的造城运动，使得新建城区缺乏产业带动支撑而住房空置率高，从而导致新区变成"鬼城"和"有城无市"的空城化局面。如内蒙古鄂尔多斯、云南呈贡等，这是明显的超前城市化。此外，由于这种"摊大饼"式的新区开发，使新区所圈之地将周边许多农村区域也涵盖在其内，这使得大量未经职业和空间转换的农村人口，在一夜之间因所在地行政建制变更而简单化地成为市民。这种虚假的城镇化，在缺乏配套产业支撑的情况下，产城融合目标难以实现。

第二，有产无城。这种单一的生产功能区不具有城市功能，只不过是外来务工人员和加工制造活动集聚的生产基地，这种"前厂后院"的办厂模式，往往使得员工的住宿条件和生活品质很低。与此同时，由于大量外来农民工难以取得本地城镇户籍，没有资格享受廉租房、社保房和经济适用房等住房政策福利，低廉的工资收入也无力购买当地商品房，只能常年生活在单调乏味的厂区内，与现代城市格格不入，这明显是一种有产业、无市民和有产业形态、无城市形态的滞后城市化。不仅使得城镇化的潜在内需没得到很好的挖掘，城市商业无法吸引其消费，进而城市服务的发展受限，而且户籍制度的社会排斥，容易带来外来人口与本地市民的矛盾，降低认同度，社区融入不足，区域性社会关系处于碎片化状态，从而导致区域内生性经济社会发展模式难以为继。

第三，老城区退化。随着城镇化进程明显加快，大量人口涌入城市，原来的空间已经不能适应现在的发展，许多城市开始选择建立新城，故老城区由于诸如人口膨胀、第三产业、交通拥堵、环境污染等"城市病"和城市老化问题，使得发展进入了停滞状态。产生这些状况的原因有多种，其中产业层次不高和与之并存的城市功能置换滞后，以及产业发展不符合城市发展的需要是直接原因。根据普雷维什中心—外围理论，老城区由于地理位置优越，应是基础设施、功能相对完善的中心区，它支撑和引导外围边缘地带的发展，然而，因为路径锁闭使得目前许多老城区本身存在的城市功能等级与其产业层次结构不对等而并没有实现两者真正意义上的融合，从而对外围的影响力也在逐步减弱，高素质人才不能在此集聚，在循环机制的作用下，使得中心城区陷入了进退两难的境地；与此同时，城市、土地、产业三者之间存在相互脱节现象，无法进行空间整合，致使老城区的城市功能缺乏必要的产业支撑，产业发展方向也无法和城市功能相匹配等问题，由此造成整个城市经济社会系统的紊乱。

无论是"有城无产"还是"有产无城"，甚至老城区的退化，都是不健康的城市发展模式，最终导致城市衰退甚至死亡。上述几种情形表明，产城融合具有强烈的现实意义，只有在功能和结构上使产业和城市充分耦合，实现寓产于城、以城促产的融合渗透发展，结成具有丰富内涵和多元价值并可创造更大生产力的新的经济社会复合体或新的经济社会形态，从而摆脱城市发展的不可持续困境。

三、产城融合的现实条件

当前，推进产城融合具有经济、科技和市场需求等现实基础。产业结构调整、生产技术进步、生产性服务业的发展、新型城镇化动力的驱使、科学规划的引导是产城融合的现实基础。

（一）产业结构转型升级降低了生产负外部性，使得产城融合成为可能

产城融合是指产业与城市的融合发展，是在人们工作的地方提供完善的城市功能。如果产业无法布局在人口密集地区，那么这种相互融合就是空谈。传统的城市功能分区理论，虽然是为了追求产业的集聚效应，但也是因为在过去的客观条件下，多数传统产业通常具有较大的环境负外部性，不适合布局在人口密集的地区，因此产业的分类集聚可以在一定程度上降低生产对城市居民的影响。受到我国实际情况的影响，我国城市规模较大的城市通常也是行政级别较高的城市，比如直辖市、各省的省会城市以及副省级城市或者计划单列市等。这些城市由于经济

总量大、人口规模大等因素，通常面临较为严重的产城分离问题。而这些大城市也通常是各地地域内第三产业发展相对成熟的城市。第三产业是最能解决就业的产业，也是相对而言对周边环境影响较小的产业。可以说第三产业的繁荣发展，环保标准和环保技术的进步，使得推进产城融合有了一定的产业基础。

（二）科学技术进步使得部分产业具备了布局在人口密集区的条件

由于交通、通信技术的广泛运用，人们的出行和交往更为便利，这为部分新型产业集聚人气创造了物质条件。还有就是在互联网革命冲击之下，出现了大量的新型业态。这些新型业态均不具备传统重化工业对周边环境的负外部性，可以在人口密集的地区大量分布，并吸引大量相关人才集聚，诸如当今流行的创客空间、互联网小镇等，这是产城融合的产业技术基础。

（三）社会主要矛盾的转换，特别是居民高品质生活需要对城市发展提出了新要求

产城分离造成诸多生活不便，生活品质很低。随着收入水平提高，居民有充足的条件改变这种现状。根据马斯洛需求层次理论，随着社会经济的发展，通常情况下，人们的受教育水平、道德水平、闲暇时间和空闲收入也会有一定的增长，人的需求层次必然也会提升，最终人们会对自己的居住环境质量和生活消费品质要求会更高。产城融合将改变潮汐式交通、钟摆式通勤的不稳定感，享受安居乐业、宜居宜业的人居环境，这是推进产城融合的社会基础。

（四）新型城镇化政策导向和考核激励引导地方政府推进产城融合

当前的城市发展困境逼迫政府推进产城融合。地方政府已经认识到片面城市化是不科学，也是不可持续的。2013 年，中共中央组织部公布了新的地方领导干部政绩考核通知，其中就强调了不能仅仅把地区生产总值及增长率作为考核评价政绩的主要指标，加强对政府债务状况的考核，更加重视科技创新、教育文化、劳动就业、居民收入、社会保障、人民健康状况的考核等，这在一定程度上改变了过去的"唯 GDP 论英雄"的政绩考核机制，使得地方政府更加重视社会公共服务和地方经济的长期健康发展。因此，在现实城市发展困境逼迫和新的政绩考核机制激励下，地方政府有充足的动力通过产城融合解决目前城市发展的困境，促进城市长期健康发展，这是推进产城融合的制度基础。

（五）科学规划和行政力量结合约束了城市发展的过分理性主义动机

城市发展中的科学规划理念分为理想主义和理性主义，前者主要是强调城市应该是什么，是要追求城市规划发展的终极蓝图；理性主义是强调城市的存在是什么，是本着理性主义去寻去空间现象背后的约束条件。无论两者有什么内在的区别，归根到底都是对城市空间的再配置，是对城市空间内各种要素的再调度。不可否认的是，规划能够在一定时限内，一定空间范围内，对城市要素进行合理配置，实现局部平衡。但经济活动的自组织和市场对经济主体行为的引导不是规划可以实现的，鉴于此，近几年来我国城市规划领域反复强调"多规合一"，《关于开展市县"多规合一"试点工作的通知》（发改规划〔2014〕1971号）提出开展市县空间规划改革试点，推动经济社会发展规划、城乡规划、土地利用规划、生态环境保护规划"多规合一"，这既是2014年中央全面深化改革工作中的一项重要任务，也是建设生态文明新形势下规划工作新的发展方向。但这样仍然无法解决规划的权威性和有效性在权力和资本的联合侵蚀下效力不足这个根本问题，同时规划也仅仅能够解决产城融合的经济结构问题，而社会结构和空间结构等城市发展的深层次问题没有触及。因此，希望单单依靠规划来确定城市发展的方向，并依靠行政力量来实现产城融合是不现实，也是不科学的。

第五节　本章小结

本章主要阐述高质量发展背景下产城融合的理论内涵、发展条件及学理基础。从宏观和微观两个层面阐述产和城的功能与联系，产城融合意在寓产于城、以城促产，通过产、城、人、地、业、居六大要素有机结合、融合渗透发展而成经济社会复合体，从空间布局、发展阶段、社会结构、城乡关系等方面揭示产城融合的内涵要求。产城融合的人本逻辑是，在产、城、人、地、业、居、文七大要素中，"人"是核心，具有生产者和消费者的统一体、劳动力供给者和城市公共服务需求者的结合体、物质再生产和劳动力再生产活动二重性等多重属性。在汲取人居科学思想和"城市人"理论精华，基于共享发展理念，提炼出产城融合的作用机理：通过产、城、人、地、业、居、文七大要素融合，从一个单纯的"打工人"转变为兼有生产者和消费者两种角色于一体的城市居民，从而释放出消费需求，实现生产和消费的微观上的闭环和宏观上的均衡，并实现在空间上生产活动与消费活动的均衡。随着城市化进入下半程，产城融合的现实条件越来越充分，产业结构转型升级降低了生产负外部性使产城融合成为可能，科学技术进步使得部分产业具备了布局在人口密集区的条件，社会主要矛盾的转换特别是居民高品质生活需要对城市发展提出了新要求，新型城镇化政策导向和考核激励引导地方政府推进产城融合，科学规划和行政力量结合约束了城市发展的过分理性主义动机。

第四章 发展质量导向的城市增长管理与产城融合

第一节 城市增长管理理论与产城融合的内在联系

一、高质量发展背景下城市增长管理理论的产城融合意涵

发展质量导向的城市增长管理要求在区域结构、空间布局、社区建设、功能设置等方面进行科学管理、系统治理和整体设计，提高城市发展质量和治理水平，从而提高城市宜居品质，实现人本城市化。城市"摊大饼"式的无序蔓延产生诸多问题，为控制城市蔓延，在城市规划寻求空间布局合理、人地关系协调的需求之下，围绕城市增长管理目标，新区域主义、新城市主义、精明增长、紧凑城市、多中心治理等城市规划和公共治理理论兴起。城市增长管理新理念的产生，对新城新区产城融合提出了新的要求，主要表现两个方面：一是城市规划新思潮与产城融合理念的契合。城市规划思想从功能主义向人本主义回归，城市发展理念从增长至上向协调发展转变，吸收最新城市规划和公共治理理论的精髓；二是要坚持以人民为中心城市发展观。挖掘习近平生态文明思想和关于城市治理现代化重要论述、新时代城市科学发展重要论述（如"一核心四注重""一尊重五统筹""尊重自然、顺应自然、保护自然"等）中产城融合的理论意涵，为新城新区规划建设指明路径。

无序的城市蔓延、粗犷的土地利用、城市建设的非人本主义等问题，促成了新城市主义、紧凑城市、精明增长、新区域主义理等城市规划理论兴起。在推进高质量产城融合的背景下，这些增长管理理论带来了许多启示。

新城市主义始终坚持以人为中心，强调人文关怀，让产城融合拾起了被忽略的人文因素。新城市主义最终要达到的目标是要消除城市因盲目蔓延而导致的不良后果，构建适宜居住的人类家园。作为城市迭代更新的产物，新城市主义顺应了城市集中发展的趋势，推动实现产城融合的混合社区模式。传统开发区建设，主要是以产业为主，较少考虑城市人的居住和生活问题，务工人员往往承受着长时间的工作通勤和高额的通勤成本，居住与就业分割。嵌入新城市主义理念的产城融合，看

到了"人"这一核心要素，让产、城、人联系起来，鼓励在园区周围修建多样化住宅，重视居住人口与就业人口的匹配，构建起功能复合的社区。

相对于城市蔓延与高密度而言，紧凑城市理论主张城市应该适度紧凑、功能混合，建设复合高效的网络型街道和交通系统，以及能够生态保育。表现在产城融合上，就是要求城市紧凑发展，在一定地域范围内实现多种功能，促进土地适度的混合使用，提高利用效率；交通以公交为主，建立一个高效便捷的城市交通系统，减少对私家车的依赖程度，以改善城市交通拥堵和环境破坏。

精明增长倡导城市增长要以可持续性的方式，使得城市中每一个居民都能受益。通过协调经济增长、社会发展以及生态环境之间的相互关系，实现经济、社会和环境的公平增长，促进稳定发展。精明增长理论强调城市要为每个市民着想，提倡绿色的出行方式，主张充分利用已开发土地和基础设施，鼓励新土地集约利用，打破分区思想和社会隔离。其对产城融合的借鉴意义在于，为产城融合突破发展的土地瓶颈提供了理论支撑，转变过去有产无城或有城无产的局面，推动实现综合性园区。

新区域主义理论是对传统区域发展理论的重新定义，强调各要素的协调和治理结构的多元性，认为区域发展动力依赖于由区域社会团体、公司、地方政府和非市场组织所构成的网络体系。新区域主义理论更加侧重从"合作"的角度来审视区域经济增长。要实现产城融合中人、城、产等要素的协调发展，就需要注重区域规划和多元行动主体网络的构建。区域是经济、社会、资源环境、政治文化等众多因素综合影响的重要功能空间，区域规划对调控经济发展和实施管理等方面的重要作用不言而喻。产城融合应注重吸纳各级政府、私人部门、非营利组织参与区域治理和协作，才能解决以往政府为单一主体的弊端，培养市场力量，自下而上实现目标。

总结来说，这四种理念均对产城融合发展提供了非常宝贵的启示与借鉴。不同的理论从不同层面给了产城融合以理论指导。笔者认为，在理念层面，新区域主义让产城融合向人本主义价值导向的回归；在设计层面，紧凑城市推动了城市复合功能的归位；在发展层面上，精明增长促进了城市经济增长方式的转变；在管理层面上，新区域主义旨在实现城市治理模式的转型。因此，发展导向下产城融合应该倡导人本、服务等理念，以城市政府公共职能与市场经济手段互为补充，明确政府、市场和社会之间的关系，摒弃传统浓厚的行政色彩，把人的全面发展作为首要因素和先决条件；编制科学的规划，引导空间优化，注意各个规划的可操作性和协调性；推动产业升级，打造特色产业，为城市产城融合提供产业支撑。

二、城市增长管理的理论指向与产城融合实践导向相结合

产城融合作为一个重要的发展方向并非新概念。城市的内涵既有产业又有城市，产业是城市发展的基础，城市是产业发展的载体。城市与产业是相伴而生、共同发展的。产城融合的提出与我国产业园区的发展及其承担的历史使命密切相关。经过改革开放初期工业化的快速发展，国家级、省级、市级、乡镇级等多个层面的产业园区层出不穷，产业园区、经开区、高新区等多种类型的产业平台比比皆是。产业园区的发展为经济增长提供强劲动力，但暴露出不少问题，包括功能结构单一、产业结构单一、与区域发展脱节、就业人群与消费结构不相匹配等问题。因此，产业园区发展逐渐偏离经济社会发展目标，"孤岛经济""飞地经济"越来越普遍地出现于各类产业园区，并成为产业园区进一步发展的阻力。在转型发展过程中，城市可供空间的不断缩小，迫使产业园区发展寻求新的发展思路，产城融合发展成为开发区转型发展的新趋势。本章将城市规划经典理论与中国实际相结合，为产城融合发展提出新思考。

（一）框定合理的产城规模

产城融合的目标是成就一个健康美好的城市，而这样的城市就应该存在一个合理的或最优的规模。但当前城市规划学界关于这点的研究多集中于仅从成本和收益角度出发，而未过多地考虑人的要求。产城融合的规模单元应该是一个城市的基本单元，多个基本单元便构成了一个更大的城市，这些基本单元的规模就受规模经济和工作出行时间的双重检验。①规模经济。根据规模经济理论，城市过大过小都非合理，其存在一个合理区间，此空间范围较大，起步的人口规模可以是3万、5万甚至更高。因此，简单从规模经济角度去考虑产城融合的规模是非常不确定的，所以还需要从另一角度共同分析。②工作出行时间。根据中国科学院发布的《2012中国新型城市化报告》，全国各大城市的人均出行时间的区间大约为20–50分钟。在提倡公交出行的前提下，根据公交车正常时速15km/h、出行距离大约12km，产城融合的单元规模大约为12–70km^2。当然，以上所说的规模经济门槛和合理的工作出行时间相对理想化，实际的规划操作情况与具体的产业类型、就业密度、地形地貌和行政边界有关。对于较小规模的新城或开发区，应当进一步考虑其与主城之间的通勤；对于较大规模的新城或开发区，应以人的工作出行尺度为依据，考虑产城融合单元的划分。

（二）平衡职住关系

产城融合主要是促进产业与城市同步发展，其核心是就业人群与居住人群的匹配。产业结构决定就业结构，就业结构决定消费水平、所需服务配置及住宅

业态，从而影响到居住人群结构。因此，一个地区的职住特征反映出产城融合的发育情况，这主要表现在两个方面：①规模匹配，即就业人群与居住人群的规模比例在合理范围。就业人群与居住人群的规模比例（即职住比），能够从总量上反映出一个地区就业与居住的实际情况。排除年龄因素的考虑，一般来说城市规模越大，城市功能复合度越高，其职住关系相对较为平衡；城市规模越小，城市功能单一，则可能出现职住关系失衡现象。若职住比偏高，意味着本地居住难以满足就业人群的需求，就业人群存在大量外流现象；若职住比偏低，则意味着大量居住人群依托中心城就业，城市的产业支撑乏力，可持续发展动力有限。②结构匹配，即就业人群结构与居住人群结构具有较强的相关性。产城融合的职住关系要求就业人群结构与居住人群结构具有较强的相关性。如果地区产业以低端的加工制造为主导，那么职业构成以生产操作工人为主，收入水平不高，对居住的要求以保障性住房和普通住房为主，对生活设施的要求以基本的公益性设施、沿街商铺等为主；如果地区产业以研发、总部为主，那么职业构成主要为高级技术人员、研发人员和管理人员，收入水平相对较高，对住宅的要求较高，也将产生更加多样化的消费需求。同时，不同的产业类型所对应的就业人群密度不同，相应的配套服务设施的设置也会出现差异。因此，在进行产城融合规划时，只有把握好地区就业人群的构成，以及消费需求、通勤特征和出行偏好等，才能进行合理科学规划。根据对不同地区职住特征分析可知，只有把握主导人群的需求，并以此为出发点，完善配套生活服务设施，才能更好地吸引人、留住人，从而进一步促进职住关系均衡发展，实现产城融合协同推进。

第二节　新城市主义与产城融合

一、核心理念

新城市主义汲取了人文主义、历史主义、生态可持续发展思想精华，提出了人类社会对城市的新梦想，其核心理念就是人本主义和生态可持续发展。

（一）人本主义

新城市主义认为，发生在大城市内城、郊区及自然环境中的一系列困扰当今城市的社会问题，都是内在相互联系着的。这些问题的产生固然有着更复杂的背景因素，但都可以归咎到"二战"之后几十年来郊区化无序蔓延增长方式，而错误的政策及不合理的规划设计思维是导致无序蔓延的症结所在。基于功能主义和理性主义思想的现行政策法规和规划条例，奉行功能分隔、汽车主导，忽视公共领域、漠视人文精神和自然环境，必然会导致蔓延的后果以及上述种种问题的出现，因此必须对其进行全面的改革。

新城市主义自始至终都坚持以人为中心，强调建成环境的宜人性以及人类对生活的可支持性。具体来说，其规划设计中的人本理念主要体现在以下几个方面。①关注社会公平，改善弱势群体的生存空间。新城市主义倡导建立混合型社区，有利于社会各阶层的融合。②多功能复合，建设充满人情味的新社区。从小尺度的城镇内部街坊角度，提出了"传统邻里发展模式"（TND）；从整个大城市区域的角度，提出了"公交主导发展模式"（TOD）。③重视公众参与及公众意见的充分表达。在社区里充分听取居民的意见与提议，包括社区的公共设施建设、改造与维护，对社区管理者工作的建议等。

新城市主义的代表人物雅各布斯在其经典著作《美国大城市的死与生》提出的"混合用地、密路网、高密度、街道活力"等理念被新城市主义奉为圭臬。威廉·怀特在其《小城市空间的社会生活》中，建立了城市环境中人类行为的研究标准，其思想被业界总结为"人从人处来，人往人处去"。TOD代表人物彼得·卡尔索普在其《翡翠城市：面向中国智慧绿色发展的规划指南》一书中提出规划十项原则，其中功能混合社区缩短出行距离、建设人性尺度的街区、适宜步行和自行车的交通系统、提供人本尺度的可达性高的市政配套设施等概念，无一不是充满人文关怀。扬·盖尔在其《人性化的城市》一书中鲜明指出，在进行社区规划设计时，首先考虑是生活，更便捷地满足人们生活、情感、社交需求是社区建设第一选择。人是人性化城市的出发点，人性化城市的目标是充满活力、安全、可持续、健康。

（二）生态可持续发展

《新城市主义宪章》导论中指出，"中心城市投资减少、无边界的城市蔓延、种族隔离和收入分化的加剧、环境恶化、农田与原野消失、历史建筑遗产损毁，对社区建设提出整体性挑战"。新城市主义发起了反对城市无序扩张和不可持续发展的倡议，紧凑性（Compactness）（即密度）和亲生物性（Biophilia）（即亲近自然）是可持续城市主义的核心价值。邻里紧凑、步行友好（Pedestrian-friendly）、土地混合用途是城市设计的关键要素。提出在城市规模上限定城市增长边界，在发展模式上城市空间填充式扩展、社区紧凑开发，节约资源降低能耗，主张公交导向充分尊重公交系统、步行系统和自行车系统，并保持各系统之间便捷的衔接和转换等规划理念，因此，新城市主义大会（CNU）被认为是可持续城市的标志性运动。2004年，在芝加哥召开的新城市主义第12次大会就是以"可持续发展的城市"为主题，就新城市主义与环境问题之间的关系一事修改宪章进行了讨论，"绿色城市主义"也成为新城市主义学者及其同盟广为认同的理念，并认为"如果环保主义运动和新城市主义运动在概念和策略是结成更加紧密的联盟，将对彼此双方都是好事""如果环保主义运动的所有能量和善意都能应用在城市边界之内，那么结果将会异常激动人心"。

二、新城市主义的人本理念与产城融合实践

（一）产城融合的人本价值取向

城市的发展不仅和经济、产业发展有关，城市中的人口数量、质量更是保证城市长期持续发展的根本动力。在产城融合中如何为"人"提供必要的支持，如何将人文关怀嵌入产城融合实践中，是新城规划与发展方向。产城融合要求产业与城市功能融合、空间整合，"以产促城，以城兴产，产城融合"。产城融合的内涵包括人本导向、功能融合和结构匹配三方面。产城融合的本质是从功能主义向人本主义的一种回归。从开发区发展历程的梳理及每个时期的发展重点来看，产城融合发展是社会经济发展到一定阶段，反映到空间上的一种表征，是资本积累到一定阶段寻求新的空间生产的必然产物，也是资本进入第三重循环提升创新能力、提高人的素质的必然要求（殷洁，等，2012）。产城融合发展就其核心来看，是促进居住和就业的融合，即居住人群和就业人群结构的匹配。产业结构决定城市的就业结构，而就业结构是否与城市的居住供给状况相吻合，城市的居住人群又是否与当地的就业需求相匹配，是形成产城融合发展的关键。

（二）人文关怀理念于产城融合中的实践

1. 功能融合

城市功能合理划分强调城市中各类主导功能明确的区域应该适度集聚，形成不同的功能片区，以便于生产和生活的组织。但是随着经济发展和城镇化推进，产业不断转型升级，人们的需求也逐步提高。就业人群希望在步行距离内就能够享受到便捷的服务，在30分钟内就能解决日常生活需求。因此，产城融合规划应该避免过度的功能分区，提倡围绕多元功能融合布局的理念，积极追求复合功能，逐步将城市功能有机融入，使生产区、生活区、公共游憩区、配套服务区融合，这样，既可提高土地的集约利用，也有利于保持优良的生态环境。例如，在一些无污染的产业园区内应避免像以往的产业园区一样功能隔离，可以适当增加一些住宅开发，吸引人口入住；住房类型以小户型、人才公寓为主，为劳动者解决居住问题的同时尽量降低其生活成本。

2.服务植入

服务能力是城市的核心功能。服务设施的规模与能级并不是越大越好、越高越好，它需要与地区发展阶段、发展需求相匹配，才能够推动产城融合的发展。对于服务配套设施，应该区分不同层级、面向不同人群进行设置，尤其需要重视面向基本服务的社区配套设施的设置。

3.空间融合

城市规划进入存量规划和精细化管理时代，需要考虑人的尺度需求。首先，功能混合需要体现在不同层面，规划认为在半径1km左右的圈层内应该复合布局居住、商务等不同类型的用地；同时，在服务核心上强调结合交通枢纽站点的复合化功能进行设置。其次，在工作圈和生活圈的设置中应充分考虑以服务设施为核心的布局方式及步行可达的空间尺度。再次，绿化系统的布局避免采用大型绿地、绿环等布局方式，强调渗透性、小而密的布局方式；同时，结合慢行道、城市公共设施和社区邻里中心等进行设置，提升绿地的多样性。最后，以公共交通为核心构建接驳系统，力求在多种交通方式间能够实现便捷接驳。在道路系统上，可适度加密路网，核心区采取小街坊开发模式，强调城市功能混合。

第三节　紧凑城市与产城融合

一、紧凑城市的政策含义

（一）紧凑城市的特征和优点

在大多数文献看来，紧凑城市是一种高密度的城市发展模式，其主要特征为：①中心区活力复兴（Revitalization）；②高密度开发建设；③土地混合开发利用；④医院、公园、学校和休闲娱乐等公共服务设施的可达性强。与城市蔓延相比，紧凑城市有诸多优势，比如更加低碳（减少汽车尾气排放和城市能耗）、更好的公交服务、整体上可达性强、易于旧城复兴和再开发、更高的生活质量，可能有利于绿化开敞空间的保护，以及塑造良好的商业、贸易环境与氛围等，考虑到可持续发展依赖于经济、社会和环境这三方面的综合优化。

（二）紧凑城市发展策略

基于特征和优势，发展紧凑城市的主要策略有：①围绕公共交通节点布置社会商业活动中心，形成"多中心－网络化"的城市形态；②社区作为构成城市社会的基本单位；③城市建设邻近自然景观，把自然引入城市，提供与乡村同等优美的自然环境；④多样性城市活动的空间重叠；⑤丰富的城市景观，内部具有若干绿化开敞空间，减少城市的热岛效应；⑥节能降耗，对城市废弃物进行回收再利用，采用各种绿色能源技术；⑦较高密度人口集聚和合理的空间布局。综合对紧凑城市的特征描述与发展策略，可认为较高的人口密度是实现紧凑城市目标（城市可持续发展）的必要条件，但不是充分条件，即城市可持续发展必须具有一定的人口密度，但高密度并不能保证城市的可持续发展。在给定的高人口密度下，要实现可持续的城市发展，还需要人口、经济社会活动在空间上得到合理分布，并且在给定的交通、通信、建设等技术手段下，这种分布能够有利于城市系统的高效与低能耗运行。

因此，紧凑城市的可持续发展问题首先是空间结构问题。如果空间范围的面积大小是给定的，同时人口数量的多少也是给定的，那么人口以及经济社会活动在空间上如何分布就有了结构绩效的可比性（韦亚平，2006），紧凑城市的可持续发展需要追求具有更好绩效的空间结构。在城市整体尺度上，人口密度增加只有技术极限，而没有绝对的经济极限。只要技术许可，既有的人口密度可以不断超越，因为对技术成本的承受能力将随着城市经济的发展不断提升。

二、城市紧凑发展的产城融合意涵

发达国家紧凑城市理念是针对城市蔓延问题而提出的新概念。就我国而言，过去40多年的城市化，城市空间急剧扩张，呈现"摊大饼"状态，特别是开发区无序发展，产生诸多弊端。"产城融合"的提出与当前我国开发区的发展阶段及其承担的历史使命密切相关，紧凑发展正切中开发区无序蔓延的时弊，彰显产城融合发展理念。

开发区作为招商引资的主要窗口和空间载体，成为改革开放初期社会经济发展的产物（皮黔生，等，2004）。20世纪八九十年代，跨国公司竞相投资，从沿海到内地纷纷建立开发区，包括国家级、省级、市级、乡镇级等多个层面的工业园区，并且建设了开发区、经开区、高新区等多种类型的工业园区。与此同时，以1990年国务院颁布《中华人民共和国城镇国有土地使用权出让和转让暂行条例》以及1994年中央和地方实行分税制为标志，我国的土地市场全面放开，并且地方政府经营城市、经营土地的积极性高涨。在此背景下，城市空间外拓的幅度加大，除了开发区之外，出现了新城、新区、大学城等诸多新型城市空间。伴随着1997年的亚洲金融危机导致国际资本总量相对减少，以及各地由于开发区的盲目建设造成的激烈竞争，并且出现大量侵占基本农田、低水平开发的状况，2000年初，开发区的发展进入调整反思阶段。2003年，国土资源部会同国务院有关部门对全国各类开发区进行清理整顿，共撤销各类开发区 4813 家，核减开发区规划面积 2.49 万 km²，分别压缩了 70.1% 和 64.5%。2005 年以来，开发区发展逐渐步入成熟阶段，在地区发展中承担着经济推动器的作用。以上海市青浦区为例，2010 年园区规模以上工业总产值 997 亿元占全区工业总产值 1327 亿元的 75%（林华，2011）。但同时开发区的一些问题也逐渐显露出来，主要是功能结构单一、产业结构单一、与区域发展脱节、就业人群与消费结构不相匹配等（刘瑾，等，2012）。可以看出，开发区一方面为地方发展作出了经济上的重要贡献，另一方面，由于开发区发展的初衷而形成的"孤岛经济"，已经越来越制约开发区的发展，以及开发区与周围城镇之间的相互融合（王慧，2003）。

随着我国经济水平的提升以及全球产业格局的调整深入进行，各产业开发区纷纷通过发展高附加值的高端制造业、现代服务业，实现产业转型、结构优化，抢占新一轮经济高地，并探索区政合并，发展产业新城。然而，这些位于产业链高端的产业门类对产业开发区内的综合服务功能提出了更高的期望。"产城融合"的概念在多元混合与互相适应的发展要求背景下有了更加综合与复杂的含义。

产城融合是在我国转型升级的背景下相对于产城分离提出的一种发展思路，要求产业与城市功能融合、空间整合，"以产促城，以城兴产，产城融合"。城市没有产业支撑，即便再漂亮，也就是"空城"；产业没有城市依托，即便再高端，也只能"空转"（张道刚，2011）。城市化与产业化要有对应的匹配度，不能一快一慢、脱节分离，而且，产城融合发展并不是一蹴而就，只有全面理解产城融合的内涵，才有利于提出更为合理的规划建议。

紧凑城市作为城市规划术语，强调以追求空间功能紧凑为手段，充分利用城市资源及节省能源，释放城市经济积聚效益，促进城市和区域实现高效、集约、绿色、可持续发展。新城新区作为顺应国家新型城镇化的新探索，其空间规模必定是有限的，这就更加要求新城新区的建设要实现空间紧凑，即在有限的空间科学规划、优化空间布局，合理配置资源，不断完善新城功能，提升新城品质。适度的紧凑，也有利于造就新城的多样性，激发新城活力，带来丰富多彩的生活。但"紧凑"不是目的，而是为了促进城市可持续发展，让居民的生活更美好，因此，还要注意"空间紧凑"与生活舒适性以及生态环境之间的平衡。

三、紧凑城市与产城融合的联动发展对策

《中华人民共和国国民经济和社会发展第十四个五年规划和 2035 年远景目标纲要》指出，推行功能复合、立体开发、公交导向的集约紧凑型发展模式，统筹地上

地下空间利用，增加绿化节点和公共开敞空间，新建住宅推广街区制。产城融合与紧凑城市的发展理念本质上存在共通性，其最终目的都是为了使城市可持续、集约发展，重点应从以下几个方面进行促进。

（一）加强城市相关规划完善和衔接

规划是城市建设的依据和发展的方向。城市发展要将"产城融合"作为城市规划的主导理念，在规划体制上，探索推进城市、产业和土地"三规"融合衔接，发挥规划部门、产业部门、建设部门、公共服务部门等在规划编制中的联动作用，将产业资源、人口、服务资源、设施资源统筹考虑，同时要审时度势，积极引入"弹性规划"理念，在园区、新城等阶段开发建设过程中，结合未来城市发展的趋势和要求，预留部分空间，作为完善城市功能的重要补充区域。

（二）推动产业结构调整和转型升级

目前，我国许多城镇体系与产业体系存在着比例不协调、结构不合理、功能不匹配的现象，由此造成城镇与产业之间联系松散、城镇之间各自为政、城乡之间分割发展等突出问题。因此，城镇发展须按照产城融合理念，发挥自身产业优势，调整产业结构，拓展配套特色产业链条，构建与城镇功能定位和发展层次相匹配的产业体系，推动以产兴城，以城促产，实现经济社会与生态环境协调、可持续发展。

（三）强化产业发展载体功能化建设

国内外成功的园区发展经验都表明，一个成熟的工业园区或产业园区，必定是一个独具特色、个性十足的城镇社区。在园区发展方面要逐步推动从居业分离向协同共进转变，强化与城市功能的契合，注重园区的功能化建设，协调好产业设施、居住设施、配套服务设施等在园区及周边范围的合理布局，注重与邻近区域设施资源的共建共享。所谓的功能化建设，就是将产业园区不仅作为城市产业承载地，更重要的是将其作为城市格局中的重要的功能单元，完善其他城市配套功能，着力推进从单一生产型区域向集生产、消费、休闲为一体的多元化、多功能、多点支撑的城市产业功能区转型。

（四）要坚持多样化的、功能混合的城市土地利用开发模式，避免城市用地功能的单一化

适度混合的土地利用有利于创造一个综合的、多功能、充满活力的城市空间，尽量就近满足人们的各种需求，增强人们之间的联系，有利于形成和谐的社会氛围，创造丰富多彩的城市生活。另外，混合的土地利用在一定程度上可以避免居住地和工作地之间钟摆式的城市交通，这对于缓解城市交通压力，降低交通需求和能耗都有着积极的意义。

第四节　精明增长与产城融合

一、精明增长与产城融合的理论亲和力

产城融合是指产业与城市或城镇的融合发展，通常经历三个阶段：第一是产城一体，城市要为产业发展提供有利的条件，产业也能支撑城市的初步发展；第二是产城互促，城市的发展带动产业的转型升级，产业集聚促进城市功能的完善；第三是产城融合，城市和产业的紧密联系，互相促进，互相融合。产业区和生活区没有明显的界线，而是融合在一起。城市无论大小皆适合人类就业和居住生活，产业无论规模大小能产生满足地区需要的经济价值和具备长久的发展空间，最终实现产业和城市共赢发展。

虽然，中西方城市的政治、经济、文化、社会背景存在很大差异，并且精明增长理论具有很强的"本土性"，但是，从促进城市可持续发展的意义上讲，精明增长理论一致主张的核心思想无疑对我国高质量的新型城镇化的发展具有重要的借鉴价值和警示意义，高质量的新型城镇化是我国未来的经济引擎，将为我国经济增长提供中长期动力，同时，这也是一种集约发展、统筹发展、和谐发展、坚持以人为本的城镇化，这同精明增长倡导的城市可持续发展模式是与我国相契合的，并且，在精明增长模式下发展产城融合亦是破解新型城镇化难题的一个有效方法。产城融合是推进新型城镇化战略、解决区域产城分离、提高城镇化质量的主要手段和关键路径，高质量的新型城镇化是实现产城融合发展的重要目标，并且新型城镇化背景下的产城融合应着重体现以人为本的产业、城镇、人之间持续向上的发展，使产业和城镇的发展更具可持续性。

"精明增长"强调环境、社会和经济可持续的共同发展，强调对现有城市的改建和对现有城市设施的有效利用，强调城市生活品质与发展的联系，是一种较为紧凑、集中、高效的城市发展模式。"精明增长"，就是在新城新区建设中要尽量实现以最低的公共成本投入创造出最高的收益，而这个收益除了体现在城市经济发展，还包括居民生活舒适、社会和谐以及生态良性循环。可见，"精明增长"理念与"空间紧凑"理念是相符相生的。实现"精明增长"，需要综合发挥新城规划的统筹指导作用和市场配置资源的决定性作用，促进空间资源的帕累托优化，并且要因地制宜、因时制宜、一城一策，尊重和顺应城市发展的一般规律和各自特色，推动新城实现以内涵提升为主的集约式发展，实现经济、社会、环境的和谐可持续发展。

二、精明增长理念下产城融合政策路径

（一）城市功能定位明确，产业结构合理

大城市产业门类齐全，小城镇也有自己独特的主导产业。通过发展大城市周边的小城镇合理分流人口，减轻大城市的就业压力。合理开发新区，减少无效蔓延。通过调整城市建设资源，提高基础设施建设投资比例，加快完善道路网系统和其他基础设施建设，加大政府对公共交通投资建设的力度，合理布局城市基础设施，全面提升新区的综合服务功能。除了解决工作、居住等基本的生存问题，更要着力解决城市的教育、医疗和就业问题，使城市新区形成一个良性循环的系统。产业与城市互促发展，门类齐全的产业会促进城市的发展和城市功能的升级，在新区加强支柱型产业的入驻，加强新区多功能城市综合体建设，合理布局并完善如商业、学校、医院、娱乐中心等公共服务设施的建设。

（二）加快产业园的转型发展，实现以园促城，产住一体

加快推进园区整合改造，提升产业结构层次，使产业符合城市发展需要，增强产城融合发展基础。对于重点发展园区，要优先完善配套服务设施，提高企业入园门槛，形成以重点园区为龙头，周边地区进入配套的产业集聚区。对于需要培育园区，要改善投资环境，优先安排大型工业项目和科研项目进驻，加快园区的功能逐步转型，逐步实现园区社区化。促进园区结构由单一工业经济向城市综合经济转型，推动产业园区从单一工业区向生产、生活、休闲、娱乐为一体的产业社区转型成为必然。调整园区内部功能结构，完善各类公共服务设施，倡导功能混合的组团布局模式，为人们创造舒适、安全、方便的活动与交流条件，不断增强人们的社区归属感，最终形成一个与城市相容的宜居宜业，充满人情味和开放、民主的新型社区。

（三）实行土地的多功能、集约化管理，重视生态环境保护

精明增长管理中倡导的是集约利用土地，提高土地利用强度，改变城市低密度用地，限制城市蔓延。采取城市居住与产业的混合建设，可以缓解住宅地和工作地点的交通问题，促进城市居民就近就业，达成一种"可达性好、交通需求低"的土地利用和交通发展模式，减少出行量和对汽车的依赖，缩短工作和生活的时空距离，也为支撑公交车站和发展商业服务中心提供基础。对于城市新区的居住地和商业用地混合开发，创造充满活力的多功能综合性城市空间，还要适当减小城市道路的宽度，增强道路两侧的联系，从而激发人对公共活动的兴趣，形成和谐的社会氛围。城市在追求经济效益的同时不能以牺牲农村环境发展城市为手段，而要把可持续发展的理念贯穿在城市的建设中，大城市注重节能减碳，小城镇注重绿色生态。

对于污染较大的城市集中整治，而城市新区从规划上需注重绿色生态。

在城市追求高质量新型城镇化的过程中，反映出的各类问题都会对整个城镇化的运营造成负面影响，且这些问题是城市寻求可持续发展时必须要面对和解决的重要问题。基于精明增长理念的新型城镇化，从重视城市发展规模向重视城市发展质量转变，追求土地资源的高效利用和城市的精致发展，提高城市运行效率。精明增长理论为我国城市发展带来的启示不仅表现在一种先进理念的传播，更表现在一种对更高管理水平的追求，对于解决目前面临的诸多难题，缓解高速城镇化引发的城市问题，具有十分重要的现实意义。在未来的发展中，不仅需要产、城、人等各方面要素的融合，还需要从城市新区、老城区到产业园区实现从产城融合向多元融合的转型，追求经济效益的同时要按照精明增长原则，注重生态环境保护，实现高质量的城镇化。

第五节　新区域主义与产城融合

一、核心思想

新区域主义是对传统区域主义的超越。传统区域主义主要表现为依靠政府力量实现区域的整合，将宏观区域视为政府合作的结果，是一种自上而下推进区域一体化的过程。而新区域主义是在丰富的时代背景下演化出来的，其最大的优势是能通过自下而上的市场力量和开放的社会关系实现区域一体化。在新区域主义的理念下，这一过程是由多元参与者共同参与的区域一体化进程，并具有开放性、多维度、多层次的特征。新区域主义在国家干预和市场调节的两种道路选择下，试图寻求第三条路，把区域发展的重心放在累积区域财富、动员区域内部力量以及培育竞争优势上。总结来说，新区域主义具有以下特征。

（一）强调治理而非管理

从治理主体上看，治理是指单一的行政主体向多元主体转变的过程，即政府不再是决策中的唯一主体，社会力量也能广泛地参与决策。在治理机制上，在解决大都市区层面的问题时，从传统的正式化的科层制、结构重组模式转向非正式结构以及政策的制定和执行过程。在参与主体上，是跨部门而非单一部门。有效治理必须要将所有的区域参与者——商业群体、非营利组织、公民组织、大学、基金会等都整合进入区域性的问题解决之中，并与政府一起运作。在治理方式上，是协作而非协调。除了不同政区单元之间实现政策和行动的相互协调，还需要开展深度的合作，每个地方政府不仅要知道其他成员正在干什么，更应该站在大都市区层面，突破狭隘的能力和地域观念，建立合作规则，协同解决或完成具体的区域性问题或任务。在治理结构上，是网络化结构而非正式结构。这种网络关系应该强调以项目、任务为导向，并拥有一个权威性的利益分配关系（陶希东，2019）。

（二）倡导构建多元协商网络

新区域主义理论的政策着眼点在于强调大都市区空间范围内的多元政府主体之间的信任、合作与协商，并以此来避免大都市区统一的垂直化管理所带来的各种弊端，降低沟通交易成本、提高管理效率（陈建军，等，2018）。新区域主义提倡建立由多元主体组成的治理网络。各多元主体之间不再具有正式结构的上下级关系，而赋予多元主义以平等的对话权，协商制定解决方案。

（三）强调协调合作机制

新区域主义认为，实现资源的调配、多个关键利益相关者之间达成认同、形成区域愿景和目标等过程，非正式的政府结构是非常重要的。其赞扬多元的对话和协作治理理念，积极倡导区域（或次区域）的整体观念与合作观念，希望超越传统的区域约束，并认为可以通过不同形式和功能的协调与合作机制，促进整合区域内各种分裂、隔阂现象，加快区域化一体化进程，强调竞合共赢。新区域主义支持均衡的、可持续的综合协调的区域发展观，倾向于调和"经济效率、社会公平、环境友好、文化融合"等多重价值目标，实现区域的综合平衡。

二、新区域主义对产城融合发展的启发意义

新区域主义强调区域的协调和一体化发展，产城融合实质上反映的就是城市、区域与产业、城市各要素的协调发展，体现理论与实践的契合。产城融合过程艰难，具有碎片化、多元利益的复杂关系。如何有效地推进产城融合，首先，要协调好政府与市场的关系，从世界范围一流的科学园发展来看，政府和市场的作用都不容小觑，不同主体在不同阶段发挥不同的作用。无论是在市场条件下自发形成的，还是在政府主导参与的规划形成的，均呈现出市场机制和政府调控相融合的趋势。但对于市场经济体制还不太成熟的中国科学园来说，更要充分利用市场机制的作用，同时注意发挥政府在基础设施和自由的市场环境构建方面的作用。其次，实现相关要素（业、地、人等）的协调与融合。例如，在工业园的附近修建多样住宅，并提供适当的公共设施和娱乐资源，完善园区内部城市功能，形成短距离通勤生活圈，协调好产业与人的关系，吸引并留住人才，打造宜居宜业的现代产业园。最后，要加强产业园区与外部区域和城市的有机融合，实现区域边界的扩展和不同区域优势的整合，高质量推动产城融合发展。

新区域主义对高科技园区产城融合发展具有非常重要的启发意义，是针对科技园区内生活空间滞后于生产空间、城市功能滞后于产业功能、社会事业滞后于经济发展的现实而提出的。科学园产城融合包括过程结合、形态融合以及功能耦合三个层面，在过程上强调园区由单一功能的产业园区向多功能复合的城市社区转变，在形态上突出园区内外景观、建筑、规划的协调，在功能上强调在完善科学园内部居住、商业、教育、医疗、休闲等城市功能的基础上，积极融入所在城市或区域，促进创新资源在区域范围内的自由流动，同时引领区域经济社会发展，从而形成宜居宜业的现代科技新城（林利剑，等，2014）。

第六节　本章小结

西方国家城市化进程中出现无序的城市蔓延、粗犷的土地利用、城市建设的非人本主义等问题，促成了新城市主义、紧凑城市、精明增长、新区域主义等城市规划理论兴起，丰富了可持续的城市增长管理理论，对推进高质量产城融合带来诸多启示。由于不同的理论有各自特定的历史背景和理论渊源，需要辩证地加以吸收。在理念层面，新城市主义让产城融合向人本主义价值导向的回归；在设计层面，紧凑城市推动了城市复合功能的归位；在发展层面，精明增长促进了城市经济增长方式的转变；在管理层面，新区域主义旨在实现城市治理模式的转型。在实践中，要倡导人本、服务等理念，以城市政府公共职能与市场经济手段互为补充，明确政府、市场和社会之间的关系，摒弃传统浓厚的行政色彩，把人的全面发展作为首要因素和先决条件；编制科学的规划，引导空间优化，注意各个规划的可操作性和协调性；推动产业升级，打造特色产业，为城市产城融合提供产业支撑。

第五章　新城新区产城融合经验提炼及模式比较

第一节　英美发达国家新城发展历程及经验借鉴

一、引言

1946 年，英国制定了《新城法》，这是第一次以立法的形式提出"新城"概念。查尔斯·本杰明·珀德姆认为新城的建设就是形成便捷、健康、美丽的生活和工作场所。国外新城研究最初是从解决大城市中心区集聚过度的问题开始的，关注的重点多为人口疏散和产业转移等。霍华德（1898）提出田园城市理论，奠定了新城的理论基础。他认为在大城市中，人口密度高，规模大，但缺乏足够的空间；在乡村地区，环境优美，但缺乏足够及配套的设施。两者结合起来，田园城市成为人们更偏好的选择。这些理论对新城自身的运行和独立性关注较少。

B.J.Heraud（1968）曾提出新城应建设一些混合社区，L.Bolwell，B.Clarke，D.Stoppard 针对英国新城发展过程中城市社会结构变迁问题进行了实证研究，对其中产生的社会问题表示担忧。张婕、赵民（2002）认为英国最初新城建设成功之处在于以政府为主导的自上而下的区域规划。

1940 年起，美国进行了一系列的新城建设，包括绿带城镇（Greenbelt Towns）、绿谷城等，丰富了新城理论发展。新城被认为是一个综合规划的城市性社区，从一开始就怀有此目的，通过鼓励经济的发展与各方面市政服务和设施，变得尽可能自我完善。这是在郊区化发展基础上产生的边缘城市化（Edge City）理论和新城市主义（New Urbanism）的新城理论。

我国的新城研究始于 20 世纪 80 年代，改革开放后，国内城市化进程加快，城市规划理论研究受到西方新城建设思想的影响。我国的新城新区建设起初多为各级政府及其有关部门设立，并给予一定优惠政策扶持发展，从而在空间上形成具有一定独立性的区域。目前，我国新城新区数量众多、结构趋于完整，是城镇化发展的重要载体，为既有城市问题提供了较为可行的方案，为城市提升新的功能建立平台。但仍存在着数量过多，或有城无产，缺乏独特的定位与鲜明的个性，缺乏顶层设计与科学规划等问题。我国的新城新区是国家改革开放的产物，是满足经济发展需要按照增长原则规划形成的一类城市空间单元，与西方城市的"新区"和"新城"有相近的含义，因此，本章主要通过梳理英国与美国的新城新区发展过程，总结其成功的经验，来为我国新城新区建设提供建议。

目前国内许多城市在新区建设时，政府追求的产城融合一般包含三层含义：一是新区产业发展与城市功能完善同步，成为功能完整的城市新区；二是城市新区产业的甄选和布局与整个城市未来的发展定位相吻合，符合城市发展规划的性质或者代表国内未来一个时期的优势产业；三是城市新区与老城区的有机融合，既希望缓解老城区的拥堵压力，又期盼代表新时期现代都市的特质，最终实现新老城区的共生和新陈代谢。前两个层次产城融合中的"产"主要是产业的概念，包括一、二、三产业，尤其是二产的竞争力及其辐射带动作用和三产的社会服务功能能否达到产业自身与城市新区和整个城市的融合。后一个层次产城融合中的"产"是指产业聚集区，是一个区域概念，主要是新城区与老城区的融合关系。

我国的新城建设已经由高速发展向高质量发展进行转变，而发达国家在新城建设上积累了较多的经验（英国新城运动、美国示范城市计划、日本国土开发计划），因此对我国的新城建设具有重要的借鉴意义。首先，我们要知道何为新城？一般意义上新城是集产业、居住、休闲娱乐和公共服务等功能于一体的独立性城市。既有产业基础，又有城市功能。英国为了推动新城建设，于1945年成立了新城委员会，指出"新城是在工作和生活方面自给自足的（self-contained）、平衡的（balanced）社区"。与我国不同的是，英国的新城建设主要由新城开发公司主导，它们将紧密协调人口的流入和工作岗位的流入作为一项基本政策。

国外的新城建设起步较早，根据时间和发展理念的不同，可以将国外的新城建设模式划分为两种，古典的新城模式和近代的新城模式。古典的新城建设模式可以追溯到托马斯·摩尔的乌托邦，安德雷亚的基督徒之城，康帕内拉的太阳城，傅立叶的法郎吉等；而近代的新城理念更为丰富，霍华德的田园城市理论提倡城市建设需"研究城乡联系，人类与自然的关系"；格迪斯在《进化中的城市》一书中提出把建设形态与社会经济环境统一起来；惠依顿从改善城市居住环境和生态环境的角度提出，在城市周围用绿地围起来，绿地之外建立卫星城，发展工业，和大城市保持联系；沙里宁的有机疏散理论认为，个人的日常生活应以步行为主，并应充分发挥现代交通手段的作用，其出发点同样是为了改善城市居住和交通环境。

以上主要是关于新城建设的理论和理念部分，而同样的新城建设实践也有许多，包括大赫尔辛基方案、大伦敦规划、大巴黎规划、英国的新城运动、美国的示范城市计划、日本的国土开发计划等，本章在第二节将主要介绍英国的新城运动、美国的示范城市计划、德国生态新城计划和日本的国土开发计划。

二、英国新城发展历程及经验借鉴

（一）英国新城发展过程

英国是公认的城市化进程最早的国家，从 1760 年开始到 1851 年的 90 多年间，英国城市人口超过了总人口的 50%，而当时世界人口中，城市人口只占总人口的 6.5%。工业革命导致英国城市人口快速增长，而城市规划与建设却相对滞后。工业、商业、居住混杂无序，城市环境普遍恶化。霍华德的田园城市理论为英国工业革命带来的人口膨胀问题提供了解决方案，开启了英国新城运动的篇章。英国大规模的新城建设主要是在"二战"之后，由政府规划，大致可以分为三个阶段，如图 5-1 所示。

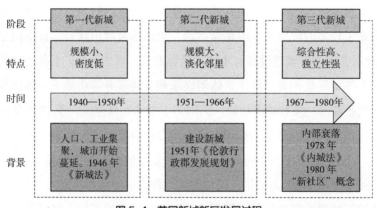

图 5-1　英国新城新区发展过程

第一阶段，为 1940—1950 年。由于英国在 20 世纪 40 年代初期，人口和工业聚集，带来了交通、环境等的城市问题。英国政府在 1940 年提出了《巴罗报告》（*Barlow Report*），认为应疏散伦敦中心区的工业和人口。1943 年又编制了《伦敦郡规划》（*County of London Plan*），从交通、住房、土地、城市蔓延及市郊化五个方面为伦敦的重建提出了解决方案。1946 年，英国议会通过了《新城法》（*New Towns Act*），掀起了建设新城的运动。资料显示，先后一共设计了 31 个新城。英国第一代新城又称卫星城，代表城市是斯蒂文乃奇（Stevenage），其特点是规模小、密度低，功能分区明显。新城与中心城市有很强的依赖关系，起到对中心城的疏解与分散作用，如居住新城、工业新城、教育新城、科技新城等。但很快人们发现卫星城本身也出现了一些新问题，过分依赖中心城市，缺乏独立性；规模小，配套设施运营比较困难；密度低，缺乏城市生活气息。后来的新城运动中，人们注重将居住与就业岗位之间互相协调、具有与大城市相近水平的文化福利设施配套，能满足卫星城居民就地工作和生活的需要，形成了一个职能健全的独立城市（新城）。

第二阶段，为1951—1966年。这一时期战后房荒问题基本解决，新城建设更多地考虑开辟新的经济增长点，具体规划模式也吸取了第一代新城的教训。1951年，伦敦郡议会（London County Council，LCC）编制了《伦敦行政郡发展规划》（*Administrative County of London Development Plan*，*ACLP*），继续引导人口、工业向新城扩散。到20世纪50年代末，在离伦敦市中心50km半径内建设了8座卫星城。这些郊区新城是由政府拨款的新城开发公司联合私有企业，在专业规划的指导下建立起来的，对缓解市区压力、分散城市功能起到一定的作用。第二代新城以特尔福德（Telford）为代表，具有规模普遍加大、密度高、配套全的特点，同时淡化了邻里关系，更多注重景观设计，应对私人小汽车的增长，交通处理较为复杂，构建机动车、公交车、步行等多层次的交通系统，不再单纯吸收大城市过剩人口，而是综合考虑地方经济发展。

第三阶段，为1967—1980年。1969年大伦敦会议（GLC）编制了《大伦敦发展规划》（*Greater London Development Plan*，*GLDP*）。经济上，规定各产业平衡发展、合理布局；交通上，使城市沿着三条主要快速交通干线向外扩展并形成三条走廊地带。所以第三代新城在区域层次的作用更趋主导，规划规模进一步提高，功能综合性更高，独立性更强。以朗科恩（Runcom）城市为代表，第三代新城基本上是一定区域范围内的中心城市，为其周围的地区服务并与"母城"发生相互作用，对涌入大城市的人口和要素起到一定的截流作用。由于一直采取疏散政策，导致了20世纪70年代后期内城的相对萎缩，英国政府于1978年通过了《内城法》（*Inner City Law*），开始实行大规模的内城区援助计划。1979年撒切尔政府上台执政，开始鼓励市场化和分权政府。此时新城的功能也从转移过剩人口和工业转向协助恢复内城经济。

（二）英国新城建设经验

1. 规划组织中心由政府转为政府–市场综合体

发挥市场的积极作用，分散政府承担的风险。"二战"后在凯恩斯国家干预主义的影响下，伦敦规划的组织方式为政府主导型，将规划看作是公共政策的一部分，建立一个统一的管理整个区域的大都市政府——"巨人政府论"（张京祥，2008），如1964年建立的大伦敦议会（GLC）和2000年成立的大伦敦市政府（Great

London Authority，GLA），来促进整个伦敦地区的规划发展。20世纪70年代末开始，在里根·撒切尔的自由市场主义的影响下，规划机制逐渐市场化，引入竞争高效率的管理模式，减少政府的作用，最终形成了以政府－市场为核心的多中心体系。如GLC的撤销，规划事务部分权力让渡给私人部门，区域战略规划职责也转向中央政府。

2.城市密度由高向低

分散的布局规划减少市中心压力。传统城市的工商业、经济活动、社会公共活动等是以城市中心区集聚，然后以该聚集点为中心，以主要交通线路为轴线向外辐射。这种布局模式直接导致了交通拥挤。英国新城新区采用了布局分散的模式，将城市密度由工业革命时期的高密度转为低密度，避免了传统城市中心区存在的交通拥堵情况。在住宅上，强调住宅对居民的吸引力。在城市景观方面，注重将绿化与建筑融为一体。

三、美国新城发展历程及经验借鉴

（一）美国新城发展过程

20世纪以来，美国新城建设可大致分为四个阶段，如图5-2所示。

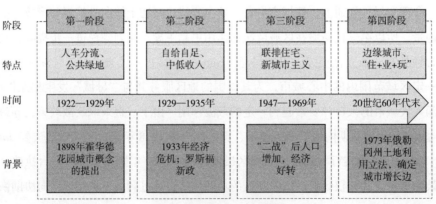

图5-2 美国新城发展历程

第一阶段为第一次世界大战之后。受英国田园城市理论的影响，美国从1911年开始，在一些大城市郊外建造花园城市，如纽约市皇后区的纽约森尼赛德公园、森林小丘花园、纽约雷德朋、马里兰州的绿化带城、俄亥俄州的绿化山城等，这些城市基本上遵循了田园城市的理念，离主城区较远，特点是将景观设计师、建筑师、规划师集合在一起开展方案设计，面向中低收入的工人家庭，为住宅社区创新地尝试了邻里单元，创造绿地共享空间，回归自然，将效率、美和社会平等结合起来。将人车分流，为美国开展较高密度的居住区开发提供了支撑。这一时期城市发展的主流趋势是由城外向城内，向大城市中心集聚。

第二阶段为经济大萧条时期。从 1929 年开始的"大萧条"严重打击了美国经济，震撼了美国资本主义制度的根基，深刻影响了美国人民的生活和意识形态。在 20 世纪 30 年代罗斯福新政为应对"大萧条"而采取了兴建公共设施和基础设施工程的策略，城市建设在联邦政府的主导和干预下，继承并发展了美国早期新城运动的规划思想，但在之后就出现了政府运营的弊病，即使是在"婴儿潮"时期新建的社区人口也依然是持续下降的。这一时期新建的城镇以马里兰州绿带、威斯康星州绿谷和俄亥俄州的绿山为代表。其主要特点是靠近大城市，为中低收入家庭提供可支付住房，同时每个城镇都设有社区商业中心，不仅延续了之前田园城市的建筑风格，设计还更加的人性化，增添了社区学校和活动中心，周边绿地广阔，交通设计也考虑了安全因素。

第三阶段为第二次世界大战之后。美国郊区化发展迅速，与战后国情有很大的关系：①战后"婴儿潮"的兴起，1946—1964 年婴儿潮人口达到 7600 万人，以及大量退伍老兵返乡，导致住房供不应求；②联邦政府放松抵押贷款，城市经济好转，急需建设大量住宅以解决住房的严重短缺；③城市中交通拥挤、公害严重，生态环境日益恶化，居住在中心城区的富人开始厌恶这种生活环境，向郊外迁居；④ 20 世纪 50 年代后期，美国州际高速公路的建设使交通更加便利，进一步推动城市向外分散发展。这一时期郊区商业网点和工厂企业等逐渐形成集聚，城市中心的大型商业区出现萎缩（孙一飞，等，2009）。有关统计表明，自 1947 年至 1969 年，全美建设的新城多达共 63 座。这一时期的房屋以纽约莱维敦为代表，主要的特点是离主城区较近，每栋住宅体量小，造价低，结构简单，推动了房屋建造工业化，后因其单调，存在种族隔离受到了批评。

第四阶段为 20 世纪 60 年代末。联邦政府开始重视新城的发展，成立了相应的管理机构。1968 年，美国先后颁布了住房法令，制定了美国新城政策，明确各级政府要重点帮助建设适于中低收入水平的居住社区，具体分为独立型、半独立型和附属型三种。独立型新城一般人口规模不少于 25 万，配置一定数量的工业企业，具备独立的经济活动能力，居民可就地解决就业问题。半独立型新城多位于近郊，有一定的设施并能解决部分人员就业。附属型新城一般为"卧城"或"城中城"。附属型新城兴起自 20 世纪 70 年代初，缘于复兴旧城或在城内建设具有完善设施的居住社区或居住综合体的需要，因而又称"新城"或"城中城"。20 世

80 年代末，为解决蔓延式或跨越式发展带来的问题，以伊丽莎白·莫尔为代表的规划师提出复兴传统街区的解决方案。这一时期的代表城市为马里兰州哥伦比亚，采用"居住＋娱乐＋就业"的模式，提供多种住宅选择和就业机会，混合利用，离华盛顿国际机场较近，后来成为"边缘城市"。20 世纪 90 年代，新城市主义开始广泛传播，新城市主义提倡归属感，通过规划设计增加居民互动，是对美国当时出现的人际关系衰弱社会问题的回应。受生态主义和新城市主义的影响，1997 年美国马里兰州州长提出了精明增长理论（Smart Growth），美国俄勒冈州制定的城市增长边界理论（Urban Growth Boundaries，UGBs）是最著名的增长管理案例。

（二）美国新城建设的经验

美国新城新区的发展经历了从城市到乡村，再从分散到集聚的过程。历史背景的不同让居民的选择不同，从向往低密度生活空间到从低密度回归高密度，从以自我发展为主转变为以社区发展为主。总结其成功的经验对我国的新城新区建设具有一定的借鉴作用。

1. 服务主体从车到人

优化各种资源的运用，建设符合"以人为本"的新城。"二战"之后，美国很多城市从道路修建、城市设计以及对汽车产业的扶持都以汽车的需求为核心，忽略了人。在意识到这个错误之后就在交通规划上进行了调整，为步行、自行车和公共交通出行方式提供便利和舒适的环境，减少区域国境交通对城市的影响。在设计中强调以人为先的人行道环境设计，加强居民互动，满足绿色建筑和绿色基础设施的管理标准。现代美国城市规划的出发点是如何为人民提供更好的服务。美国城市还颁布了一系列《行人空间设计原则》，把城市还给行人，保障城市的人性化、便捷化和实用化。

2. 城市功能从单一到混合

综合发展方向，以就业为新城新区发展核心。美国过去的一些城市功能比较单一，很多城市都采取了"三集中"的空间规划方式，即工业向园区集中，居住向住宅小区集中，农业向规模集中。缺乏具有特征的规范建筑，如"二战"之后的莱维敦在 1951 年有 10 万人居住，取得了巨大成功，成为战后美国郊区的一个典型特征，但因其单调、重复，不同用途土地利用的割裂受到广泛批评。这种将居住和工作分离开来的设计，会给城市带来严重的交通和环境问题。随后美国新城新区规划则主张土地功能混合利用，更高效地利用基础设施，提高土地价值，采用"居住＋娱乐＋就业"的模式，提供多种住宅选择和就业机会，以就业作为新城新区的发展核心，提升了城市活力，增加了城市发展的稳定性。

3.区位选择由远及近

新城与中心城市距离较近，充分利用已有资源，减少开支。美国的新城新区建设由初始的尝试到后来逐步成熟，经验表明区位因素非常关键。成功的新城新区发展要与中心城市近，与机场近，与良好环境近。区域中心充足的人力资源和就业基础是新城成功发展的基本保障，新城的发展依赖于区域的发展，在新城选址时要考虑区域经济的健康性和稳定性。规模对新城新区的发展也起着重要的作用，在市场主导的情况下，规模一般不会太大，在充分分析经济效益的基础上，根据发展情况逐步扩大规模。

四、基本经验

西方国家关于新城新区的定义与中国有一定的差别，但也有共同之处，都是新的空间单元、满足于一定需要并实现其价值。所以，西方国家新城新区成功的建设经验，对我国的新城新区建设有一定的借鉴意义。

1.政府与市场合作提高新城新区建设质量

政府与市场合力，以人为本推动新城新区健康发展。美国的经验表明，通过市场可建立成功发展的新城新区。政府的支持有必要，同时应注重发挥市场的作用，以弥补政府对投入产出的计算不足，提高效率，共担风险。政府在主导新城发展时要以人为本，尊重市场规律，防止盲目追求规模，加强对公共投资的论证和监管。新城新区建设最期待的前景来源于创新。

2.创新为主促进新城新区绿色发展

从体制到内容全面创新。新城新区最主要的突破口是创新。"十三五"规划中已提出了创新、协调、绿色、开放、共享这五大发展理念。面向未来，新城新区需要不断践行五大发展理念的要求，率先作为。在推进创新发展方面，应以体制机制创新为核心，推动新城新区在发展定位、优化布局、产业升级、招商引资、人才引进、考核指标体系等内容的全面创新，要把新城新区从政策依赖转向依靠创新激活，强化企业技术创新能力，完善创业创新服务体系。在推进绿色发展方面，要不断强化生态环境保护，大力发展循环经济，积极推行绿色制造，强化绿色监管，开展绿色评价，推广低碳管理模式。

3.预防工业化后期带来的问题

以就业为核心，提高城市功能综合发展。美国经历的一些问题我们正在经历，如郊区化、小汽车带来的城市扩张、居住需求膨胀带来的住宅快速建设，以及由高速公路网、铁路网、轨道交通的发展带来的"边缘城市"的出现等。美国经历的另一些问题我们也应重视，如过于单一功能的住宅区发展模式。尽管我国城市发展历史上是单位制的混合利用模式，生活较为便利，但目前城市郊区迅速建设的大规模封闭居住区中，有些确实只具备单一居住功能。我们应警惕其他国家在城市化的进程中已经出现的问题，提前做好预防措施。在新城新区的规划上要结合科学与实际，注重经济发展，尊重自然规律，合理设计距离，建设以就业为中心的综合性新城。

第二节　发达国家新城建设模式比较分析

一、英国新城运动

（一）发展背景

"二战"后英国经济恢复，伦敦等大都市区人口拥挤，住房紧张，工业化导致城市生态环境恶化，为缓解人口压力，需要在郊区建设新城。战后大选上任的艾德礼首相在英国历史上首次向人民保证要进行重大的社会经济改革，新任命的城乡规划部部长路易斯·西尔金提出他的1946年新城法，后来又提出更具眼光的1947年城乡规划法，为新城运动提供法律支撑。立法赋予部长以政府名义建设新城的权力；立法后要求部长委派一个开发公司对新城进行规划建设，法律规定由政府负责供给开发公司所需全部资金。英国的新城运动（New Town Movement）经历了三个时期：初始阶段（1946—1950年），"霍华德公式"的新城，解决战后住房短缺问题以及"新城忧郁症"的出现；成熟阶段（1961—1970年），适应城镇聚集区的需要；衰落阶段（1970年后），内城取代新城。英国新城以田园城市为主要建设原型，其开发运作采取"政府主导、新城开发公司独立运作"的模式。

新城建设从一开始就要注重培育和挖掘内生动力，并寻求功能的适度多元化。在特定条件下，使新城与国际机场、大型港口、主题公园等巨型项目相结合，以吸引竞争性资源，创造新的竞争优势，使新城获得区域性的影响力，并形成发展的内生动力。在20世纪六七十年代的英国，随着本土科技的发展和外来投资的增加，使得新兴工业部门不断出现，制造业企业为寻求更大的发展空间，以开发区为主要形式的一批郊区城镇在中心城市附近发展了起来。不仅制造业企业迁往郊区，生产性服务业包括技术服务、物流、数据处理等后台服务机构也趋于集中到郊外城镇。同样在产业集聚和新城发展的过程中，基础设施和公共服务必须跟上城市的发展。

（二）新城运动的政策目标与主要措施

英国新城建设的主要政策目标是建设一个"既能生活又能工作的、平衡和独立自足的新城"。这里的"平衡"有三层含义：①指总人口中要有相当数量的本地就业人员；②新城的工业岗位是多样化的，以防止经济上的过分依赖性和单一企业造成垄断；③新城的阶级及阶层应该是混合型的，要能吸收不同层次的人来居住和工作。"独立自足"的意指新城应有商业、学校、影院、公交、教堂等生活设施，满足本地居民的公共服务需求，要能给居民提供工作岗位。

新城运动持续了20多年，经历了三代新城规划理念的变更，但是始终坚持了几个重要的政策：①新城规划注重绿地和人居环境的建设，无论是公园，还是其他公共活动空间，都保留原有的自然环境，在市中心或城郊新城都有舒适的步行道；②把住房作为最重要的问题优先考虑，实行住房供给多样化，可租可售，按照自由选择，提供适合各个阶层的各种类型、各种要求的住房。执行灵活的住房政策，达到建设合理、均衡的住宅区的社会目标；③推进社会的平衡发展，包括人口和就业岗位的平衡，居住分散化和就业岗位集中化的平衡，就业和公共设施的平衡，年龄结构和家庭、社区的平衡，社会阶层的平衡。

（三）经验借鉴

通过对英国新城建设的发展深入分析发现，当时的新城建设有其产生的历史必然性，国家政策引力、理论引力、现实诉求引力共同的合力造就了这项伟大的事件。我国当前正处于经济全球化及高速城镇化向高质量新型城镇化转变的背景下，不同于西方发达国家新城建设的背景，大多在城市化高位阶段，机动化、郊区化促进了空间离心发展趋势。每座新城都有自身的独特性，这源于它们所处的地域环境差异、开发建设主体差别以及设计者不同的想象力等因素。如何针对我国当前新城建设所出现诸如功能单一、使用效率低下、土地资源浪费严重、变相房地产开发等问题，进行对策研究是当务之急。实质上这些问题在英国新城初期建设阶段已有所体现，但我国仍然步入同一个怪圈之中，导致现在提及新城就成为众矢之的。

二、美国示范城市计划

示范城市运动是美国城市更新运动中后期全面走向综合治理的关键步骤，对它的研究可以为我们解决目前所面临的城市问题提供丰富的经验借鉴。

（一）历史背景

示范城市运动是战后美国"伟大社会变革"的延续。战后美国经济高速发展，迅速积累起了大量的社会财富。制度学派代表人物加尔布雷斯（John Kenneth Galbraith）在20世纪50年代宣称美国已经率先进入了一个"丰裕社会"。GDP的快速增长使战后的美国充斥着一种经济乐观主义，让大多数的中产阶级有信心来面对需要大量经济投入的社会改革。但美国经济的持续增长并不意味着经济发展不存在任何问题。20 世纪 50 年代末，美国经济自身的弊病与经济快速发展带来的社会矛盾交织在一起，使更深层次的社会、经济问题突显出来，失业问题严重、地区经济发展不平衡、经济政策出现困境等。另外，贫困问题，城市衰败，生态环境恶化，就业和教育机会不平等，医疗社会保障制度滞后等等，这些矛盾和冲突随着经济的发展而增长，随着财富的增加而积聚。如果无法及时缓解和有效解决，随时有可能一触即发，严重威胁美国的社会繁荣和稳定。而这些问题最集中的地方就在城市，这些问题也与中国当下城市情况极为相似。为了缓解社会矛盾，解决城市发展中的种种问题，时任总统约翰逊实施了"伟大社会"（Great Society）的社会解决改革纲领，内容囊括了福利计划、反贫困计划、保障民权的举措、税制改革、城市更新和环境保护等方面的行动。这项改革，部分解决了美国丰裕社会的贫困问题，提高了美国人民的社会治理水平，推动了工业社会的成熟，促进了城市的发展。

（二）示范城市计划（Model Cities Planning）主要内容

1966 年 11 月 3 日，约翰逊总统在白宫签署了《示范城市和大都市发展法》（简称《示范城市法》）。该法案的最终目标是整体提高居民社会治理能力，为示范街区制定合适的发展计划，具体目标内容包括改善住房、增加就业和收入机会、提高教育设施质量、增加教育项目、改善医疗卫生条件、减少犯罪、建立良好的通勤等。主要措施有：①地方政府提出有效的综合治理计划，联邦政府对计划进行评估后给予资助，联邦政府和地方政府分别出资 80% 和 20%；②鼓励大都市区域制定规划并提供技术援助；③提供土地开发抵押保险，支援新社区建设；④由联邦健康协会提供按揭保险，资助医学研究和医疗设备更新；⑤加强对历史遗迹和古建筑的研究和保护。

计划的实施。《示范城市法》颁布后，联邦政府着手遴选示范城市并对其建设计划予以资助，1967 年，第一批有来自 33 个州的 75 个城市入选。入选城市中，有人口在 25 万人以上的大城市、10 万 –25 万人的中等城市和只有数千人的小城，其中入选的大城市人口合计在一半以上。第一批计划于 1969 年完成，并在同年下半年实施第二批计划，至 1972 年共遴选 150 个示范城市。联邦政府资助的资金不仅仅用于城市更新，主要是为解决示范城市问题的综合性规划措施提供的专门经费。经费使用的重点领域包括教育、环境保护、住房、卫生健康等事关民生问题。

（三）基本经验

美国示范城市运动是联邦政府主动采取的自上而下的改良举措，是政府针对日益严重的城市问题进行综合治理的有益尝试。在美国社区社会特征日益明显的社会背景下，这一改革在美国城市治理的过程中体现了参与式治理的某些特征和理念，吸收了当时人本主义管理思潮，力图对城市的经济、社会和环境资源进行有效、立体整合，以实现经济发展的同时，兼顾社会公平和生态和谐的目标。时任住房和城市发展部部长韦弗（Robert C Weaver）指出，"联邦政府应该明白'人的更新'才是城市更新中最重要的一环"。总统约翰逊也明确指出，"规划师们要以关注'人'为中心来提高美国的人文素养"。

城市更新运动前期的经验已经证明，单纯的物理更新不能解决城市的衰败问题。示范城市运动从政府宏观调控的角度，对美国的"城市病"采取综合治理，明确了城市的发展不仅仅是经济问题，而应是一个经济、政治、社会的综合问题；城市的发展应顾及城市的文化、生态和可持续发展的理念，在经济发展、生态环境保护和历史文脉传承之间找到平衡点。示范城市运动中将改革计划的制定权下放并设立相应的计划执行机构，打破了原有行政区划的局限，促进了资源的优化配置，促进了生产要素在区域间的自由流动，有效整合了社会资源，对城市问题实现了综合治理。

三、德国生态新城计划

（一）发展背景

20世纪60年代以后，联邦德国经济快速回升，第一产业和第二产业中重工业地位开始下降，第二产业中新兴制造业和第三产业比重上升，对联邦德国的传统工业城市发展产生了直接影响，推动联邦德国生态新城建设。生态新城建设的动力主要来源于两方面：一是联邦德国一直以重工业著称，尤其是"二战"期间更是修建了众多的军事重工业和军事区，造成生态破坏，产能低下以及土地浪费等众多问题，在城市经济和社会经济转型的推动之下，联邦德国迫切需要更新这些老的工业区、老基础设施以及旧军营废弃地；二是基于居民改善生活条件的需求，实现人口部分从老城区的转移，完成老城区改造，因此需要在城市郊区扩建新的城区。

（二）生态新城规划内容

联邦德国政府建立了一整套的可持续规划来建设生态新城，包含了土地、功能、交通、节能和生态五个方面，具体为以下五点：

（1）土地规划以城区的内部扩张为主，通过棕地的再利用和高密度的建筑规划，实现用地集约化；

（2）住宅、工作、休闲和购物的综合混合使用，实现居民的短距离出行，降低机动交通出行量；

（3）绿色空间规划，提升了居住品质，改善了空气质量；

（4）公共交通的良好可达性，完善步行和自行车交通基础设施，减少了居民对机动车的使用；

（5）环保能源的利用，将生态技术与城市规划和建筑设计相结合，多方面、多角度实现了节能、节水和减排功能。

（三）主要政策措施

（1）政府主控、组织与协调各方的开发管理模式。德国案例生态新区由隶属于市政府的开发机构或项目组负责开发管理，组织协调来自房地产商、市民和地区居民协会等各方的要求与协议。由政府管控的开发机构，一方面负责项目中不属于政府职能的任务，通过明确的分工和有效监督，确保项目的实施效率和质量；另一方面，从政府的角度，保障了整个项目的可行性。

（2）公众和公民自发组织参与生态新城规划建设。20世纪60年代中期，第一批市民自发组织成立，到1975年联邦德国有约4000个经常活动的市民行动组织，参与到各类城市建设中。1977年《联邦建筑法》补充提出必须在"居民的提前参与活动"中，向居民告知一个地区新规划的意图。在官方规划中，市民以不同的形式参与到各类建设工程过程中。

（3）社区建设营造公平和谐的发展环境。在居住环境、基础设施和生活质量的城市投资中，确保邻里间的公平性和家庭友好，并提高居住人口的参与及融合机会，旨在促进充满活力的社区，加强社会凝聚力。

四、日本国土综合开发计划

（一）总体概况

"二战"后日本沿海大城市的急剧膨胀和内陆经济发展缓慢，产生严重分化的地区差距，趋势令人担心。1950年，日本制定《国土综合开发法》并着手编制开发计划。该法的目的是从国土的自然条件和经济、社会文化等有关政策出发，全面、综合地利用、开发和保护国土，并力求合理配置产业，提高社会福利。该法由四个计划体系组成，全国综合开发计划、都府县级综合开发计划、地方综合开发计划和特殊地区综合开发计划。1962年，第一次全国综合开发计划（以下简称"一全综"）在池田内阁会议上通过。以此为基础在此后的半个世纪里，《全国综合开发计划》先后五次制定并实施。各次开发计划所体现的理念及开发方式也不尽相同。一全综主要是限制人口过度密集的东京、神户、大阪等大城市的发展，开发太平洋沿岸地区的中小城市，但是过于忽视生活设施和环境治理，并没有起到分流大城市人口的作用；1969年的第二次全国综合开发计划（也称"新全综"）拟定优先发展城市外围地区，开发边远的北海道、东北等地，但是由于摊子铺得太大，新全综最后计划搁浅；1977年第三次全国综合开发计划（以下简称"三全综"）把改善居住环境作为政策目标，计划在全国建立800个"定居圈"，重点加强中心城市的生活设施建设，引导大城市人口和工业向中小城市疏散，但是又出现了重生活轻生产的倾向；第四次全国综合开发计划（以下简称"四全综"）以促进地方特色产业为中心，发展地方经济；第五次全国综合开发计划（以下简称"五全综"）则把多主体参与和地区间协作作为主要目标。日本的共同开发计划均有政府指导执行，主要依靠立法和财政手段实施计划。

（二）主要政策措施及成效

（1）采取力求缩小地区差距以及谋求地区间均衡发展的开发方式。①一全综为实现工业在全国范围的分散分布，采用了在全国范围内设置据点的"据点开发方式"。②新全综以扩展开发到全国为目的，提出了建设遍布全国的交通和通信网络工程的构想。③三全综为了抑制人口和产业的集中，将目标定为全国国土的均衡利用以及适合人类居住的综合环境的形成。④四全综为了构建多极分散型国土，提出构建多样性交流的网络工程的构想。⑤五全综把多种主体的参与和地区间协作的实现作为目标。这样，主题为"地区间均衡发展"的全国综合开发计划就通过具体措施的实施，对全国范围内地区差距的缩小起到了很大的作用。

（2）采取积极抑制人口向三大都市圈流动并向中小城市疏散的措施。①一全综为了抑制现有超大城市扩展，根据地方实情，采取了在地方设置大规模地方开发都市、中小规模地方开发都市的方针。②二全综针对"过密过疏"问题的恶化，积极推进适应地方特色的开发，并采取了提高生活环境的措施。③三全综针对大都市存在的"过密"问题，采取了大城市重新部署的对策，提出了分散人口和产业的定居构想。④四全综为了抑制人口和各种功能的高度集中的倾向，提出了地区间和国际间互相补充、交流合作为特征的多极分散型国土的构想。⑤五全综主要尝试抑制位于西日本国土轴（大致相当于太平洋带状地区）的三大都市圈的人口和产业的过度集中。当然，这些措施并不能说是完全奏效，但是对抑制大城市人口过度膨胀、平衡大中小城市之间的差距，发挥了积极作用。

（三）经验借鉴

日本的国土综合开发，在宏观上注重缩小地区差距，促进大中小城市协调发展；在微观上，致力于营造良好的人居环境，更好地实现产业发展与城市发展的相互促进。特别是一全综、新全综和三全综都特别重视中小城市的建设，如一全综主要在日本的太平洋地带选择了一个新产业城市，重点进行基础设施建设，通过改善投资环境来吸引大企业投资。新全综主要是由国家的大型项目建设来促进中小城市的发展，如新干线和高速公路的建设极大地加速了沿线地区的城市化进程。三全综则是通过居住环境建设来完善现有城市基础功能，并推进城市综合发展。正因为日本高度重视中小城市的建设和发展，因此从 1947 年到 1975 年，工业化水平从 28% 提高到 36%，但同期城市化水平却从 28% 增加到 75%。城市化的迅速发展对解决地区经济差异起到了积极的推动作用。

五、几点启示

（1）英国的新城运动为大都市区疏解城市功能提供了范例。适合我国的东南沿海地区，以及内地一些经济较为发达和人口较为稠密的地区。而一般来说，新城建设的主要目标是有效疏散中心城区高密度人流，解决诸多城市问题，提高市民生活质量等，发挥大城市产业转移和人口疏散的职能，使其成为新的地区经济增长点或者成为振兴当地正在衰退经济的复兴地。但这种目标在不同地区也会有所差异，英国大多数新城建设目的主要是从大都市区那些过于拥挤、堵塞、甚至不卫生环境中疏解人口，以创造良好的居住环境。有的新城（如伦敦艾克利夫、彼得利、昆布兰、科比等）主要是为了促进区域经济发展，而有的新城建设则是为了解决当地特殊问题，如增加就业等。

（2）美国示范城市运动把城市综合治理作为主要任务。以提高生活质量为目标，实现了从"造城"到"育城"的转变，所谓"育城"体现在城市需要建立和谐的人地关系、构建完善的基础设施、培养优美的人居环境、提供优质的公共服务等方面，而不是局限于城市建设单方面。这种转变适合于当前我国城市建设由高速发展向高质量发展的需求，对我国新城发展具有重要的启示。

（3）德国的生态新城建设展现了城市发展与规划创新、技术进步、社会发展的紧密联系。首先，可以发现德国生态新区的建设与所在城市的可持续发展是分不开的；其次，德国生态新区的开发都是由政府主导开发管理，规划过程公众及自发组织全程参与；最后，德国生态城区的规划建设，实现了土地规划、空间形态、绿色开发空间、绿色交通及生态环保技术的多方面相互结合与推动。

（4）新城新区建设要注重人口与就业、产业与功能、经济与社会之间的平衡。实现新城自身平衡是一座成熟新城有效发挥特殊功能的关键，而国内外有些新城正是由于无法构筑自身的平衡发展框架，往往在实践中阻碍新城作用的发挥及其可持续发展，主要表现在人口与就业、产业与功能、经济与社会之间的平衡问题。

总而言之，不管是英国新城运动的疏解大都市区、美国示范城市运动的城市综合治理，还是德国生态新城的全面可持续发展、日本国土综合整治，都集中体现出一个共同点就是以人为本，在新城开发的过程中注重就业机会、人居环境质量，把城市发展与产业发展紧密结合，互促共进。产城融合这一理念是在我国很多城市产业区发展过程中出现配套不足、环境恶化等问题时才被提出的，通常这时产业区中交通、景观等资源条件较好的地段已经被工业企业所占，此时用地置换难度大，真正实现产城融合实施难度较大，产业区向新区转型困难。因此，在今后的新区发展中，必须规划先行，对新区发展进行全面系统的空间布局、服务设施与基础设施配套等，为新区长远的发展做好准备工作。

第三节　我国新城新区产城融合模式比较研究

在快速的中国城市化进程下，我国各地相继涌现出了各种开发区、产业新区、高新区以及科学园。如何使得这些产业区能够有效地促进城市产业的发展，同时能够加快城市化进程，满足城市人口不断增加以及对居住、交通、教育等生活需求的增加，就需要促进产城分离向产城融合转变。当前，我国正处于产业转型升级的时期，产城融合正是针对这一特殊时期所产生的一种新型的符合中国特色的发展思路，是协调我国城镇化和工业化关系最好的途径，是加快开发区进行转型升级的核心思想。

一、杭州城西科创大走廊产城融合发展模式

（一）发展历程

过去几十年，以办公或产业发展为目的的新城新区建设是中国大规模快速城市化的主要途径之一，近年来正逐步从关注单一经济增长目标的产业集聚向关注综合发展目标的复合功能都市区转变。在新一轮产业升级和创新创业发展背景下，科创园区成为未来城市化的重要空间载体，其中"产"的发展离不开"城""创"这两个关键要素。杭州城西科创大走廊（以下简称"大走廊"）依托杭州数字经济优势，是创新要素集聚、多元功能混合、园区社区并存、经济社会文化生态共赢的新城代表，是促进科创园"产城创"融合发展的典型范本。

杭州城西板块的发展始于 20 世纪末期，与过去以产业用地为主，缺乏混合用地的新城规划不同，大走廊的发展经历了从分散到集聚，"产城创"要素相互融合发展的过程。整个发展历程可分为以下四个阶段。

2007 年以前，大走廊发展处于起步阶段。杭州城西地区以传统工业主导下的乡镇企业工厂区和农民房居住区为主，在自发形成的临安东部产业组团、余杭居住组团基础上，受政策和规划支持又进一步形成了由临安经济开发区和余杭组团，构成了独立组团分散布局的城市格局。

2007—2011 年，是大走廊的稳步成长阶段。杭州城西地区的发展在临安经济开发区和余杭组团的基础上，形成了青山湖科技城和未来科技城。在这个阶段，大走廊的各项城市功能逐步完善，科创产业开始萌芽，各类创新平台开始进驻，但区域内部发展仍处于各自独立状态。

2011—2016 年，是大走廊的快速发展阶段。杭州城西地区以发展科创产业为重点，集聚各类创新要素，依托余杭创新基地和青山湖科技城的发展，建设形成了城西科创产业集聚区，"创新"的地位日益显现。在这个阶段形成了产业层次高、城市功能优、创新能力强的产业集聚区，"产城创"要素开始汇聚，但尚未形成高度融合发展态势，与主城区发展割裂。

2016 年至今，大走廊进入集聚融合阶段。经过三个阶段不同规模、层级和主体的开发，在城西科创产业集聚区基础上，形成了科创产业高速发展、城市多元功能空间混合、各类创新资源平台集聚的科创环境。这个阶段，"产城创"要素快速汇聚、高度融合，大走廊正向极具活力的"产城创"融合发展的科创新城迈进。

在 2022 年发布的杭州市国土空间规划中，杭州将形成以武林和湖滨地区、钱江新城（奥体博览城、钱江世纪城）、未来科技城和云城（南湖科学中心）为三个中心的城市空间格局，其中未来科技城和云城（南湖科学中心）是城西科创大走廊的核心区，将建设成为长三角高科技产业高地和全球科技创新策源地。当前，杭州市正在以大走廊为平台，集聚重大科技创新要素和大科学装置，全力争创综合性国家科学中心。

（二）大走廊的空间格局

主要构成如下：

（1）科创园区空间。大走廊的产业园区空间类型丰富，根据产业类型、空间形态、建筑体量、功能业态等，可分为总部办公、科创孵化园、特色小镇、商务写字楼、研发智造园、传统工业园六种类型。

（2）居住区空间。大走廊现有居住区空间以房地产开发的居住社区和传统密集村落为主，从形态上主要包括别墅、多层住宅、中高层及高层住宅、低层老旧住宅及农民房四种类型。

（3）高等院校空间。以高校为核心的技术转化模式是推动创新浪潮蓬勃发展的重要动力，在城市和区域创新发展中承担着不可替代的驱动作用。大走廊内聚集了以浙江大学为核心，西湖大学、浙江工业大学、浙江农林大学、杭州电子科技大学、杭州师范大学等诸多高校的一批不同类型的高校资源，成为创新创业发展的强劲源动力。

（4）综合交通体系。大走廊紧邻绕城高速，对外统筹高速公路、干线铁路、航空发展，以杭州城西综合交通枢纽为核心，形成对外"三纵三横一枢纽"、对内"四纵四横一主轴"、多方式立体衔接的综合交通布局，实现"15分钟进入高速网、30分钟到达杭州主城区中心、1小时通达杭州东站和萧山国际机场两大门户"的目标，促进了大走廊与杭州主城区之间的联系，也拉近了与长三角城市群的空间距离。

（三）基本经验

大走廊集聚了杭州的创新资源，经历了不同时期、不同规模、不同层级的发展过程，形成了城市新旧空间融合、多种功能融合、不同类型产业园区并存，经济效益、社会和谐、生态保护共赢的"产城创"融合发展模式，其高度混合的城市空间为其他新城新区实现产城融合提供了丰富经验。

大走廊是创新要素集聚，多元功能混合，多类型产业园区与社区并存，经济效益、社会和谐、文化传承与生态保护共赢的高度融合发展的新城空间，其有两个成功的特征：一是混合性。大走廊的混合性体现在其内部空间和建设时序上的多样性和复杂性，不仅集聚了大量不同阶段、不同规模、不同类型的科创园区，同时园区也与多种其他城市功能空间和创新平台高度混合；二是创新性。大走廊创新性体现在其在长三角、浙江省、杭州市的创新发展中的角色定位，以科创为主导的产业发展，以及人才、技术、平台等各类创新资源集聚三个方面。从发展定位上看，大走廊是杭州辐射长三角的重要支点、浙江省创新发展主引擎、杭州国家自主创新示范区建设的重要抓手，其发展历程与区域整体的创新发展政策环境一致。

大走廊"产城创"要素汇聚、相互融合，形成了1+1+1＞3的集聚效应和"产城创"融合发展趋势。"产城创"融合为未来科创园区提供了极具活力的发展模式，有利于激发科创园区活力、实现新城综合发展。

二、成都产业功能区产城融合发展模式

（一）主要做法

在空间格局上，成都构建"双核联动、多中心支撑"网络化功能体系，实施"东进、南拓、西控、北改、中优"十字方针，以龙泉山脉为中心，南北双向拓延、东西两侧发展的战略空间布局，立足区域条件，产业基础，在全市规划统筹布局建

设 66 个主导产业明确、专业分工合理、差异发展鲜明的产业功能区，加快建设产业活力强劲、城市品质高端、服务功能完备的现代化城市新区。

在功能配置上，成都产业功能区按照"一个产业功能区就是一个特色产业先进要素的聚集区、一个高品质的城市生活社区"原则进行产城融合规划。通过增加园区生活服务配套功能，推动城镇人口和产业在功能区集聚，有效调节职住平衡，促进产业链上下游企业在本地配套、功能区就业人口在本地消费，成功实现产城融合。高标准规划建设国际化学校、医院、邻里中心、生态公园等配套设施。与此同时，功能区还尽力打造优雅的城市公园和景观体系，不断优化人居环境。以成都高新区为例，其依托龙头企业或单位，以生态圈建设为牵引，补齐传统园区重项目轻生活的短板，形成了集生产、研发、居住、消费、服务、生态多种功能于一体的新型城市社区。

在产业布局上，以清水河创智产业带及南北大道融合发展区作为产城融合"十字轴"核心示范区进行重点规划，规划清水河创智产业带"研发＋教育＋智造＋生态＋生活"的复合型廊道，规划南北大道产城融合发展区，打造串联行政生活服务、研发服务两大中心的城市功能轴线，成都产业功能区实现了产业特色鲜明、区域边界清晰、体制机制专业、功能配套完善的产城融合。

在平台建设上，建立科技创新平台，重点发展成都科学城数字经济、新一代人工智能、新经济活力区域的 5G 场景和网络视听。在武侯新城和欧洲工业城，推动现代供应链创新供应链方案的构建，推动"清洁能源＋"深度嵌入智能制造和先进材料等产业生态系统。建立产业功能区重大科技项目库，分别为北航西路的国际创新港，工业大数据应用技术国家工程实验室和中国移动（成都）产业研究院，环境大智慧城和基因治疗公共技术平台等 22 个重大科技项目实施精准管理，高效服务，形成提高产业功能区创新能力的长效机制。

（二）基本经验

（1）创造高端人才集聚的发展环境。成都产业功能区在产城融合的基础上，贯彻以人为本理念，打破生产型工业园区的发展模式，探索产、城和人的融合。成都产业功能区聚焦生活服务，全面落实产城融合所需公共服务配套建设，在园区周边修建了大量人才公寓，为人才提供多样化的住宅空间，促进短距离工作通勤，同时还积极引入教育、商业娱乐资源，按照"15 分钟生活圈 +15 分钟工作圈"原则打造宜居舒适的品质生活区，不断吸引更多人力资本。

（2）创新园区管理体制和运行机制。①完善管理架构和服务机制。在传统工业园区的基础之上，成都产业功能区形成了全新的经营管理办法，采取"领导小组＋管委会＋专业投资公司"的运营架构，14个功能区管理运营团队中超80%有主导产业相关背景。"首问负责、专班管理、限时办结""平台精准服务""项目审批承诺"等服务机制不断创新，功能区运营管理质量得到提升。②创新项目投融资模式。成都产业功能区在工业云平台、智慧城镇建设等三大领域项目的中长期规划、分年度建设计划中，根据项目的经济价值分别采用纳入政府工程、引入社会投资等多种投融资模式，推动项目建设计划滚动接续实施，加快提升功能区生产专业化水平和生活便利化程度。

（3）创新产业社区治理。结合功能区体制改革，试点建设产业社区，加强社区化管理路径的探索，着力解决产业发展职能和社会服务职能的困境，形成管委会主导、企业参与、街道服务、社区居民自治的共建共享共促格局。

三、江苏武进经济开发区产城融合发展模式

（一）总体特点

2006年，在原武进外向型农业开发区的基础上，江苏武进成立了经济开发区。其位于常州市南翼，濒临西太湖，是苏南首个国家产城融合示范区。武进区近城临湖，土地平阔，风景优美，生态良好，着力打造现代产业体系，大力推进城镇建设，快速改善生态环境。

1.特色产业拉动城市转型升级

以石墨烯产业为主导，在产业集聚过程中推进产城融合。武进西太湖，是石墨烯的产业发展核心地域。常州石墨烯小镇坐落于西太湖科技产业园中部片区，是武进区唯一一家入选江苏省首批25家省级特色小镇创建名单的小镇。早在2012年，常州市、武进区、西太湖科技产业园三级财政投资5000万元，组建世界第一家材料研究中心——"江南石墨烯研究院"，全面促进该产业的蓬勃发展。目前，研究院已初步建成了健全的创新创业服务、知识产权服务、信息资源服务、产学研合作服务、检测与标准服务、投融资服务、人才培养服务及其他第三方服务等公共服务体系。产业发展可以促进城市的发展，武进经济开发区自发把产城融合放到众多国家规划中加以推动，配置高水平资源，重点谋划产业转型升级，以多元化产业集聚促进城市功能综合化，以特色产业为城市注入新鲜活力。

2.绿色发展理念提升城市生活品质

产城融合发展水平与层次，一定层面上和城镇在区块功能改善、基础配套改进以及地区管理创新等整体情况有关。需要从产业发展时期的现实需求着手，全面规划城市功能基础设施建设，提升民众日常生活的质量和方便性，为产业创新、

长久稳定发展提供良好的环境。武进区选择利用生态绿化建设将产业空间与城市空间融合在一起，打造一个宜居宜业的生态环境。园区相继有中芬绿色科技产业园、中建国际等绿色建筑产业领军者和万科等著名地产公司落户，绿色建筑的"未来城"大致格局基本创建完成；社区中新增设的"星星电桩"，使绿色能源的多样性与可再生性得到彰显，让新能源汽车使用变得更加便利；科学统筹生态、生产、生活三大空间，依照国际化、当代化、生态化、精细化标准，助推武进区变成空间结构和谐、服务设备健全、民众稳定生活的幸福城市。

3. 吸引人才寻求融合新突破

人是产城融合的重要变量，专业人才是产业转型升发展与城市档次提高的重要条件。武进区大学城以高职院校居多，随着武进区特色产业的发展，产业园区壮大带来了越来越丰富的就业机会，缓解了毕业生的就业压力，减少了人才的流失。武进区以前曾因为楼盘供过于求，常住人口少，被称为"鬼城"。而就业机会的增加使得人才可以在当地找到合适的工作，避免外流，同时，大量外地的人才也因为工作从而选择在武进居住，促进了城市社会与经济的蓬勃发展。

（二）基本经验

常州武进区"以产兴城、以城促产、宜居宜业、融合发展"的改革发展定位与实践，相对全面地完成了产业和城市功能融合、空间整合与价值结合，进入了产业、城市与民众和谐发展的全新时期，初步形成了独特经验。

1. 以区域特色产业驱动城市发展

充分发挥雄厚的制造业基础优势，抓住信息化机遇改造升级传统产业，重点发展区域内装备制造、新能源和环保、电子信息、新材料、生物技术及医药等新兴产业，并推动生产性服务业发展，第三产业的比重不断增加，在这些特色产业带动下，开发区和城市相得益彰，融合发展。

2. 以生态绿化促进空间融合

优美的城市生态环境既是城市经济实力的一种表现，也能为经济的繁荣发展提供空间。武进区利用生态绿化建设将产业空间与城市空间融合在一起，打造一个宜居宜业的生态环境。以江苏武进经济开发区（西太湖科技产业园）为例，该园区通过"一核、一带、一环、两轴、五区"的布局，利用商务休闲带、沿河景观环以及生态保育片区将高新产业片区和人文生活片区连接起来。江苏武进经济开发区不仅是一个国家生态工业示范园区，更是一个环境优美的度假胜地。园区边缘的西太湖是一个天然的产城相融的生态桥梁，将产业园区与城镇居民的生活融合在一起。园区的生态建设将这片区域打造成为集生态、生产、休闲、居住于一体的湖岸新兴城区。

四、基本结论

从上述案例来看，三个案例采取了不同的发展模式实现产城融合。杭州城西科创大走廊发挥主城区数字经济发展的优势，集聚数字经济的创新要素，突出"科创"特色，旨在实现"产、城、创"的融合，迅速发展成为杭州的城市新中心。成都产业功能区以"产、城、人"的发展理念为支撑，创造良好的创业环境和人居环境，发展多功能产业区，突出产业功能多元化，实现城市、产业与人的融合。常州武进区坚持"以产促城，以城兴产，产城人融合"，以"特色产业＋生态"作为产城融合的实现路径，采用了以特色产业带动城市发展，以生态绿化促进空间融合的发展模式。三个案例各具特色，分别代表了科创新城、产业功能区、开发区等不同类型产业平台的产城融合发展模式，对于我国新城新区有较高的借鉴意义。

面对快速发展的产业经济和滞后发展的城市建设所引发的产城分离矛盾，要由低质量的产城融合向高质量的产城融合转变。高质量发展视角下的产城融合就是要求园区建设要坚持以人为本，建设宜居宜业、环境友好的园区，实现从单一产业园区向综合性园区的转变，不断满足人民日益增长的美好生活需要。以上案例的成功经验为我国其他新区建设带来了启示和借鉴，为产城融合发展提供了成功样板。

第四节　本章小结

本章整合国内外产城融合的发展经验和新城发展模式，探索新城新区产城融合发展基本规律。主要内容包括以下三个方面：一是总结英美发达国家新城新区建设经验，包括注重政府和市场的合作，创新新城管理体制，预防新城新问题的出现；二是比较了国外四种发展模式，英国的新城运动为大都市区疏解城市功能提供了范例，美国示范城市运动把城市综合治理作为主要任务，德国的生态新城建设展现了城市发展与规划创新、技术、社会进步的紧密联系，日本的国土综合开发计划重在宏观上缩小地区差距，促进大中小城市协调发展，微观上营造良好的人居环境，实现产业发展与城市发展的相互促进，各自体现出不同的问题导向和发展重点，从而提炼产城融合发展基本规律；三是对我国新城新区产城融合发展模式作了比较分析。杭州城西科创大走廊突出"科创"特色，旨在实现"产、城、创"的融合；成都产业功能区发展多功能产业，实现"产、城、人"融合；常州武进经济开发区以"特色产业＋生态"作为产城融合的实现路径，采用以特色产业带动城市发展，以生态绿化促进空间融合的发展模式。

第六章　新城新区产城融合的实现路径及模式选择

第一节　新城新区产城关系演化过程

一、城市与产业关系相关研究

（一）国外相关研究

欧洲工业革命以后，由于规模经济效益，企业开始大规模集聚生产。生产规模的不断扩大对人口、资本等生产要素和交通运输等生产性服务业、商贸等生活性服务业的要求不断提高，而城市可以提供这一系列生产需求，城市化由此加速发展。在此背景下，国外学者开始研究产业与城市的关系。

古典经济学家如亚当·斯密（Adam Smith）和马克思（Marx）等，对城市化的研究是从分工的视角展开的。城市化有利于分工和专业化，而专业化和分工可以产生规模经济效益。该时期的城市与产业关系的研究主要是马克思提出的协作分工理论以及 Young（1928）指出经济发展和分工是彼此相互强化的。后来，Perroux（1955）对经济增长的空间机制进行研究，提出在推进型产业的作用下，经济增长过程中容易在一个高强度的点产生极化现象，并向周围地区扩散。Boudeville（1966）对 Perroux 的理论进一步研究，提出了里昂惕夫乘数效应，他指出推进型企业中具有较高生产率的规模企业通过对关联性企业的带动作用可以促进经济的增长，致使区域向产业综合体的趋势发展。Perroux 和 Boudeville 的研究概括起来，主要是极化效应、乘数效应和扩散效应。集聚经济产生的外部性对人口与服务业的吸引作用，促进城市化进程的发展，表明城市与产业之间紧密的关联性。

随着西方国家城市化的迅速发展，城市化率不断提升到较高的水平，并维持稳定状态。Rannis & Fei（1961）、Kelley & Williamson（1984）等构建了只包括传统部门和现代部门的二元经济模型，用该模型分析了二元经济在转型过程中对城市化起决定作用的是经济发展，也就是产业水平的提升。Gunnar Myrdal（1957）提出了循环积累因果理论，并将该理论应用于城市发展研究，他的研究成果表明，城市发展与产业发展之间是一种不断积累和循环的过程，解决产业发展的问题可以促进城市进一步发展。Kuznets（1966）指出不同属性的产业集聚在一起会导致产业结构的调整，从而影响城市化进程，城市与产业之间本身就存在相互促进的关系，要注重二者的协调发展问题。

随着世界各国经济社会发展的统计数据不断完善，Hollis B. Chenery（1975）构建了世界发展模型，分析了工业化率和城市化率之间的相互关系，研究表明，城市化会伴随着工业化达到一定水平后迅速发展，并将超越工业化进程，在此过程中，经济增长的主要动力由第二产业转为第三产业。

以 Paul R. Krugman（1991）为代表的新经济地理学从空间集聚的视角展开对城市化的研究，他认为集聚会导致城市经济与空间的扩张，并指出决定经济活动集聚与扩散的因素是产业集中的离心力和向心力，向心力的影响因素包括市场规模大、劳动力充足和外部经济性强，离心力的影响因素包括不流通的要素、土地租金和外部经济性弱。Krugman 研究中涉及的市场规模、劳动力、外部性等因素都与城市存在关系，进一步说明城市化与产业集聚存在相互影响的关系。

发展经济学家 Malcolm（1998）认为，随着工业化的推进，城市化的发展越来越快，工业化和城市化提高了人均收入和国民总收入。虽然各国收入存在差异，但经济发展与城市化之间显然是存在相关性的。

（二）国内相关研究

城市是伴随着产业化大生产应运而生的，产业和城市之间存在密不可分的关系。城市化与产业结构的演进存在相关性，总体而言，城市化进程与第一产业的发展呈负相关，与第二产业和第三产业的发展呈正相关。

国内对产业与城市关系的研究中，刘荣增（2004）在《产业、城市、区域：关联与机理》一书中综合运用经济、生态、环境相关学科理论，从生产要素集聚视角展开研究，系统阐述了产业、城市和区域发展的关联机理。陈甬军、陈爱贞（2004）认为产业在区域之间转移，在特定区域的集中，对产业结构与就业结构的调整升级可以提升城市的容纳能力，对城市发展具有积极促进作用。战明华（2006）通过对城市化与经济内生增长的研究指出，产业结构的相互关联性会促进城市化进程，而城市规模的大小与经济规模的变动并不一定存在相同方向。周莉萍（2013）认为城市化、产业结构变化与经济增长之间存在的一般逻辑是，要素流动、产业结构升级——生产效率提高——经济增长。

综合国内外学者的观点，城市和产业之间的关系可以有一个相对明确的定位——产业促进城市发展，新城新区产城融合发展中的"产"即指产业发展，"城"即指城市功能。概括而言，产业发展是新城新区经济社会发展的物质基础，产城融合发展要求提升产业功能，为城市综合实力提升提供基础作用，产业发展对整个新城新区经济发展水平与社会繁荣程度的影响将直接或间接影响城市功能建设和人的全面性发展；城市功能是新城新区实现产城融合发展的重要前提，城市作为产业发展的平台，起到支撑产业转型升级和生活的载体作用。在新城新区演化形成过程中，"产"与"城"存在协同共进、良性互动的相互作用关系。

二、新城新区产城关系演化过程

笔者在学者们研究的基础上，结合新城新区的发展状况，将其发展历程分为起步、成长、成熟三个阶段，从系统演化的角度出发，分析各阶段产业发展、城市功能和生态文明的相互作用关系。新城新区发展过程产城关系变化如图 6-1 所示。

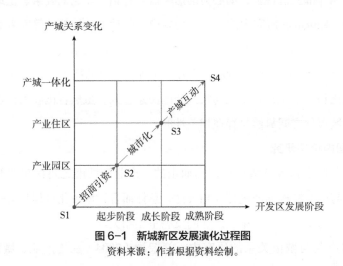

图 6-1　新城新区发展演化过程图

资料来源：作者根据资料绘制。

新城新区由 S1 发展到 S2 的过程为起步阶段。在此阶段，新城新区依靠政府提供的优惠政策招商引资，开始由传统农业经济向工业经济转变，农村大量的富余劳动力向非农产业转移。新城新区最初引进的企业主要以资本密集型或劳动密集型为主，且规模较小、形式简单。在此阶段，城市尚未形成，只有工厂为工人提供的基本生活功能，综合配套服务缺失。此时的新城新区工业化处于初级阶段，城市尚未形成，且生态环境在由最初农业经济的无污染向工业经济转化过程中开始恶化，产城融合发展中的"产"率先发展，此时的新城新区更像是一个产业园区。

新城新区由 S2 发展到 S3 的过程为成长阶段。在此阶段，随着产业层次的提高，企业不断加强对城市配套服务的需求，同时，不断聚集的城镇人口也对城市基本服务功能产生要求，政府开始投资大量资金进行基础设施建设，以完善城市功能，城市化开始进入初级阶段。除此之外，由于产业的进一步发展导致生态环境进一步恶化。从协同演化理论的角度分析，主要是工业化诱导城市化发展，并且，城市化开始反作用于工业化，二者开始相互影响，双方显现出实现融合发展的需求和意愿，产城融合的意识初步达成。总体来说，新城新区由单一生产功能开始转为生产和生活并存的局面，产业区与居住区开始形成两个新的空间形式，本书称之为产业住区。

新城新区由 S3 发展到 S4 的过程为成熟阶段。在此阶段，工业化伴随着产业结构优化而发展到高级阶段，城市化随着人口的增加、服务业的发展、基础设施建设的完善、公共服务的健全发展到中级阶段，进而到成熟阶段，同时，城市服务的复合性与政府管理职能的提升建立了良好的生态环境与社会保障体系。钱 - 赛模式指出，当人均收入超过一定数值时，非农产业就业比重明显要高于生产就业比重，产业聚集的作用对城市化的推进转变为产业结构和消费结构的推动，城市化不再主要由工业发展推进，更多的是受到服务业等非农产业的拉动。在产城互动的作用机制下，逐步达到产城一体化的发展状态。

新城新区各发展阶段特点与状态如图 6-2 所示，起步、成长、成熟三个阶段的演化过程是产业发展、城市功能、生态环境作为一个系统共同作用、协同演化的结果。

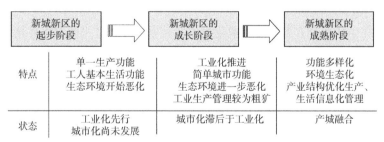

图 6-2　新城新区各发展阶段特点与状态

三、产城关系演化中多要素互动机理

从系统的角度分析新城新区产城关系演化中各要素的互动机理，如图 6-3 所示。影响新城新区产城融合发展的主要因素是"产"和"城"，即工业化与城市化。工业化是产城融合发展的经济基础，城市化是产城融合发展的空间载体。工业化与城市化在产业发展与城市功能的有效整合、空间结构布局的优化、组织形式的合理中形成一个相互影响、紧密结合的有机整体。

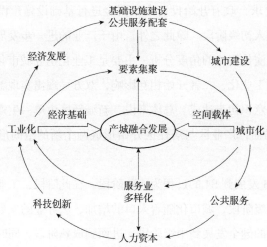

图 6-3　产城关系演化中多要素互动机理
资料来源：作者根据资料绘制。

工业化主要从两个方面推动城市化发展。一方面，通过人口等生产要素集聚，新城新区的工业园区作为工业生产的主要空间载体，其工业化发展具有良好的要素集聚效应，各种生产要素的集聚势必会造成新城新区经济结构、产业组织形式、劳动就业结构的调整，进而全方位、多方面地驱动新城新区空间结构的演化，形成城市化建设的良好环境（徐维祥，2005）；另一方面，工业化带动经济高速发展，经济的高位运行势必会推进基础设施与配套公共服务的建设，从而加快了城市建设，推动城市化发展。

城市化也从两个方面支撑工业化发展。一方面，通过服务业多样化，尤其是生产性服务业的多元化，生产性服务业中的交通运输仓储业、房地产行业、金融保险业、邮政通信业和综合技术服务业的发展促进了制造业生产效率的提升、产值的增长（周丽萍，2013）；中国经济增长与宏观稳定课题组研究证明，城市化的集聚效应对服务业发展形成竞争优势具有正向的促进作用（陈昌兵，2009）。另一方面，通过完善的城市服务和多样化的服务业吸引的人力资本，人力资本对科技创新能力的提升是最为关键的资源，新城新区实现后期的城市化主要是通过引进先进的生产要素，特别是高科技和高科技人才来实现技术的创新与应用、管理信息化、消费高端化，从而促进产业转型升级，使工业化进一步发展（高觉民，2011）。以上分析可以看出，产业发展与城市功能的互动关系对新城新区的健康发展具有至关重要的作用，也就是说，产城融合发展促进了新城新区产业的进步、城市服务能力的提升。新城新区在工业化与城市化的互促循环过程中向产城融合的科学发展方向前进。

第二节　产业与城市协同演化下新城新区形态变化

一、不同发展阶段的新城新区形态变化

我国新城新区演变历程大体分为四个阶段：开发区初创探索阶段（1980—1991年）、单一功能区阶段（1992—1999年）、综合型新城新区阶段（2000—2012年）、功能整合升级与特色发展阶段（2013年至今）。下面就每个阶段的产业形态及产业演化特征，新区空间形态及其特征展开论述。

1. 开发区初创探索阶段（1980—1991年）

从1980年建立深圳等经济特区开始，到1984年建立首批国家级经济技术开发区，开发区的建设为工业化和城市化提供了发展平台，为中国新城新区进入高速发展阶段奠定基础。截至2015年9月，我国共建立了219个国家级经济技术开发区，在吸引外资、引进先进制造业、扩大出口创汇等多种方式下，我国经济在这一时期快速增长。1988年批准北京市新技术产业开发试验区作为第一家国家级高新技术区之后，到1992年达到26家。按照国家的战略决策和政策意图，两者的功能定位也有所区别：经开区的发展原则是"三为主、一致力"（利用外资为主、发展工业为主、出口创汇为主，致力于发展高新技术），主要作为承载外资外贸经济和经济体制改革的"窗口"和"试验田"；高新区是利用发达国家高科技产业发展契机设立的产学研一体科创平台，但是最终两者出现功能趋同倾向。作为初创时期的实践探索，开发区总体上存在功能定位不明、主导产业不突出、布局不合理等问题，不可忽视的是，开发区的工业化进程和产业基础设施建设为开启城市化，突破传统城市发展瓶颈打下基础。

2. 单一功能区阶段（1992—1999年）

自开发区设置近十年来，开发区的数量、规模和类型都呈现出快速增长的态势，并且在促进国家和地区的经济发展上都取得了非常明显的成绩，开发区成为外资的聚集之地，其产业平台的作用日益明显。随着对外开放的逐步扩大和市场经济体制的建立，开发区利用先发优势，突破产业化瓶颈，从产业开发向产业集聚迈进，开发区进入规范发展阶段。开发区主导产业逐渐明晰，随着更多关联产业的入住，集聚效应逐渐形成，不少省级开发区出现一定规模的产业集群。产业集聚规模的扩大和产业关联性增强，城市对支持产业发展的公共服务、基础设施的增加，也开始产生对生产性服务业的需求。由于开发区产业工人规模增加和管理人员、技术人员的不断引入，对开发区的城市化功能提出需求，但是作为产业区的单一功能无法突破行政体制和固有的户籍制度限制，产城分离、职住分离现象日趋严重。随着

社会主义市场经济体制确立，各地招商引资竞争激烈，省级以下地方开发区野蛮生长，造成土地资源浪费严重。20世纪90年代以来城市化进程加快，城市"摊大饼"现象愈演愈烈。

3. 综合型新城新区阶段（2000—2012年）

为抑制开发区盲目扩张、用地粗放的趋势，这一时期部分开发区改革土地出让政策，提高开发区土地利用效率，优化土地配置结构，增加地块出让数量，平均面积减小，以供地结构的变化引导城市产业结构向开发区主导产业和配套的生产性服务业转变。同时也为开发区功能多元化创造条件，开发区开启第二次创业。经济相对落后的中西部地区原有的省级开发区转型升级升格为国家级开发区。截至2019年底，566家国家级开发区中有273家是从省级开发区升级而来，其中大部分来自中西部地区。2004年经开区发展方针由建区之初的"三为主、一致力"调整为"三为主、二致力、一促进"，即"以提高吸收外资质量为主，以发展现代制造业为主，以优化出口结构为主，致力于发展高新技术产业，致力于发展高附加值服务业，促进国家级经济技术开发区向多功能综合性产业区转变"。随着我国经济全面对外开放，部分开发区开始探索产城融合发展模式，开启了产业化与城市化良性互动的实践。

在开发区粗放发展导致用地效率低下的情况下，从浦东新区开始，一大批国家级新区如滨海新区、横琴新区、两江新区、舟山群岛新区等接连兴起，与此同时，区域经济发展格局逐渐由"东部率先"向"四大板块"的区域协调发展迈进，走向更高层次的、更加均衡的发展模式。截至2018年12月，中国国家级新区总数共有19个，成为改革创新先行先试的前沿阵地。在此发展阶段，各个城市根据其所处的位置、所处的环境、所拥有的资源等，并结合不同功能需求，形成了工业新城、铁路新城、空港新城、海港新城、大学城等多种多类的新城。这类新区的兴起，更多是为了承接城市的一些非核心功能。但是由于规划范围过大、区位条件差、产业导入不足等因素，部分新城新区出现"空城""鬼城"现象。

4. 功能整合升级与特色发展阶段（2013年至今）

党的十八大以后，开发区走上创新驱动发展的道路。国家首次对各类开发区给予总体指导，明确了经开区"三个创新、两个提升"（开放创新、科技创新、制度创新，提升对外合作水平、提升经济发展质量）的发展方针，以及高新区"创新驱动发展示范区和高质量发展先行区"的目标定位。不少省份对多个不同类型的经开区、高新区、保税区等进行整合，以实现资源的优化配置、产业的协同发展、区域整体竞争力的提升。部分城市还将开发区和行政区合并，进一步完善开发区生活、商务、办公等城市功能，加快城市化进程，提升城市品质，助推产城深度融合。

住房和城乡建设部于2016年、2017年公布了两批中国特色小镇名单（403个全国特色小城镇、96个全国运动休闲特色小镇等），于2017年底将特色小镇审批权移交给国家发展和改革委员会，由国家有关部门对其开展定期测评和优胜劣汰。然而，"非镇非区"的特色小镇，并不是指在行政区域内的一个镇，也不是在工业区内的一个区，而是集工业、文化、旅游、社区等多种功能于一体的一个具有创新性、能提供创业机会、有发展潜力的平台。这就使得特色小镇的建设打破了原来开发区发展的行政区划限制、产业结构过于单一以及资源结构失衡的僵局，开创了一种新型的地方政府治理模式，实现了政府、产业和社会等元素的全新综合，开创了一种全新的新城建设模式。

这一时期，无论是开发区，还是新城新区，在招商引资上注重产业链招商，构建产业生态系统；在营商环境上，更加注重高层次人才和科研机构的引进，培育创新生态系统；在空间布局上，注重"三生"融合，建设宜居宜业的现代化新城。新城新区发展模式从早期的增长导向转向民生导向，发展定位从早期的产业平台转向产城融合的区域高质量发展新高地。这一阶段的新城新区探索出"产城人"融合和"产城创"融合两种路径，在空间特征上呈现城市主导型、产业主导型和创新主导型三类空间。

二、我国不同发展阶段新城新区的类型

经过40多年的发展，我国新城新区呈现出多种类型，主要有经济技术开发区、高技术开发区、保税区、出口加工、大学科技园、工业新城、高铁新城、智慧新城、生态低碳新城、科教新城等，同时包含最近刚刚兴起的特色小镇、田园综合体等。有学者以2000年为界，将新城新区发展历程分为高速度发展阶段和高质量发展阶段，前者的四种典型类型（开发、高新区、海关监管区、经济特区）被称为"老四区"，后者的四种典型类型（国家级新区、国家自主创新示范区、自由贸易区、综合配套改革试验区）被称为"新四区"。结合我国新城新区建设的四个阶段，可以将新区在不同时期的名称进行归纳总结，更加直观地反映新区演变的规律。

新城新区类型纷繁复杂，包括了各类开发区、产业园区、经济特区等，据武敏等学者汇总统计，国家级新区、国家级开发区、省级开发区、省级以下各类新城新区共计3846个，总体上历经由单一的产业功能向职住功能复合，再到综合功能拓展的发展之路。其中，国家级新区已有19个，作为体现国家战略意图的重要空

间载体而备受关注（表6-1）。近年来，传统开发区发展模式逐渐向功能综合型新区发展，城镇发展日益向区域化和集群化迈进，城市与乡村、地区与地区之间的融合速度加速。

改革开放以来我国新城新区发展阶段的比较　　　　　　　　表6-1

时间	1980—1991年	1992—1999年	2000—2012年	2013年至今
发展问题	经济基础薄弱，技术落后，人才不足	人口膨胀导致"大城市病"问题凸显，主城区产业结构与城市发展脱节	快速城镇化红利消失，城市建设追求高质量发展	经济新常态，区域经济不协调，城市"摊大饼"现象严重，"千城一面"现象突出
政策战略	对外开放政策主导，"三为主、一致力"方针，吸引外资	邓小平南方谈话加快改革，掀起新区建设热潮	加入WTO，外向型经济迅猛发展，新型城镇化战略提出	深入推进新型城镇化（户籍改革），城市高质量发展，加快推进大中小城市协调发展，城乡融合发展，国家中心城市、都市圈、城市群等各类规划出台
名称类型	经济特区、经济技术开发区、出口加工区、保税区	高新技术产业开发区，生态产业园，大学科技园	国家级新区、产业聚集区，各类新城（产业新城、工业新城、临港新城、空港新城、科教新城、行政新城）	开发区转型升级、功能整合，自贸区、特色小镇
功能定位	推动地方经济快速发展	实现大城市空间重构，产业、人口等功能转移	辐射带动区域发展，节约利用资源	经济高质量发展，培育新动能，实现城市间协同发展和城市品质提升
数量规模	规模较小，大部分都不超过100km²	产业型新城数量占比大，面积超100km²新区仍较少	国家级新区面积普遍较大，多数超过500km²，以江北新区为最，达到2451km²	国家级新区数量控制，新城新区偏向于小区域、小范围，面积一般限定在3km²，从"大而广"向"小而精"发展
新区代表	深圳特区、其余各类开发区	浦东新区	天津滨海新区	雄安新区、梦想小镇

三、我国新城新区发展阶段的独特性

通过研究归纳我国新城新区的发展历程和国外新城新区发展历程进行比较，可以发现我国新城新区的发展阶段具有独特性。

从新城新区建设的主导力量方面来看，西方城市表现为市场主导型的建设模式。而我国的新城新区在发展中政府主导性色彩浓厚，表现为政府主导型的建设模式，对已有文献的研究可以发现新城新区的阶段性发展都是基于国家重大决策。

从新城新区发展路径来看，西方是人口集聚－产业进入－新区职能完善的发展之路，中国的产业区转变为城市新区则与西方不同，表现为产业－人口－综合公共服务完善。产生中西方这种差异性的原因主要在于经济水平和发展目的性不同，西方自工业革命以来，已经形成了完善的市场经济体制，新城的出现更多的是为了解决中心城区人口集聚过多的问题，新城的定位更多的是承接主城的人口转移，而不是出于发展经济的原因；反观我国现阶段仍处于发展中国家阶段，经济发展仍然占据主要位置，各类新城新区的出现更多的是为了调整产业结构，激发经济发展活力。

从新城开发的空间形式来看，对新城开发的总体研究大致可划分为两种类型。第一类是基于自然地理视角，对新型城镇的空间生长与空间结构演化进行研究；第二类是基于城市设计视角，对新型城镇的空间形态、环境心理与居民行为进行研究。目前，国外对这一问题的研究主要集中在第二种类型。1997 年，Bird & Brand对巴黎传统城市文化在外围新城的不当使用提出了质疑，他们认为，将传统的城市要素（包括景观、城市结构、公共空间、街区特色、建筑类型等）引入到新城，会导致新城空间的不协调，使其成为一首喧嚣的"都会摇滚曲"。而国内学者更趋向于第一类的研究，依据新城和旧城的区位条件和距离远近对新城发展的影响，同时在新城和旧城空间关系的基础上来研究产城的分离程度，将产城关系分为主城区包含型、边缘区生长型、子城区依托型和独立区发展型。也有学者依据城市空间的扩展方式不同，将新城新区的空间扩展分为边缘轴向扩展、近远郊跳跃开发及跨区域整合的新区组群三种模式。国外与国内空间形态研究的差异化，又与中西方城市发展中的主导力量以及经济发展水平密切相关。

第三节　产业新城产城融合类型及模式

一、产城融合区位分析

产业新城建设是我国推进城镇化建设的典型方式，目前全国各地开发区数量众多，但产城分离现象普遍，其中不少产业园成了"鬼城""空城""睡城"。大多产业新城生产方式粗放、功能结构较为单一、部分园区与城市发展定位相悖、职住失衡与钟摆式交通等"孤岛"现象凸显。职住不平衡、潮汐式交通这些问题产生的原因是该地当前产业新城的基础设施和城市功能不能满足产业发展需求、居业人口的生活需求和城市的生态要求。对于我国产城分离现状，国内学者提出人本导向、功能复合、配套完善与布局融合等是产城融合核心内涵。其中，功能复合打破目前产业区、生活区、生产生活服务区等空间上相互隔离的状态，在一定地域范围内实现居住、生产、交通、服务等功能的融合。配套完善是根据新区的主导功能进行服务配套。学者们对产城融合的内涵把握准确，而较少依据产业园自身的发展基础、限制条件提出针对性的产城融合方式。

当前，大多数产业集聚区正呈现"郊区化""分散化""多核心"的空间态势。从产业集聚区与主城区的空间关系上，可大致归纳为主城区包含型、边缘区生长型、子城区依托型及独立区发展型四种空间形式（高纲彪，2011）。本章分析产业园发展现状发现产业园发展过程中出现的问题，与其空间关系有关。产业园与主城距离不同，依托平台不同，决定了产业园的发展基础，使得产业园有不同的比较优势和制约因素，建设期和发展期要着重关注的方面不同。目前老城区产业园建成时间早，产业结构落后，面临环境污染、用地混杂等问题；新城与主城距离较远，新城居业人群难以享受主城的功能，部分产业园依托的县镇功能层级较低，难以满足居业人群的需求，同时新区在发展前期常常出现城市发展落后于产业发展的现象，新区基础建设滞后，城市功能缺乏，配套设施不完善等问题。通过促进产业新城与母城结合或者建设功能多元的新城，实现产城融合是解决问题的关键。因此，需要考虑产业新城与主城的区位关系，针对性提出产业园建设模式和产城融合途径。

部分地区已经先行推进产业新城与城市融合发展，取得了显著成效，如苏州工业园区、杭州经济技术开发区与下沙高教园区、杭州高新技术开发区、武汉东湖高新技术开发区、上海张江高科技园区等。也有部分地区在发展过程中出现了产城分离的现象。本文通过总结各地产业新城建设的经验发现产业新城与主城之间不同的区位关系使得空间分化程度不同，面临不同的城市发展问题，因此对应不同的空间发展模式。本文将结合成功的产城融合案例，逐一分析不同区位类型的产业园如何实现产业与城市融合发展。

二、产业与城市区位的基本类型

产业新城中，"鬼城""空城"现象较多出现在远郊型产业园，产业园距离主城较远，较高的通勤成本使得园区内的人们难以享受主城的功能，同时产业新城依托平台城市功能层次低，产业园基础建设不完善，城市功能缺乏，使得产业园缺乏对产业、人才的吸引力。"睡城"、钟摆式交通等居业分离现象容易出现在城市边缘或近郊开发模式下，位于主城区的产业园也面临环境污染、设施陈旧落后等问题。不同区位的产业新城面临不同的城市问题，因此依据产业园与主城距离将两者区位关系分类，对研究不同类型园区适合的产城融合方式有参考意义。产业与城市的分离程度可以基于园区与主城之间的空间关系和分化程度分析。依据产业新城不同的区位类型，将产业新城与主城的空间关系分为主城包含型、主城边缘型、副城依托型、新城建设型。

（一）主城包含型

主城包含型，产业新城位于主城内，能够共享城市的基础设施，产业新城依托城市平台发展，产业与城市联系最为紧密。其存在产城不融合的问题主要可能有两方面：一是产业园的生产方式粗放，二是主城本身老旧，城市功能不完善。

在产业新城的产业方式落后，建设前瞻性不足的情况下，则产城矛盾集中在环境污染、生活与生产空间混杂上。由于园区主导产业定位与城市发展生态要求相悖，产业新城落后的生产方式导致功能分区不明确，工业防护不足，造成生产、生活空间混杂，城市整体环境的下降等问题。此类空间形式的产业区虽然充分利用主城区现有的公共服务设施、道路交通、水、电等基础设施，大大降低了前期建设成本，但长远看，产业区、主城区未来空间的拓展会受到阻碍。

主城区本身老旧，城市功能不完善，难以满足产业新城的需求。以老汉口的旧城更新为例，旧城区是城市的商贸功能最为突出、市政设施较为齐全的地区，同时也是生态环境较差、交通拥挤、人口和建筑最为稠密、危旧房最为集中、当前改建开发强度最为集中突出的地区。老汉口虽是是武汉市和中部地区的商业中心、金融中心、交通运输中心，但产业结构、城市功能落后。汉口旧城区很多产业落后，附加值低。老城区功能不能满足人们的需求，旧工厂、城中村、旧危房现象普遍，中心地职能偏低，城市用地结构的低效益，城市中心地土地资源价值潜力很大。不合理的产业结构导致低效益的城市用地结构，低效率的用地结构又导致城市功能的不完善，城市功能的缺失制约了产业新城产业结构的优化。

（二）主城边缘型

产业新城建在城市的边缘，在空间上与母城相接，对城市基础设施、城市资源的依赖程度较高。这种区位类型的产业新城地租较低，农村人力和城市人力资源均较为丰富，同时交通较为通达便捷，与主城基本能实现资源共享，联系紧密。前期投入成本相较于新城建设型低，相较于主城包含型未来的区域发展空间广。同时，此类区位类型产业园发展也会受到一定的制约，如处于城市边缘多为城郊接合部，面临拆迁等问题。

（三）副城依托型

副城依托型区位产业园建于近郊，距市区在一小时通勤范围内，市区公交体系尚能覆盖，但由于通勤成本过高，产业园所需城市功能主要依托于副城（子城、卫星城等），同时副城的城市基础设施也随着产业新城建设、拓展，副城基础设施更加完善，副城的生产性功能区、生活性功能区、服务性功能区快速发展，区块功能更加明显，产业园既依托于副城的生活设施和基础设施，又推动了副城的经济发展、城市功能完善，还缓解了主城人口密度过大、空间局促、资源紧张等问题。

副城依托型产城关系一般会经历"以产兴城、以城促产、产城融合"三个阶段。当主城区面临人口高度集聚，城市问题突出，人口与环境矛盾突出等现状，城市为了保护主城区城市生存空间环境、舒缓主城区压力、疏散城市中心人口、增强其就业和居住吸引力，将城市闲置土地开发为产业园、高教园等，寻找新的空间生长点、经济增长点。就杭州为例，《杭州市城市总体规划（2001—2020年）》提出了城市布局结构将形成"一主三副、双心双轴、六大组团、六条生态带"开放式空间结构，以实现杭州城市空间格局由单一城市中心布局向多中心、组团式城市布局转变。其中，以杭州经济技术开发区为核心的下沙区块是三个副城之一，开发区的建设依托下沙镇的基础设施和生活设施。下沙副城的城市化建设提出，全面提升下沙区块的城市功能、加速下沙副城与杭州主城对接和融合的要求，实现"国际性先进制造业基地、新世纪大学城和生态型花园式城市副中心"的目标。下沙副城优先建设了高教区，依托大学城和新区的人文优势、政策优势，加快推进交通、医疗、商业、居住等城市生活配套设施建设，同时布局工业园区建设、跨境电商基地建设和生活型服务业发展，完成了由盐碱地向以高层次教育、高科技产业为主要特征的全面转变，在下沙镇、钱塘江滩涂围垦区建成了下沙高新技术开发区。

（四）新城建设型

新城建设型区位产业园一般位于远郊，在空间上与主城是分裂的。其设施在空间上独立于主城之外，主城区是其生产要素的来源和大件商品的购物中心，其优势在于地租低。这类园区规模往往很大，未来的发展受制约少，处在城市外围，可吸纳附近城市的人力资源、自然资源，打破了城市之间的行政区划限制，促进了城市之间经济合作，在不同城市之间贸易的运输成本得以降低。

该类区位的产业园距主城距离最远，难以获得主城城市功能的支撑，各类设施基础差。根据"城市即园区，园区即城市"的发展理念，产业新城建设更需注重城市与产业的协调互动发展。因此在建设产业园的同时，同步推进基础设施的建设，倡导产城融合。前期投入为四种区位类型中最大的，由于各项设施都需建设，发展较为缓慢。新城未来的可持续发展力与高端人才吸引息息相关。因此，产业区与高教区能否协同发展关系到产学研的结合，关系到产业区的发展潜力。

三、不同区位下的产城融合模式

影响产城融合的因素很多，本文主要从产业新城区位类型角度，提出与上述四种产城区位类型相对应的产城融合开发模式，分为主城包含型区位采用旧城改造模式和产业升级模式；主城边缘型采用组团式模式；副城依托型采用点轴式发展模式；新城建设型采用簇群式或区带式布局模式。

（一）旧城改造模式和产业升级模式

主城包含型产业园在主城内部，空间高度融合，产业园能够充分依托主城的基础设施，因此要推进产业园与城市的设施共享、协同发展。针对产业新城的产业方式落后，建设前瞻性不足，导致环境污染、生活与生产空间混杂的现象，如何消除这些负外部性的关键是推进产业园转型升级。确立与主城发展定位相契合的主导产业，实施"二退三进"，将以能源、劳动力驱动的企业外迁或对生产方式落后的企业进行优化升级，发展以智力密集型为导向的绿色经济。

针对主城区本身老旧，城市功能不完善，城市功能难以满足产业新城需求的情况。旧城改造要提高用地效率，规划城市生活功能区和服务功能区的建设，提高城市中心地的等级。以完善城市功能为目的，抓好重点工程建设。以完善和丰富城市功能为重点，加快城市基础设施建设，加强城市道路建设和改造，完善已有的交通体系，增加道路运输能力，以满足产业新城对基础设施的要求。

（二）组团式模式

产业新城建在城市的边缘，在空间上与主城相接，所处位置多为城郊接合部，面临拆迁、旧城保护等问题，因此主城边缘型产业新城宜采取组团式模式。典型的成功案例属苏州保护古城、发展新加坡工业园区和苏州新区的实践最为著名。1992年，苏州市政府作出"依托古城，开发新区"的决策，1994年，新加坡与中国政府决定在苏州合作建设工业园区。苏州实现了自身扩容增量的蜕变，形成了"一体两翼"的新城市格局。苏州保护旧城，在旧城之外发展飞地式新区的做法已经成为中国城市旧城保护和新区开发的著名成功案例。《苏州市城市总体规划（1996—2010）》中进一步确定了多个飞地、组团发展的城市格局。

（三）点轴式发展模式

位于主城区近郊且依托乡镇发展的产业集聚区，主要可借助子城的生活配套及基础设施，集聚区的建设带动子城的发展，随着集聚区的发展，与子城区的融合可形成主城区远郊的一个经济增长极，同时借助铁路、高速公路、省道等交通与主城区形成联系，最终形成点轴式空间发展模式。

（四）簇群式或区带式布局模式

新城建设型产业园一般位于远郊，在空间上与主城是分裂的，需建设各项设施。规模较小的园区可采用簇群式布局模式。这种组团布局结构可实现分期建设，滚动发展；公共设施共享，节约建设多套服务设施的投入费用；各组团之间能够相对独立运作，灵活经营，实现产业新城内部企业之间和组团之间的便捷交流。同时规划一个公共服务中心，以便周围组团交流。规模较大的园区可采用区带式格局，即生活区和配套服务区平行于纵轴线布置，区带之间有垂直联系相通。

以大企业、大集团为核心，一大批上下游中小企业集聚其周围，从事配套加工生产的集群发展模式，称为簇群经济。这既不同于一些大企业把生产分工内部化的组织形式——因为中小企业是各自独立的法人实体，又不同于中小企业分散分布、缺乏联系的无序状况——因为专业化的横向联系与纵向联系把一个地区内的中小企业有机地组织起来。

第四节　杭州城西科创产业新城产城融合状况分析

本节将结合一二三节的内容，总结产城融合的类型、路径和典型发展模式，以杭州城西科创产业新城为例，分析杭州城西科创产业新城产城区位特征、产城融合类型，依据发展现状分析利弊，为后续规划调整方案提供参考。

一、未来科技城产城关系现状分析

未来科技城位于杭州主城区西部 10km 左右，有文一西路和文二西路两条主干道连接，并有地铁 3 号线和 5 号线将新城与主城连为一体。规划中的杭州火车西站作为重要交通枢纽也选址在新城的中心区。新城规划范围内有浙江大学、杭州师范大学、浙江理工大学等多所高校，以阿里巴巴、恒生电子等大集团为核心，一大批上下游中小企业集聚其周围实现集群式发展。在城市形态上，新城出现了像梦想小镇这样产城融合、创新集聚的产业园区和数量众多、分布广泛的众创空间。

杭州未来科技城以产城融合为规划发展理念，借助邻近主城区地理优势和区位优势，接受主城的强大辐射力；同时也发挥科技新城的空间优势和产业优势，推进生产、生活、生态协调发展。

根据"城市即园区，园区即城市"的发展理念，科技城的建设注重城市与产业的互动发展。科技城采取共生型融合模式，产业、生活、生态用地交错布局，形成产城一体化单元，打造开放式的办公区、生活区。在海创园、淘宝城、华立科技园、梦想小镇等大规模园区周围配套住宅区、商业区等，节约通勤成本，缓解主干道拥堵压力。位于仓前古镇的梦想小镇园区内风景秀美，人文底蕴深厚，配套设施齐全，实现"三生"融合。

同时园区还形成了特色的孵化模式，即高校科技园区——研发孵化基地——产业化基地的模式，通过技术链、资金流、信息流和知识流的高效联动，在园区内形成生产和研发综合体和区域网络式创新体系，是梦想小镇高校、孵化器与产业基地连接的典型。未来科技城的梦想小镇就是以互联网＋产业为主导的"众创空间"、支持"泛大学生"群体创新创业的孵化器，从事互联网相关领域产品研发、生产、经营和技术（工程）服务。小镇举办"创业先锋营"大赛进行入驻选拔，通过选拔的队伍可以免租入驻办公区和公寓，同时还可获得大学生创业信贷资助。梦想小镇的人才加上天使小镇的民间资本注入，大大激发了创新创业的活力，推进了产学研的结合。当企业规模扩大后，可迁入产业新城，也可与未来科技园平台内的高新科技企业合作，形成协同创造知识聚集的价值倍增效应，并提升产业整体创新能力。

规划之初就将园区划为科技创新功能区、高端产业功能区、产业配套功能区3个主要功能区，功能区交错布局，相互融合，形成了生活配套设施有机结合、生态链接的微城市组团，从而达到功能完善、产业集聚、生态和谐、产城融合的目的。

未来科技城功能区的规划包括了生产、生活、生态三方面，基本符合功能复合的要求。随着未来科技城建设的推进，要使得生产、生活、生态达到平衡是更高层次的要求。将产城融合的规划严格执行，避免"重产业，轻城市"的误区，产业区建设应该满足河湖生态建设的发展要求。生活设施方面，在提倡高水准、国际化的同时，应该考虑到科技城不同层次人民的生活需要，可以借鉴苏州工业园区确定的城市中心、片区中心、邻里中心和居住小区中心四级公共服务体系，多元化的设施可能满足不同层级和不同人群的功能需求，使得科技城设施实用性更高、更加人性化。

从未来科技城的现有布局和规划方向看，其产城融合模式是融主城边缘型的组团式模式和新城建设型的簇群式模式为一体，把地理区位、发展空间和新兴产业几个特点和优势充分结合并加以利用，为下一步推进产城关系，进一步良性互动创造了条件。

二、未来科技城发展存在的主要问题

产业园的建设和发展是一个长期的过程，学界大多学者认为可以划分为四个发展阶段：产城分离的初创期、产城各自为政的成长期、边缘融合的提升期、产城融合的成熟期。各个阶段须经历的时间不一，一般而言从第一阶段过渡到第二阶段需要5年，到产城融合阶段需要20年。未来科技城成立不到五年的发展阶段存在产城分离现象，主要有以下几个问题。

（一）产业超前发展，公共服务滞后

目前，在未来科技城入驻企业2000余家，总人口达7万余人，包括高新企业员工、创业团队、研究机构研究人员、高校学生等，但科技城内可居住的住宅主要是部分人才公寓、农民住宅出租房等，大量商品住宅和人才公寓尚在建设中，生活性服务业导入较为缓慢，低端小型的商业服务、餐饮服务不足以满足就业人员的日常生活需求，降低了园区环境的便利性和吸引力。休闲购物、文化娱乐、餐饮等生活性服务业配套设施存在滞后性，综合商业体如海港城、西溪银泰城还未落成。

未来科技城依托原仓前镇平台建设，初期阶段教育、医疗资源为村镇级，其能级低，服务范围较小，缺乏优质的教育机构、医疗机构，不能满足高新技术人才和科研机构人员的需求。由杭州市政府和未来科技城管委会牵头引进教育机构和综合医院，取得了一定的成果，目前已与多所国际学校、高级中学、公立和民办初级中学洽谈签约，幼儿园、小学、高中已投建。未来科技城应进一步引进更多高质量、国际化的学府，以丰富新城的教育资源，解决园区科研人员、技术人员等的子女入学问题，提升对人才吸引力。同时大型医疗机构应加紧落成，以解决未来科技城初期阶段医疗机构能级低的问题，目前园区内多以卫生服务中心和卫生服务站等社区型医疗机构为主，大型的综合医疗机构引进了浙江大学医学院附属第一医院余杭分院尚未建成使用。

（二）人居条件不足，导致潮汐式交通

由于居住环境和生活配套设施不够完善，目前未来科技城工作人员大多仍居住在市区。工作地、居住地、消费地分离，潮汐式交通现象明显。现阶段连接市区和未来科技城的交通干线仅有文一西路，海曙路、地铁五号线尚在建设，而另一条贯通东西的要道文二西路由于早期规划考虑不足的原因，文二西路被小区阻隔为两段，减弱了未来科技城与主城区的联系，增加了高峰期文一西路的通行压力。位于文一西路的阿里巴巴总部约有2万人，阿里系在上下班高峰期虽配有班车接送，但文一西路仍较为拥堵，大大增加了通勤人员的通勤成本。

（三）老工业园区遗留问题

科技城挂牌前已建成的老工业园区内有 51 家企业，存在部分高污染企业，如造纸业、化工厂、塑料厂。园区内入驻的企业其产业结构层次低，高耗低效，多为传统的资源驱动型，与未来科技城主导产业定位不符。同时在该地块发展之初，为节约成本，老工业区沿主干道而建，导致该区块土地开发模式粗放、利用效率低下。因此如何推动资源、劳动力密集型传统企业转型和改造，对高污染企业进行妥善处理是当务之急。可以预计，随着园区劳动力、土地等各类成本的增加，企业逐渐外迁，但是在土地资源总量成为硬约束的条件下，受制于规划对工业用地在高度、强度等多方面的控制，使得传统的产业新城空间并不能适应新引进企业的发展诉求，最终导致产业用地难以置换、产业能级难以提升。

三、政策建议

第一，基础设施建设方面，未来科技城要加快文二西路、海曙路的道路建设，积极推进公共交通的建设，特别是加快轨道交通建设；完善住宅小区周边的生活配套设施建设，引入城市综合体或大型商业机构，尽快形成新城的商业中心以凝聚人气。

第二，加大教育资源、医疗资源等公共服务供给力度，健全社会事业体系，尽快引入一家三级甲等医院，优质中小学尽快入住新城，由于新城从业人员多数为年轻创业者，一定数量的幼儿园建设也是非常急需的。

第三，住宅用地也需要适当增加供给，平稳区内房价，避免因房价过高逼走众多青年创业者。住房供给方面引导开发商开发与人口结构特点相适应的户型，控制过大户型住宅开发。公租房建设也要适当配套建设，以满足初创者的需要。

第四，与用工较多的大企业协调沟通，错时下班，避免高峰期叠加。

第五，在其他政策方面，政府加强监督园区管委会招商引资，避免污染型产业进入。创新人才引进政策，采取灵活多样、富有弹性的落户政策。

第五节　本章小结

本章主要阐述新城新区产城融合的演化过程、逻辑进路和政策路径，并描述了产城区位的基本类型及其模式选择。国内外研究表明，产城融合是工业化和城市化共同作用相互促进的结果，是产业结构、城市功能结构和城市空间结构耦合的结果。新城新区先后经过产业园区、产业住区、产城一体等发展阶段，其演化过程是产业发展、城市功能、生态环境作为一个系统共同作用、协同演化的结果。产城融合的逻辑进路是，产业塑造城市的功能和形态、产业推动社会经济结构现代化转型、城市功能多样化助推产业创新和人才发展、以人为本的城市发展理念有效推进高质量的新型城镇化建设。产城融合的政策路径是，一要破除产城融合发展的制度藩篱；二要着眼于产城融合，在产业发展中培育城市功能，在城市发展中优化产业结构。

新城新区高质量发展还需要高效能的城市治理，须坚持系统治理理念，并不断创新新城运营管理模式。依据产业新城不同的区位类型，将产业新城与主城的空间关系分为主城包含型、主城边缘型、副城依托型、新城建设型。产城融合开发模式，可分为主城包含型区位采用旧城改造模式和产业升级模式；主城边缘型采用组团式模式；副城依托型采用点轴式发展模式；新城建设型采用簇群式或区带式布局模式。基于上述分析，以杭州城西科创产业新城为例，分析新城产城区位特征、产城融合类型和发展现状，提出若干改进的政策建议。

第七章　服务业集聚视角下新城职住分离影响因素——以杭州下沙新城为例

第一节　问题的提出

一、研究背景

为推进城市从高速发展到高质量发展的转变，新城新区的高质量建设迫在眉睫。提高区域竞争力，优化空间结构，通过产业集聚实现新城新区的高质量发展。但现阶段新城新区的发展还存在诸多问题。

（一）新城新区产城分离趋势不减

20世纪90年代初，为了进一步充分利用外资，加快市场机制的建立，各地掀起了开发区建设热潮，实践证明，开发区具有无可替代的区位优势，尤其表现在要素集聚、人才吸引、基础设施优化等方面，成为促进中国经济发展的新引擎和重要动力，承担着地区经济增长极的作用。然而，随着经济发展的不断深入，原有的开发区模式已经不能适应城市发展需要，产业结构低端且过于单一，空间组织错乱，城市功能落后等问题普遍存在，处于"有产无城"状态；同时在政治"竞绩"等体制的驱使下，部分城市选择在市区以外的区域建立新城（如鄂尔多斯康巴什新城），不断扩张城区面积，增加城镇人口数量，更重要的是利用土地资源提高财政收入，但产业规模较小、培育机制不足，新城难免落入"鬼城""空城"的困境。但无论是"有城无产"还是"有产无城"都对城市健康发展造成严重危害，对居民生活带来了负面影响，违背了城市发展的最终理念。

（二）职住关系矛盾日益凸显

城市空间结构在土地和住房市场改革下发生翻天覆地的变化，土地有偿使用制度的逐步实行，城市空间中不同土地功能之间发生互换，一方面，表现为人口和产业的空间的变动，原来城区的居民主要是内城区群体向外转移，产业中第二产业向郊区扩张，第三产业向城市中心区聚集；另一方面，住房市场导致城市社会空间结构的差异化，即商业住宅郊区化和住宅选择多样化。在这双重驱动力下，城市规模迅速扩张，卫星城、新城等不断涌现，这一过程一定程度上减轻主城区资源压力，但在微观层面表现出居民通勤距离和时间成本大幅增加，给城市交通、环境带来沉重的负担。同时在此过程中存在很大程度的行政命令等因素，缺乏市场的自发性，容易造成个人决断型的职住错位。

（三）新城新区产业间失衡严重

国内开发区不同程度都提出向新城转变的目标，然而在现实中，产业结构单一且低端，比例严重失衡，配套设施滞后成为向新城新区转变的重要障碍，部分新城制造业占比高达90%以上，完全不具有城市生活的基本要素，第三次产业的滞后造成大量居民来往于主城与新城之间。就服务业内部而言，也存在很大区别，如金融服务业、高新技术服务业、科技服务业、商务服务业等产业完全不能满足新城居民的基本就业，成为新城居民职住失衡的重要因素（图7-1）。

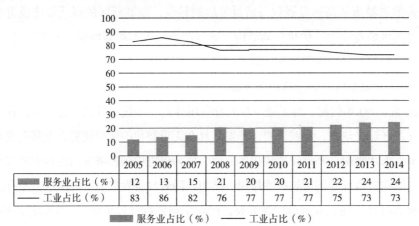

	2005	2006	2007	2008	2009	2010	2011	2012	2013	2014
服务业占比（%）	12	13	15	21	20	20	21	22	24	24
工业占比（%）	83	86	82	76	77	77	77	75	73	73

服务业占比（%）　　工业占比（%）

图7-1　下沙新城2005—2014年二三产业增加值比例
资料来源：作者根据资料绘制。

二、研究意义

（一）理论意义

国内在对居民职住关系的研究中，往往将国外的研究分析作为重要参考。伴随着城市各部分功能逐步凸显，区域组团愈发紧密，加上中国区域差异明显和多样化的城市类型，在寻求普遍规律的同时也应该关注部分区域的案例研究，而目前研究主要针对主城区，或者是城市整体角度，对于新的增长区域包括开发区、新城的研究非常少。本章通过对下沙新城的职住分离现状及其成因等进行探讨分析，并对影响因素进行回归分析，探索在不同的研究区域和特定的背景下职住选择理论的新应用。与此同时，在国内众多的研究中，职住关系的影响因素研究成为重要方向，整理汇总可以发现不外乎以下五种，包括宏观制度性因素、空间结构因素、交通因素以及产业经济因素，还有个体特征因素。其中基于宏观制度、空间结构、交通以及个体因素研究较多，而在分析产业经济因素对职住分离影响的研究较少，本章从产业角度分析其对职住关系的影响作用。

（二）现实意义

1. 促进新城新区职住空间科学发展

新城新区既可以说是城市整体的一部分，也是比较独立的区域。在过去的发展中，一直成为地区增长极，新城在向综合新城的发展过渡中表现出无可比拟的潜力和优势，同时作为城市空间结构的重要组成部分，空间功能的演变对新城的发展至关重要。学术界研究显示，产业的转型升级在第二产业达到规模效应后开始显现，但基础设施欠缺、生活配套落后都会影响新城的可持续发展和升级。因此，将杭州下沙新城生活空间的变动和演化机制作为研究对象，可以总结大城市新城生活空间变化过程中的经验教训，从而为下沙新城未来健康发展和国内同类型开发区的发展提供参考。

2. 推动城市空间结构合理发展

巨大的交通压力成为现代城市普遍的困境，其中城市空间结构不合理是重要影响因素，职住空间的无限扩大加剧了这一问题。特别是在城市发展中，政府对城市各区块都有比较明确的功能定位，无形中增加了通勤时间，私家车数量猛增更加加剧城市拥堵状况，降低了城市运行效率。因此，城市发展初期的模式选择的重要性显得尤为突出，国内一些城市的发展参考了国外先进的设置理念和模式，不仅对城市空间演变存在重大影响，而且，从城市的整体结构角度来看，有效的城市空间布局对于市域空间结构的合理有序发展至关重要。

结合下沙新城的职住实际进行深入研究分析，在调查问卷数据的基础上，探究下沙新城职住分离的影响因素，尤其是从产业角度进行深入分析，寻找服务业集聚对新城职住分离的影响，使决策者在城市建设管理过程中不断改善职住失衡现状，科学规划、因势利导，促进新城健康可持续发展。

本研究拟按照"分析研究背景、职住平衡的相关理论与机理、样本数据统计分析、进行实证研究、研究总结与政策建议"的思路展开。

第二节 理论基础与文献综述

一、核心概念界定

（一）职住分离

工业化和城市化的迅猛发展，职住分离导致的问题逐步进入西方城市学者的视野，20世纪40年代，最早提出此问题的相关论文中，将芝加哥居民群体职住作为研究对象，分析城市土地利用结构以及收入的多寡对职住分离现象产生的影响。当时，职住分离作为职住现象的描述，一方面，可以通过内涵反映出职住质的变化；另一方面，通过度量反映出职住量的变化，其他还包括从行为地理学等角度来分析。因此，可以认为，在职住分离的标准选择中，直接用通勤来进行衡量是可行的。在一般实证研究中，职住分离的程度都通过通勤距离和通勤时间来衡量。在通勤时间的研究领域中，White（1988）首次提出的线性规划最优解成为采用最多的方法，其核心思想就是将理论最小通勤时间与实际通勤时间相比得出；关于通勤距离的研究，Hamliton（1982）做了比较系统的分析研究，将美国和日本一些主要城市作为研究对象，分别计算出实际通勤距离和理论通勤距离并进行比较，其中理论通勤距离是根据单中心城市结构模型计算得出。后来学者对两者进行了比较（Small, et al., 1992）认为，研究结果产生差异的根本原因是两者在人口就业分布以及人口取值来源方面有很大不同。考虑到在实际通勤过程中，时间可能包括等车、换乘，甚至不同交通工具使得在距离相同的情况下时间有很大差异，本章研究的职住分离统一用职住距离来衡量，一般个体职业和居住两者距离超过 9.5km（Ihlanfddt, 1988）的国际通用距离属于职住失衡，本章也采用这种标准。

（二）职住平衡

职住平衡是与职住分离相对应的概念，指的是一种理想模式，就业和居住形成的空间关系处于一种稳定的状态下，也代表城市规划中就业和居住空间组织合理进行、有效运转的一个重要理念。职住平衡理念的提出，还要追踪到西方一些城市研究学者将它作为解决大城市中人口拥挤、交通拥堵等"城市病"的对策。其中，霍华德在田园城市的设想中就体现出"就业居住相邻近"的思想，当时伦敦作为英国最大的城市相继出现人口过度拥挤、交通极度混乱、贫民窟急剧增加等问题，对此，霍华德研究认为，当城市规模超过一定限度之后，通过对原来的城市进行扩展是不明智的，而是应该在城市周边发展新的城市。新城市在服务设施、就业岗位和居住之间均衡分布，使居民群体的工作地点就在"住宅的步行距离之内"。这一指导思想大规模应用与发展是在 20 世纪中期，主要在城市规划实践领域。关于职住平衡理念的基本解读是指在一定的范围之内，群体中劳动者以及就业岗位的数量大体相当，居民基本可以实现在区域内就业。Margolis（1973）认为将工作—住宅单位比控制在 0.25–1.75 之间比较合适，但 Cervero（1989）认为上限不超过 1.5 都是可以接受的。本章认为区域内部就业—居住单位比在 1.5 以内，居民平均通勤距离在 9.5km 之内，同时在交通工具使用中，采用非机动车或者公共交通的人数占大部分。

二、相关理论基础

（一）中心地理论

克里斯塔勒（W.Christaller）作为德国著名城市地理学家，在对城市发展演进总结基础上，首次提出"中心地理论"。其理论包括以下几个主要假设条件：①研究区域是一块人口均匀分布的均质平原，居民个体的消费方式和收入相符合；②通勤距离越长交通费用越高，相同等级的城市交通系统是相似的；③经济人假设适用于消费者和厂商；④关税等贸易壁垒对商品流动影响不大。

理论意义上的"中心地"代表一个区域的相对中心位置，可以是中心城市也可以是中心居民点，可以连续对周边地区输出各种商品和服务，后来学者将这种职能称作中心地职能，在这种职能中，并不包括制造业，占主要部分的还是商业和服务业，当然还涉及一定的政治、文化领域。中心地周围每一点接受中心地辐射的机会是平等的，距离因素成为反映一点与其他任一点通达程度的决定性因素，在不考虑方向的前提下，交通面均是统一的。根据上述研究，新古典经济学的相关假设条件被克里斯塔勒引入，即把生产者和消费者都认为是经济行为的理性人，这一假设条件成为最终实现中心地六边形网络的重要理论支撑。在相同级别的中心地服务范围中，围绕中心地呈现出的正六边形分布是一种稳定趋势，而中心地处于这样一个位置，即六边形所能服务范围的正中间。受距离最近原则的影响，处于六边形内的居民如果想寻找消费，更多会选择六边形内的中心地。这样，在空间上无数个等级相同的中心地服务范围，最终形成蜂窝状网格结构。

（二）同心圆理论

伯吉斯（E.W.Burgess）在总结芝加哥城市土地利用的基础上，系统性地提出"同心圆理论"。在对土地空间利用排列形态过程的解释中，第一次将社会生态学中入侵和承继的概念运用其中。他认为城市的功能是一种由内向外的环状，每个功能代表一个环，连在一起最终构成同心圆的结构。各功能分布从圆的中心开始由内向外依次是，中心商业区（CBD）是整个同心圆的第一环，主要是大型商场、写字楼、歌剧院等，代表着城市经济、文化的核心区。第二环过渡地带（Zone of Transition），发挥连接 CBD 和住宅区的作用，旧式住宅和出租房成为重要组成部分，同时轻工业、货仓、批发商业等也集聚于此，其生活品质相对较差。第三环是工人居住区（Zone of Workingmen's Homes），方便在工作地与居住地的往返过程中乘车，且租金较少，此区域成为工人们生活的优先选择。由内向外，高收入居住区集中分布在四环（Zone of Better Residences），高品质生活成为环内群体的共同追求。最后一环是第五环，是通勤群体聚居的地带（Commuter's Zone），这里到市中心有一定距离，所以长时间的通勤必不可少。

"入侵和承继"的动态分析成为伯吉斯土地利用模式研究的重要工具，在人口不断增长的情况下，内部空间资源变得日益紧张，不得不向外进行扩张，由此造成对周边区域的侵占，并改变了相邻区域的城市功能，空间扩张得以完成，第一环的中心商业区入侵到第二环的过渡地带，低品质住房被吸收改造，使得当地的低收入群体被迫向外围迁移，在此过程中，第三环的工人群体会把老式住房转给低收入群体，转入到下一环中，在此过程中，区域得到不断扩张。

20 世纪 60 年代，在上述理念的指导下，美国城市进行了大规模更新，城市空间整体得到外扩，在此过程中，第二环过渡地带逐步被中心区侵占，中产阶级住宅区取代老式的低收入住房，各阶层的生活品质得到提升，与此同时，长期处于该区域的工厂并没有按照正常变动，在行政干预下直接迁移到通勤区，有的甚至在城市最边缘，城市新的空间格局由此产生。

（三）土地经济学理论

1. Alonso 土地市场模型

在土地市场模型的研究中，阿朗索（Alonso）、米尔斯（Mills）和穆特（Muth）对解释城市空间的形成作出了巨大贡献，后来通常将三者的研究称为"AMM"模型。其所研究的理论基础是，区域内部的通勤成本必须由空间的价格来弥补，才能让郊区居住群体乐于接受因长时间通勤产生的成本，这对城市空间结构发展的意义重大。在模型的解释下，静态效用最大化对家庭最终选择的区位都有很好的阐述，其公式可以概括为：

$$\frac{\partial r}{\partial u} \cdot q = -\left(\frac{\partial T}{\partial u} - \frac{V_u}{V_z}\right) \qquad (7.1)$$

在公式 7.1 中，r 为土地价格，u 为住所到 CBD 的距离，T 表示通勤成本，q 表示土地数量，z 代表其他消费品（用货币表示），V 代表家庭总效用。

公式 7.1 对区位均衡也有具体阐述，即群体在区位选择中，会将通勤成本、土地成本（住房成本）与到 CBD 的距离进行衡量。最终会形成这样一种共识，即在这样一个区位上，通勤距离导致的成本增加值与通勤带来负效用的货币化增加值，两者之和，和土地费用的增加值最终必然相等，这就是理论上的最佳区位。

2. Muth–Mills 住房模型

Muth 和 Mills 的住房模型和 Alonso 相似，唯一不同的是，在总的偏好中，把土地价格（r）和住房价格（p）进行了替换，这个时候 q 就代表住房总数量。经演算推导后，得出其均衡条件的公式 7.2：

$$\frac{\partial \mathrm{r}}{\partial \mathrm{u}} \cdot q = -\frac{\partial T}{\partial u} \tag{7.2}$$

其现实意义可以解释为，存在这样一个区位，通勤长度增加造成的成本提高量必然等于相应的住房成本减少量，这就是最佳区位。

在城市的生活实践中，受各种因素的综合影响，比如居民个体偏好和城市空间的异质性以及政策制度，使城市居民的就业居住很难处于均衡状态。同时，职住空间动态关系还要受到多种经济和非经济因素的叠加影响，使之更加复杂。本章研究的新城居民职住选择中同样体现出 Muth-Mills 住房模型思想。

（四）集聚经济理论

经济学家韦伯（A.Weber，1909）是首次提出集聚经济理论的学者，在其理论中，区域因素和集聚因素是区位因素的两个组成部分，不仅包括区域比较优势，还包括产业再生能力。在城市空间上，经济规模和经济发展水平不断集中，可以有效压缩中间商攫取的利润部分，使得交易成本不断降低。根据经济活动产生的外部性不同，城市中集聚经济可以分为三个部分（马歇尔，1964），包括企业内部经济、定域化经济以及城市化经济。城市中不同产业，如商业、工业、服务业等企业，对集聚经济均有自身不同的特点，企业在空间上集聚可以获得较强外部经济，如附近企业产生的知识溢出，基础设施以及劳动力市场共享等。空间上不同竞租曲线的形成也是得益于不同企业集聚强度之间的差异，集聚经济强度高的企业可以承受具有较高的支付租金能力，更容易占据城市中心位置。尽管如此，高地价和高工资所带来的成本制约着企业追求集聚效益的规模，利润最大化的目标指导着企业的选址决策在微观上的权衡，同时，微观活动最终会产生城市层面的影响，进而促使城市空间结构的演变（郑思齐，2012）。当然，集聚经济超过一定限度会产生负效应，即集聚不经济，如土地价格过高，环境污染，人口拥挤等城市问题，这样集聚不经济会导致城市空间布局尤其是经济活动向远离城市中心的方向转变。

（五）推拉理论

英国人口学家雷文斯坦（E.Ravenstien，1889）在深入研究人口迁徙的基础上，提出了著名的"推拉理论"，理论的意义代表"推"和"拉"两者可以表示某地区的人口变迁过程。"推"表示促进居民群体从某区域迁出的过程，而"拉"则与之相反，表示将居民群体从区域外部吸纳进来。在他 1880 年发表的文章中，通过大量事实观察，得出以下几条结论，小城市人口向大城市流动经常都是长距离的过程；相比较城市中的居民，农村居民的流动率要高得多；一般人口移动都是以短距离的形式，一种由欠发达地区向发达地区的人口迁移过程；城市周边或者郊区成为流动人口的优选，在后期的发展过程中，再择机迁移到城市内部。

本章在总结人口理论的基础上，着重延伸了推拉理论的内涵，在产业的迁移变动中，过高的员工工资待遇、过重的土地成本等成为促使产业向外转移的重要推力；对于拉力，主要表现为其他一些方面，比如宽松的制度、低廉的生产成本、完善的配套设施等。应用到居住迁移上，如果一个地区的就业和居住更加优越，如完善的交通、医疗、教育、环境等，会将区域外居民群体吸纳过来，像存在拉力一样；而如果某一区域自身条件不理想或规划落后，人口过多迁入造成当地拥堵，生活生产成本增加，阻碍区域正常运行，此时推力大于拉力，使得原来的人口外迁。

三、关于职住关系研究

（一）国外研究现状

由于工业革命的影响，西方国家较早地进入了城市化进程，所以对于城市发展、空间结构等方面研究颇深。可以从三个方面进行整理归纳，分为空间不匹配、职住分离以及通勤过度等。

20世纪60年代末，"空间不匹配"理论假说在Kain的《居住隔离、黑人就业与居住分散》文中最先进行了阐述，在此后的研究中，对大城市进行理论和实证研究成为学者们关注的重点，社会弱势群体成为最初的研究对象，随着研究深入，范围也在逐步推广，主要涉及居住和就业以及工作可达性问题等。

在职住分离研究中，问题首先提出者邓肯（Duncan，1956）在有关城市土地使用结构和收入对芝加哥居住者就业之间关系的文章中阐述。目前的研究中，学者普遍认为职住分离是工作与生活平衡的相对概念，如果职住距离超过某一范围的现象就可以称为职住分离。对于大多数学者来说，这只是城市发展的现象，并不存在确切的理论定义。

在关于过剩通勤的研究上，预测城市通勤往往采用同心圆模式，1982年Hamilton首次进行运用，并且不断探索其运用的范围，Hamilton也找出如何计算最小通勤的方法。在此之后，对于通勤测度、理论研究等有关内容，学术界进行了深入思考，比较有代表性的如Small（1992）。

综上所述，国外学者们对于研究职住关系具有不同的侧重点，本质上可以划分为四个方面，第一方面是现象刻画，第二方面是本质的重新认识，第三方面是测度所用指标的确定，最后一个是对背后理论和实践层面的思考（表7-1）。

国外职住关系研究整理汇总　　　　　　　　表7-1

状态	空间不匹配	职住分离	过度通勤
现象	居住与就业空间分布差异性	居住与就业空间分布	实际通勤超过合理通勤范围
本质	机会的不公平性	土地、住房市场化	职住的个人选择
理论思考	社会整体利益	城市布局规划	交通、设施配套

资料来源：作者自行整理。

（二）国内研究现状

在对国外研究总结的基础上，结合现实启示，学者们将有关研究最终运用到我国城市发展的探索中。通过对学者们研究的成果进行划分，主要分为以下几个领域。

在"空间不匹配"理论方面，宋金平（2007）和柴彦威（2011）等都结合中国实际，对国外理论研究作了详尽的整理归纳。并郑思齐（2009）运用城市经济学的思维阐述这一理论。除此之外，实证研究方法也被国内学者运用于"空间不匹配"的研究中，并进行了深刻的归纳总结，但在研究中的视角和方向存在差异。特殊现象或不同群体与职住空间问题的关系成为研究焦点。在具体城市广州的研究中，司林杰（2013）等从政府的保障性住房出发，研究职住关系与居民迁移之间的影响变化，郊区化以及空间错位一直是孟斌（2009）的研究重点，同时也取得丰硕成果。除此之外，城市交通系统对群体通勤影响度也是学术界研究的方向（顾翠红，2008；孙斌栋，2010；李国平，2011）。关于职住之间的测试度量，定量法常常被学者用来对居住与就业空间整体匹配程度的测试，重点包括 SIM 指数（王雄昌，等，2010），居住就业匹配性指数（卢新海，2005），卡方检验（沈红婷，等，2007）等。

国内有关职住关系的研究成果也比较成熟，在研究视角上，经历了从一般定性分析到通过不同实证指数等测度职住分离度的过程；研究空间范围上，也从城市主城到新的增长区的转变。指数问题是每一个职住分离测度都回避不了的问题，既有研究中，学术界使用最多的指标就是区域内部居住人口与就业人口的比例关系，重点包括两个指数，有居住—就业吸引度指数、职住分离指数等。

国内对于过度通勤的研究涉及较少，刘望保（2008）在研究分析广州市城市通勤状况后，深入归纳总结其实现机制以及特征，提出家庭结构、收入变动会直接导致职住关系的变动。孙珊珊（2010）等在对深圳的通勤研究中，认为深圳市过度通勤随着城市的扩张开始显现，在此过程中的居住者对住房选择的偏好会加剧过度通勤的发生。

四、关于职住平衡的研究

职住平衡理念最早也是起源于霍华德（Howard）田园城市的构想，作为产城融合的微观基础，霍华德首创性地提出通勤距离过长是城市生活品质低下的表现，并且率先建议政府在规划前应强化职住平衡的理念。霍华德认为，虽然城市在工资、生活上比农村有优势，但交通、环境问题让城市优势并不那么突出。在城市经济发展理论指导下，伦敦一个局部街区的更新改造被霍华德作为研究对象，探索在放任增长的状态下、没有经过有效规划的旧城区面临人口搬迁的窘境，即预计高昂的改造成本让管理者很难为搬迁的群体来支付，如果实行强制手段进行搬迁会造成过度通勤。在综合权衡后，霍华德建议，在城市新区的建设中，最初的规划方案中就应该将居住与就业的就地匹配问题纳入考虑范围，鼓励在居住区附近建设更多工厂来提供必要的就业岗位。20 世纪 40 年代，芬兰著名建筑师伊利尔·沙里宁提出了重要的城市发展理论，后来学者称之为"有机疏散理论"，其主要涉及在城市功能疏散过程中，组织方式在居住与就业之间的选择应用。20 世纪后半叶，职住"空间错位"问题开始进入西方研究视野，1989 年，塞维罗（Cervero）等专家对测度产生关注，同时开展职住平衡衡量指标的研究，与此同时，一些政策、制度因素也被考虑进来，实证研究成为主要研究手段和方法。对于职住失衡是否是交通引发的问题上，Giuliano（1991）认为职住关系是一种复杂的关系体，交通并不完全引起长距离通勤，还要受到经济、社会等其他因素的影响，建立有效的城市网络结构，有利于分离状况的改善。

纵观国内研究，在职住平衡上主要集中于两个方面，第一是在总结国外理论以及对我国实践的适用性，第二是将案例研究和分析运用在国内大城市中。比如韩锋（2014）关注就业和居住空间分布研究，通过居住与就业的空间结构现状及变迁，显示其对居民出行、城市结构表现以及将来发展趋势的影响（周素红，2006；刘斯敖，等，2012）；还有侧重于城市职住分离程度测算，从职住特征、居住—就业空间匹配研究、通勤距离和就业可达性等多种角度对城市职住分离严重程度和空间组织特征进行系统总结，同时将居民社会经济属性、社区类型等影响因素纳入研究范围，找出不同城市之间差异性原因（孟斌，2009；刘志林，2015；孙斌栋，2014）；还有运用地理行为学理论，从单个群体职住分离程度、通勤弹性等角度来探讨城市群体之间通勤行为的差异性与复杂性（柴彦威，2011）。

五、关于职住分离影响因素

（一）国外研究成果

关于"空间不匹配"和就业的研究是美国 20 世纪 70—90 年代城市经济学的

一个热点（Hutchinson，1974；Ihlanfeldt & Sjoquist，1990；Leonard，1986）。在大都市区，城市公交系统作为城市资源，对其进行分配属于结构性因素，继而对职住分离产生影响。在对亚特兰大区域研究中，Ihlanfeldt（1994、1995）以快餐店为例，研究发现郊区快餐店的从业人员和城内快餐店从业人员相比通勤方面存在巨大差异，对于上述原因的合理解释是城市外围的区域设置更多公交站点，在空间可达性上更具优势。同时在其研究中还发现，不仅包括种族因素，还包括其他一些因素，比如对信息的敏感度以及收入差距等经济因素。

（二）国内研究成果

刘志林（2009）等对北京居住群体职住分离的影响因素进行总结，运用比较的研究方法，研究的各种因素中包括结构性因素和制度因素，具体有社会经济属性、住房产权属性等。学者柴彦威的研究重点主要在宏观经济制度上，特别是改革开放后的制度变化，主要包括住房市场化、土地市场化以及福利房等问题，在其2011 年的研究中整理出具有我国本土特点的职住分离影响因素。孟繁瑜、房文斌等（2007）根据北京几个主要大型社区的样本数据研究发现，经济动因成为影响北京城市功能变动的主要原因，包括工业外迁、产业结构调整等。在对我国中等城市的研究中，樊杰（2012）等指出，相比较大城市的影响因素，中型城市的因素更加多变，既包括一些宏观因素，比如规划土地用地、城市公交系统等，也包括职住成本、住房成本以及个体因素等微观方面，最终在推动中等城市发展的对策上提出建议，比如加大住房补贴，增加园区投资数量，深化产业调整等来推动城市就业与居住空间的协调发展。

在对开发区的研究中，孙浦阳（2011）将南京江宁开发区作为研究对象，从开发区管委会的公报中获取数据并统计发现，开发区空间机制的形成与变动受内部和外部两个因素的综合影响。在对北京中关村的调查中，郑思齐等（2014）选择通勤时间与通勤距离作为反映职住分离程度的指标，增强了模型构建以及处理结果的可信度和准确性，最终研究结论是，住房成本大小、就业机会的选择以及公共设施的配套成为影响空间差异的重要因素，并针对上述问题提出建设性建议，包括优化产业结构、促进产业集聚以及合理布局基础设施等政策。朱一荣（2010）同样对前人的研究进行总结思考，认为探讨职住问题可以从三个视角进行观察，分别是城市发展过程中的政府宏观导向、土地开发模式以及基础设施布局等。在对广州开发区的研究中，邓羽（2015）始终坚持问题导向，除了深入剖析开发区存在的一般症结，比如配套欠缺等，还提出开发区人均各项指标偏低，服务远不及主城区人均水平等其他问题。

在对我国城市职住分离问题深刻总结的基础上，根据上述研究发现，宏观制度性、空间结构、公共交通、产业经济及个体特征成为最主要的五个方面，国内研究几乎围绕这些因素进行研究。制度性因素主要涉及宏观层面，尤其是土地、住房市场化导致的老城区更新改造和福利房终结造成的工业外迁、土地功能置换等；空间结构因素比较复杂，主要是指在对职住分离的影响中表现出的居住就业组织关系，用地规划、公共设施布局成为关注重点，部分文献涵盖了公共交通系统规划建设，因此空间结构因素和交通因素有相互交叉的内容。产业经济因素是指城市产业发展对职住分离的影响和内在作用机制，但这部分文献少之又少，类似的只有李国平（2011）通过北京产业升级对空间组织结构变动作了相关性的实证分析，对于微观职住变动没有涉及，因此本章从产业角度研究职住分离问题。

第三节　服务业集聚与职住分离的关系机理分析

一、产业集聚与城市空间分化

显然，就业与居住的空间关系对城市布局结构产生重要影响，在城市生产生活中，高度专业化和社会分工造成职住相互分离，交通成本与土地成本之间的权衡成为空间选择的重要依据。所以，在观察就业与居住空间关系的起始点时，厘清城市的形成机理和内部空间结构的演变非常重要。城市活动中的比较优势、规模经济、集聚经济（包括内部和外部规模经济）以及非完全竞争等都是经济活动在空间上集聚的重要推动力，这些基本理论很好地解释了城市存在的合理性以及发展的空间趋势，包括城市内部中心和外围空间的形成。

（一）规模经济是产业与空间分化的原动力

在空间异质性大前提下，城市中一个或多个经济中心会在比较优势的促使下逐步形成。如 White（1976）早期研究这种动态变动时应用一些相关模型，发现集聚经济对城市及城市各中心形成发挥了重要力量，主要体现在两个方面，一种是内部规模经济，另一种是外部规模经济。在内部规模经济中，一方面是私人物品的生产，另一方面是公共产品的形成和维护。边际收益随着经济活动的相对聚集而不断增加，成为集聚经济产生的重要来源。另外一种集聚形式（外部规模经济或聚集经济）是由经济主体之间相互作用而产生的外部效应导致，由此带来的好处是，中间产品的运输成本能够有效降低，在成熟且大规模的劳动力市场下，企业和劳动者之间的匹配更加容易达成（Helsley，1991），同时更加便利的信息交换也在空间集聚过程中受益，"知识溢出"效应的产生使得企业之间能够互相学习知识和借鉴经验，与此同时，相关联企业的聚集可以方便借鉴彼此对员工的管理和技能创新，鼓励企业增加人力资本投资，从而实现互相获利。在非完全竞争的情况下，不同产品之间同样也可以实现互补继而产生外部效益，企业可以获得更多的客户（Schulz，1996）。这些外部效应是综合结果，包括市场交互作用和非市场交互作用，尽管前者研究较为系统而详尽，但后者也越来越受到学者的关注（图7-2）。

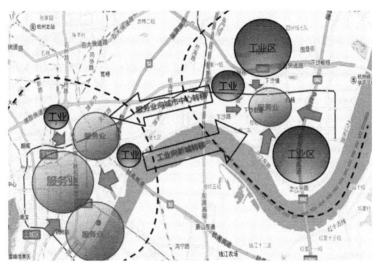

图7-2　下沙新城与城市中心产业的空间互动
资料来源：作者绘制。

（二）交通成本制约城市空间无限扩张

对于经济力量如何实现对空间结构作用，Ogawa 和 Fujita（1980）通过建立理论模型发现，如果城市结构是完全的混合用地均衡状态，劳动力在工地附近群居，则表示城市交通成本较大（可以看成是经济往来的摩擦力），如果果城市形成单中心结构则表示通勤成本较低，且外部效应较小，这时集聚经济处于有利地位，同时适中的通勤成本而较高的外部衰减率，城市的最终均衡以一种多中心状态存在。Anas 和 Kim（1996）的一般均衡模型也表示，在缺乏聚集经济的外部效应时，居民区和企业区处于一种混乱的状态，只有当外部效应远大于交通成本时，城市形成单中心的稳定平衡体系，随着城市空间扩张，交通成本逐步增加，城市结构会从单中心分离为多中心格局。当然，学术界都认为，城市每一种状态的变化，从短期来看都是均衡的，要想实现另一种均衡需要较长的时间，而城市空间结构的变化会存在路径依赖，所以，城市的形态在实际中更多体现出多种均衡状态综合结果。杭州主城和下沙新城之间直线距离约17km（百度测距：庆春路到海达南路），在既有研究中属于远郊型新城，根据以上的交通成本理论，下沙新城虽然部分产业，其中主要是服务业，由于集聚经济会被吸附到主城区，但由于距离较远，交通（通勤）成本无限放大，产业集聚外部效应下降，会形成自身的城市中心。

二、宏观制度与结构性因素

经济结构转型升级、城市历史空间、市场化大背景等多重因素协同作用下，给中国城市化改造增加了不确定因素。加上国内学者的研究大都集中在大城市的主城，在城市不断扩张的背景下，相较以往情况，新城居民将在城市职住和个体通勤行为上发生变化，本节结合宏观机制和微观机制对其影响因素进行细化和梳理（图7-3）。

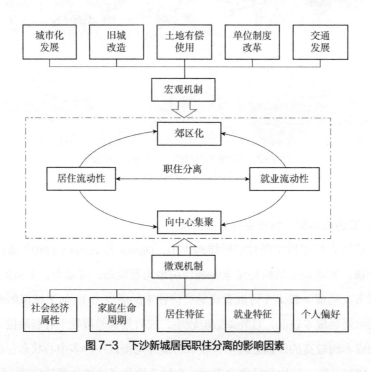

图7-3 下沙新城居民职住分离的影响因素

（一）土地与住房市场化

在改革开放举措中，城市土地市场化和住房市场化等举措极大盘活我国内部经济，尤其在城市土地市场化改革中，以土地价格为基础的城市功能分区，导致性质不同的土地由于经济回报率各不相同，从而促使土地空间分离，其直接结果便是职住分离现象。20世纪80年代，土地的有偿使用政策开始在全国推行，在土地功能置换等政策制度驱使下，城区污染工业企业开始逐步外迁。然后，许多单位居住区仍在城区范围内，不合理的通勤流逐渐产生。20 世纪 90 年代初期，杭州市对经济结构进行了长期规划，后来一系列土地政策以及产业调整过程中，城市中心区域保留了部分现代服务业，提供大量就业岗位的制造业主要分布在城市的郊区（主要是设立经济技术开发区），产业的长期分割造成主城和开发区之间居民的通勤加剧。同时，伴随着住房福利制度结束以及住房市场化的不断深入，在居住迁移率和住房消费的市场化率两个方面，城区居民都有不同程度的较大提升，特别是 20 世纪 90 年代以来，受制于主城区土地供应以及市场化因素影响，大量新建商品房建设集中在城区外围，城区外围的建设住房可以很好地满足居民居住需求，城外住房逐渐成为新的供应源。一个具有代表性的转折点发生在 1998 年，政府终止住房福利制度，这驱使居民将居住需求与就业需求分离，居民从职住接近的单位社区逐渐向以居住功能为主的城市社区转变。因此，在产业转移、人口迁移的作用下，郊区由于大量人口的涌入渐渐产生自身的城市功能，并与主城区逐步分异，这是开发区（新城）在制度合力的结果。

（二）城市空间急速扩张

20 世纪 80 年代之前，杭州在发展过程中一直围绕西湖区域，实行精明增长理念，20 世纪 80 年代末，随着土地、住房、单位福利等制度的改革，城市的扩张和发展进一步释放，伴随着产业的尤其是制造业的郊区化，城市空间得到不断扩张，1992 年，杭州市政府提出建立经济技术开发区，主要承接外商投资以及主城区的产业转移。同时运用市场化手段，对企业的搬迁进行置换包括土地以及资金的补贴，部分污染企业进行强制搬离。1996 年，杭州调整了行政区划，将钱塘江南岸的浦沿镇、长河镇、西兴镇进行合并，成立滨江区作为杭州高新技术产业园区，同时，杭州城西三墩镇也并入西湖区，经过这一调整，市区面积增加幅度达到 58.1%，从 430.3km² 到 682.8km²（图 7-4）。

21 世纪的一大特征是经济全球化，中国等发展中国家致力于经济结构转型升级，力求提高第三产业比重。服务业作为第三产业的标志性产业日益成为城市化进程中的核心，代表城市发展的未来潜力，同时，便利化的城市公交系统，各种高端生产要素由外向内涌入，证券、银行等金融行业，大型商务办公、咨询等服务行业逐渐趋近于城市中心，CBD 由此形成。杭州城市中心正在向多中心的空间结构转变，逐步由西湖时代向钱塘江时代转变，"一主三副六组团"成为杭州未来城市格局，其中三组团主要包括下沙组团、江南组团和临平组团。这也强化郊区形成就业的次中心，然而，居住与就业在城市郊区化的过程中并不一致，郊区容易造成居住功能超过就业功能，区域职能从多样化转变为单一化，各区域的主要功能差别导致

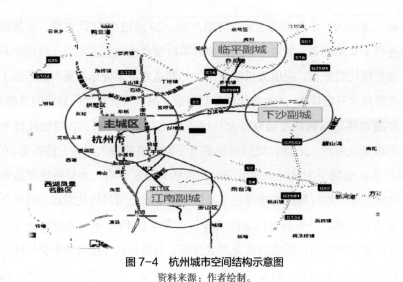

图 7-4　杭州城市空间结构示意图

资料来源：作者绘制。

职住分离，因此，无论在时间维度上或是距离维度上均有明显增加。

（三）居民个体的职住微观选择

宏观政策具有调节引导居民行为抉择的作用，在产业转移以及住房市场化的背景下，居民的职住选择充满了复杂性与多样性。城市经济学家研究表明，城市中通勤行为、土地和房地产价格、工资水平的空间分布特征都会受到职住关系的影响，同时，要素之间的互动作用又反作用于职住关系。从微观角度来看，居民在一定的收入预算约束下，会在住房成本和通勤成本（包括时间成本和货币成本）之间进行取舍，内生到个体因素主要受社会经济属性、生命周期以及个体偏好的影响。其中较多学者在研究社会经济属性对居民职住的影响程度（刘志林，2009；柴彦威，2011），主要认为性别、学历、户籍、家庭结构、收入以及住房产权对职住产生影响，其中居民不仅将自身的成长发展纳入权衡（trade-off）中，还会考虑到整个家庭以及未来子女的发展，因此，生命周期理论也成为职住选择的重要因素。年轻时为了更多收入或者机会愿意忍受长时间的通勤，而在事业成熟期会考虑职住问题。个人偏好是单个个体的差异性选择，交通、环境甚至周边配套设施都会对职住的选择产生影响。这些微观因素与宏观的共同作用，导致就业与居住处在不断流动中，容易产生失衡或者错配，最终形成职住分离。

三、研究假设

假设 1：产业空间分布差异是新城职住分离的宏观因素

第三产业由于其服务特性以及产业的性质，决定其空间选址具有相比第一、第二产业更具优势。根据霍特林模型，企业在空间运动中，最终会在两端的中心位置聚拢起来，尤其是金融业、信息软件业等轻资产行业会形成强大的集聚向心力，交通物流、电子商务等第三产业也会因为集聚形成规模经济，有利于细化产业内外分工，对于增链、强链发挥着较强作用。杭州近年来服务业比重不断提升，得益于市委提出围绕建设服务业强市，着力打造长三角南翼现代服务业中心目标，坚定实施服务业优先发展战略，着力打造钱江 CBD，实现江南江北联动发展，周边城区服务业不断向中心聚集，服务业相关岗位也愈发集中，因相关因素而住在新城等主城之外居民，通常会忍受更长的通勤，同时新城工业、制造业等产业比较发达，相比较主城而言拥有较多的第二产业岗位，因此，新城居民中从事第三产业的群体通勤时间要高于从事第二产业的群体。

假设 2：区域内部产业失衡是新城职住分离的中观因素

从国内新城新区的建立背景以及过程来说，除了经济因素外更多的掺杂着行政因素，改革开放以来，为了扩大本区域经济实力，完成各项预设指标，开发区功能定位大部分作为承接产业转移、吸引外资的场所，大体量、实力较强的制造业成为首要招商目标，在此过程中往往会因为过多植入制造业忽视服务业的配套与培育，后期由于人口的逐步进入，生活性服务业会有比较缓慢的跟进，但由于缺乏人才、技术以及资本等生产要素，生产性服务业发展滞后，造成区域内部产业比例失衡，服务业内部的产业也存在较大差异，不利于新城城市功能的进一步完善。因此，在基于调查数据的基础上，分析新城居民因从事产业类别的不同，职住分离也存在较大差异，其中的生产性服务业大于生活性服务业，从事服务业群体的通勤距离高于制造业。

假设 3：制度、市场背景下个体的行为决策是职住分离的微观因素

市场机制作用下，不仅城市空间发生巨大改变，在空间中居住的群体也在内外环境下作出相应的行为决策。从 20 世纪 80 年代的单位福利房终结开始的就业流动，到 20 世纪 90 年代住房制度、土地制度造成的居住流动，职住关系在两者叠加下矛盾日益加剧，职住分离成为城市发展中的重要问题，居民个体的职住选择会更多受未来预期收入、交通成本、时间成本以及周边配套设施的影响，具体表现在房价、交通、租金等，其中，自身的社会属性也会成为职住选择的参考因素之一，包括户籍、学历、家庭结构、房屋产权等，成为职住选择的重要参考。本章在着重分析产业等因素对职住分离影响时，同样将社会经济属性加入分析，以期对问题的了解更加全面、深刻。

第四节　杭州下沙新城职住关系现状评价

一、样本区背景描述

（一）新城概况

下沙新城是以国家级开发区杭州经济技术开发区为基础上发展起来，并作为杭州副中心城市建设与发展目标。下沙新城地理位置在杭州主城区的东部，东面、南面临近钱塘江，海宁市和余杭区分别位于其北部，杭州主城在其西面。据杭州市城市总体规划中显示，明确了三大副城中的下沙副城的范围，主要包括现有的杭州经济技术开发区（以下简称"开发区"）的下沙、白杨街道，及余杭区南苑街道、乔司镇，6 个行政村、九堡镇等，共计面积约 178km^2。自 2006 年国务院在《杭州市城市总体规划（2001—2020 年）》的批复中明确开发区所在的下沙区域成为国家批准建设的杭州副城以来，杭州下沙不仅完成经济任务外，还对新城规划、产业布局、开发建设、城市管理、生态保护等各项工作进一步加大了投入力度。

尤其是 21 世纪以来，开发区对原有战略进行调整，积极实施三大战略，分别是产业高端化、城市国际化、环境品质化三个方面，城市功能上逐步实现"建区"向"造城"的转变、产业上实现从"依江发展"向"跨江发展"转变，经济社会各项事业保持稳步推进，从综合实力来看，多年来一直位列浙江省开发区第一位，在国家级开发区的排名中属于第一阵营，2014 年实现区域生产总值高达 495.5 亿元，成果显著。二十多年的发展，下沙新城经历了从一开始的工业园区到工业卫星城再到杭州副城的转变，规模不断增大，服务功能不断完善，在整个杭州城市建设中，下沙新城的地位日益提升，新城的辐射范围和影响力得到扩大，成为杭州经济重要增长极、杭州成为国际化大都市中不可或缺的重要组成部分。

（二）发展历程

可分为三个阶段：

（1）1990—1999 年为起步发展阶段。1992 年 5 月 23 日，下沙首期工程中 6 大项目奠基开工，标志着开发区建设正式启动，首期开发范围包括 5000km^2，开发区由此开启了发展之旅。经过三年发展，启动区的基础设施建设在 1995 年底基本完成。同年 11 月份，又对南部 5000km^2 进行了滚动发展，南部基础设施的顺利完工，标志着开发区基本具备了工业制造区的基础条件。

（2）1999—2003 年为区域扩容阶段。这段时期，开发区发生了三大重要事件，一是 1999 年 8 月下沙镇成建制全权委托开发区进行管理；二是 2000 年 4 月国务院正式发文批准，将浙江杭州出口加工区设置在开发区境内；三是省委、省政府决定将在开发区范围内建设全省规模最大的大学城——杭州下沙高教园区。至此，开发区进行大规模开发建设，区域也进入全面加速发展时期。2003年底，基本形成经济技术开发区、出口加工区、高教园区合力发展的格局，为后期开发区城市化、工业化发展奠定了雄厚的基础。

（3）2003年至今为造城阶段。从2003年开始，下沙新城的建设成为杭州市实施城市区域布局、战略发展的重要任务。2004年7月，在前期基础上，工业化与城市化并举成为开发区打造的着力点。2006年2月，《杭州市城市总体规划（2001—2020年）》受到国务院的正式批复，文件中同意杭州提出的未来规划布局，注重加强江南、临平、下沙三个副城的建设和外围组团发展，"一主三副六组团"是杭州未来的城市空间布局。由此，作为杭州副城之一的开发区所在的下沙区域正式批准建设，新城各项工作得到进一步加强（图7-5）。

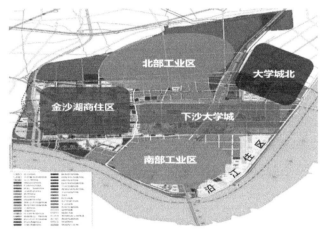

图 7-5　下沙新城分区规划（2005—2020 年）局部示意图
资料来源：杭州经济技术开发区管委会统计年鉴。

总体而言，下沙新城的建设历程代表着我国城市发展开发区的重要尝试，同时其未来发展以及现状问题都将成为重要实践，下沙新城的制造业在向规模化、集聚化发展的过程中，始终将城市化与工业化的协调推进放在重要位置，推进产城深度融合，以期实现开发区向包容发展、多功能、全方位的新城跨越。

二、研究方法与数据特征

（一）样本选择说明

为准确把握下沙新城职住特点，采用问卷调查的方法对区域内部居民的通勤状况进行了详细调查。调查的地点包括该开发区工业区块、高教园区、商业设施区块和不同类型的居住区块等。调查发现，受访居民的居住地点涵盖下沙大部分社区，范围较广，问卷结果有一定的代表性（图 7-6）。

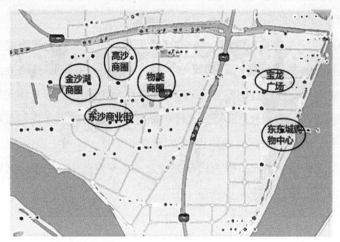

图 7-6 问卷调查部门区域

研究数据来源为下沙新城就业—居住空间调查研究（附问卷于附录），由于下沙新城流动人口较多，问卷调查对象确定为符合居住在下沙、就业不在下沙或居住就业都在下沙这两种情况之一，问卷调查中，通过直接与受访者交流，获得相对随机的结果，问卷的内容除了包括居民基本特征，居住地、工作单位及工作地点等基本信息，还有通勤单程消耗时间、通勤工具以及对下沙的总体评价等信息（表 7-2）。

调查问卷相关内容信息   表7-2

序号	一级内容	二级内容
1	基本特征	包括受访者的年龄、性别、户籍、家庭情况等
2	就业特征	受访者从事的职业、职业产业属性、具体产业分类等
3	通勤特征	受访者的常用通勤方式、实际通勤时间和距离等

注：由于通勤距离受到受访者主观意愿的影响程度较大，研究统一基于通勤时间和方式来计算通勤距离。

本次调查过程中，总共发放 500 份问卷，收回有效问卷 481 份，有效率 95%。对受访者的调研信息主要包含以下方面：第一，在基本特征方面，包括受访者的年龄、性别、户籍、家庭情况等；第二，在就业特征方面，包括受访者从事的职业、职业产业属性、具体产业分类；第三，在通勤特征方面，包括受访者的常用通勤方式、实际通勤时间、通勤距离。在调查过程中，受访群体对于职住距离观点不一，为了保持数据的统一性以及完整性，后续数据处理中，我们会按照通勤时间和交通工具进行统一计算通勤距离。

（二）数据特征

职住分离研究是一个系统而复杂的工程，在既有研究中，性别、家庭结构、就业特征等因素对受访者的职住选择产生了广泛的影响。所以在进行实证分析时，对搜集的调查样本所反映的居民特征进行了汇总和说明，保证问卷调查能够全面反映新城整体现状，为后期的特征分析奠定基础。

问卷调查显示，受访者群体中平均年龄为 33 岁，男女数量之比约为 5 : 5，39% 的受访者目前状态是已婚，有本地户口的居民占据 58%。本地居民占据调查对象的重要部分，但近年来外地人口迁入人数逐渐增加（表 7-3、表 7-4）。

受访者性别、家庭、户籍结构统计结构　　　　　表7-3

性别结构		家庭结构		户籍结构	
男	53%	已婚	39%	本地户口	58%
女	47%	未婚	61%	外地户口	42%

数据来源：实地调研数据结果统计。

受访者年龄统计结构　　　　　表7-4

年龄段	25岁以下	26-35岁	36-45岁	46-60岁	60岁以上
比例	11%	36%	32%	13%	8%

数据来源：实地调研数据结果统计。

根据 2015 年世界银行公布的中等收入国家标准，并结合中国科学院研究公报，4 万元至 9 万元收入是我国城镇居民中等年收入的标准水平，折合到每月中，大概是 3500 元至 7500 元，调查问卷显示受访群体中，中等以及中低收入者占较大比重，月收入 7500 元以上的高收入群体较少（表 7-5）。

受访者收入统计结果　　　　　表7-5

收入（元）	3000以下	3000-5000	5000-7500	7500-10000	10000以上
比例	22%	38%	20%	13%	7%

数据来源：实地调研数据结果统计。

调查结果显示，本科教育层次的受访者占大多数，大约占总数的四成，同时由于杭州城市的人才吸附能力以及大学城的集中，中专及以上占比 85% 以上，研究生人数将近两成，教育程度相对较高（表 7-6）。

受访者学历统计结果 表7-6

学历结构	高中及以下	中专及大专	本科	研究生及以上
比例	15%	27%	40%	18%

数据来源：实地调研数据结果统计。

调查发现，自有住房人口占比61%，剩余接近四成属于租用，同时新城人均居住面积为37m²，高出市区（29m²）8个平方米。在汽车人均拥有量上为32%，和杭州市整体水平接近（表7-7）。

受访者住房、居住面积、家庭汽车拥有量统计结果 表7-7

住房性质		人均居住面积（m²）	家庭汽车拥有数量比例（%）
自有房屋	61%	37	32
租房	39%		

数据来源：实地调研数据结果统计。

三、下沙新城职住调查结果

（一）职住测度结果

尺度的控制是对职住平衡指数测度的核心点，在学者们看来，中观的职住平衡往往最合适，研究归纳成这样的区域，即以居住点或者就业点为中心，距离中心一定距离的通勤半径所形成的空间范围。在研究中，下沙新城的行政规划成为区域内部范围，并在学术通行的就业通勤半径情况下，确定居民通勤是否合理。1989年Levingston1在其研究中形成了学术界比较认可的范围，也是现在西方城市参考的重要范围，即合理半径6.7~10.9km，Sultana（2002）通过运用Arcgis以及辅助分析技术，用交通来划分多种功能区，7英里（约11.3km）成为其交通分析区的合理范围。

研究结合下沙新城居民的通勤特征来确定合理的通勤半径。由表7-8观察可知，以公共交通、小汽车为代表的机动化出行方式占到75%，因此选取这两种交通方式来测量通勤半径具有一定代表性和合理性。

居民出行方式统计结果 表7-8

出行方式	步行	自行车	电动车	公共交通	小汽车
比例	6%	7%	12%	37%	38%

数据来源：实地调研数据结果统计。

目前在学术界，关于合理通勤时间具体多少并没有统一标准，城市的通勤时间受到多种因素的影响，并且在不断变化着，具体包括当地社会经济发展水平、土地利用结构、交通系统等方面，但根据目前国内大城市的平均通勤时间来看，不同城市中相同距离产生的通勤时间差异明显。本次研究将通勤时间划分为小于 30 分钟、30–45 分钟以内、45–60 分钟、大于 60 分钟四个区间，由表 7-9 观察可得，44% 的居民通勤小于 30 分钟，80% 的新城居民的通勤时间 45 分钟以内，有 8% 的人超过一个小时以上。

通勤时间调查统计结果　　　　　　　　　　　　表7-9

通勤时间	30分钟以内	30-45分钟	45-60分钟	60分钟以上
比例	44%	36%	12%	8%

数据来源：实地调研数据结果统计。

在实际通勤时间中，还需扣除等待、换乘等中途浪费的时间，所以实际出行时间只有 35 分钟左右，根据调查现状中发现，居民在出行方式中公交车（其中地铁按公交车算）和小汽车所占比例分别是 37% 和 38%，在结合公交车和小汽车运行 35 分钟的里程数，最终得出群体的平均通勤距离是 11.7 公里。在新城规划居民通勤出行方式中，规划中合理的通勤半径为 8.5 公里（表 7-10）。

现状、规划合理通勤半径比对　　　　　　　表7-10

通勤方式	运行速度（km/h）	35分钟里程（km）	现状出行比例	现状通勤半径（km）	规划出行比例	规划通勤半径（km）
公交车	30-40	10.5-14	37%	11.7	35%	8.5
小汽车	60-70	21-24.5	38%		25%	

数据来源：实地调研数据结果统计及下沙新城管委会发展规划。

（二）测度结果分析

由上述分析可知，理想的就业通勤半径为 8.5km。本研究以下沙新城为中心，8.5km 为半径画圆，共有 6 个功能区被包含在此范围内，在此范围内居民是本地居住并在本地就业。而根据现状下沙新城职住通勤距离为 11.7km，远远高于规划中的合理范围，表明下沙新城出现职住不平衡的状况，并且职住分离严重（图 7-7）。

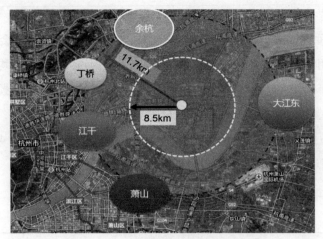

图 7-7 下沙新城居民平均通勤距离示意图

可以发现，规划中的合理通勤距离是 8.5km，东至九堡镇，西至江东，北至乔司南，南至沿江住宅区，几乎可以覆盖整个下沙新城，但实际通勤范围远远超过合理规划的范围，11.7km 的通勤半径可以达到余杭、丁桥、江干、萧山等区域，说明下沙新城居民就业范围较广泛，职住失衡显而易见。

四、个体特征对职住分离影响因素分析

影响职住分离的因素是多方面的，特别是有关个体特征的影响因素，分别从个体社会经济属性和个体职住相关信息两方面分析。社会经济属性方面，个人性别、年龄大小、教育程度和户籍都是重要因素；个体就业方面分析，主要考虑职位特征、单位规模等；个体居住方面主要考虑所居住房屋的产权特征等。

（一）性别对职住分离的影响

在调查结果中，男女数量保持在相当水平，并没有明显差异，从样本整体来看，可信度较高。从数据分析结果来看，男性的通勤距离大于女性的通勤距离，在平均通勤时间也有相同表现，大约高出 7.4 分钟（图 7-8），除此之外发现，在通勤距离上，户主高于非户主，但并没有很明显的差异。学者研究普遍认为，相比较女性和非户主，男性以及户主的通勤距离表现更高，原因可能在于男性一般作为户主，更多承担"养家糊口"的责任，而女性要倾向照顾家庭和孩子，在居住地附近就业成为更多群体的选择（王新军，2014；肖琛，2014），本调查也与他们的研究结果相近。

基于上述数据特征，利用方差做进一步检验证明，从结果来看 P-value 的值小于 0.05，表明男性通勤时间大于女性是显著的，与现实相符（表 7-11）。

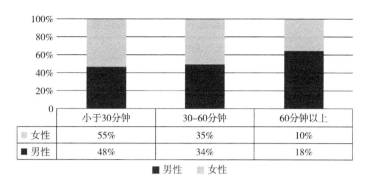

图 7-8　性别与通勤时间的关系

不同居民通勤时间与性别的方差分析　　　　　　　　　　　表 7-11

差异源	SS	df	MS	F	P-value	F crit
组间	8478.46	1	8478.46	6.55511781	0.024637	2.346807
组内	4225573	3267	1293.410774	—	—	—

资料来源：问卷调查统计结果。

（二）年龄对职住分离的影响

调查数据显示，不同年龄段的群体，因为各成长阶段的特征不同而存在明显差异。主要表现有，青年往往就在居住地附近，职住较为平衡；30-40 岁期间职住分离最严重，主要由于这期间个人的工作变更较大，职住距离的并不是人们考虑关键因素；而随着年龄增大，中老年的人们更趋向于安稳，这时职住距离再次缩短而趋于平衡状态，总体呈现出"倒 U"形曲线的特征（图 7-9）。

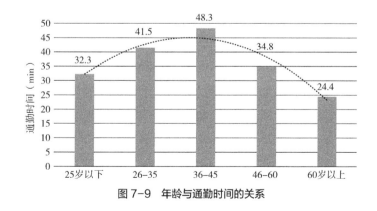

图 7-9　年龄与通勤时间的关系

利用调查数据进一步做方差检验分析，从结果来看 P-value 的值小于 0.05，验证通勤时间与年龄之间存在显著关系（表 7-12）。

不同群体通勤时间与年龄的方差检验　　　　表7-12

差异源	SS	df	MS	F	P-value	F crit
组间	54478.46	4	13619.615	21.1841652	8.48E-04	2.238991
组内	3776482	5874	642.9148791	—	—	—

资料来源：问卷调查统计结果。

（三）学历对职住分离的影响

学历的差异对职住距离的影响主要通过个人潜在工作机会来呈现，同时不同的学历也代表的收入的不同，进而影响职住的选择。调查数据显示，低学历的人群（高中及以下）职住距离较短，主要由于他们的工作选择有限，往往单位都提供住所；本科及同等学历的通勤时间最长，这部分群体往往为了待遇、环境而愿意忍受长时间通勤；最后高学历群体（研究生及以上）比本科生通勤时间有所下降，主要由于单位为了留住人才会提供适当的住所，当然这和为低学历提供住所（集体宿舍居多）又有本质区别（图7-10）。

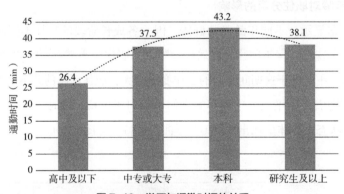

图 7-10　学历与通勤时间的关系

资料来源：作者绘制。

同样，根据调查数据进行方差检验，得出结果显示 P-value 的值小于 0.05，表明学历的高低与通勤之间关系显著（表 7-13）。

不同群体通勤时间与学历方差检验　　　　表7-13

差异源	SS	df	MS	F	P-value	F crit
组间	62487.42	4	15621.855	21.0941786	2.40E-04	2.735234
组内	4626382	6247	740.5765968			

资料来源：问卷调查统计结果。

（四）户籍对职住分离的影响

本次调查中，本地户籍人口占比58%，比外地人口42%，略有差距。但数据显示，下沙本地户籍居民的职住平衡度和外地居民相差不明显，这与之前学者的研究呈现不同结果（张艳，2011；袁大昌，2014）。究其原因，主要影响下沙居民有两方面，一方面，外地居民的经济动因更强，杭州属于东部发达城市，其生产要素价格相对较高，外地居民往往愿意到市区就业而住在租金较低的下沙，忍受较长时间的通勤，包括刚从下沙大学城毕业的大学生。另一方面，外地居民中很大一部分是外来务工人员，这些人学历较低，技能不强，往往属于企业职工，比如娃哈哈、松下、康莱特、东芝等大型企业，这些企业提供员工宿舍，所以职住非常平衡，通勤时间也很短，所以两者加总导致外地户口和本地居民的职住相差不大。

不同群体通勤时间与户籍方差检验　　　　表7-14

差异源	SS	df	MS	F	P-value	F crit
组间	5982.443	1	5982.443	0.83263768	0.375469	3.458272
组内	8248299	1148	7184.929443	—	—	—

资料来源：问卷调查统计结果。

如表7-14所示，根据调查数据进行方差检验，得出的结果显示P-value的值大于0.05，表明下沙新城户籍的差异对通勤时间影响不显著。

（五）家庭角色对职住分离的影响

在本次问卷调查中设立是否为户主这一项，是鉴于社会心理学认为，男性喜欢冒险挑战，而女性更倾向于稳定的特性，在中国传统文化里面也有"男主外女主内"的思想。问卷对象有62%填写户主，同时我们利用SPSS数据分析发现，户主的通勤时间比非户主确实要高，总体高出3.9min，结果如图7-11所示。

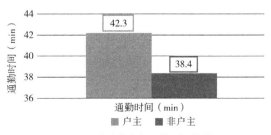

图7-11　家庭角色与通勤时间的关系

同样，我们将数据进行方差检验发现，得出的结果显示 P-value 的值小于 0.05，表明下沙新城居民的家庭身份，即在家庭中是否是户主对通勤时间影响显著（表 7-15）。

不同群体家庭身份的方差检验 表7-15

差异源	SS	df	MS	F	P-value	F crit
组间	15529.373	1	15529.373	22.3046606	3.76E-06	2.133492
组内	3018892	4336	696.2389299	—	—	—

资料来源：问卷调查统计结果。

（六）家庭结构对职住分离的影响

在考虑家庭结构对职住分离的影响时，我们参考顾翠红（2008）年的设计，将调查问卷选项设为单身，两口之家以及更多人口。本次调查的下沙居民中单身占比 28.7%，其中两口之家的占比 7.4%，三口之家最多，占比 55.3%，剩下的都是四口及以上家庭。通过 SPSS 分析，在通勤时间上，随着家庭人数的增多，平均通勤时间有下降趋势。其中单身的通勤时间最高，高达 44.9min，主要由于这部分群体生活较不安定，负担较小，热衷更繁华的主城区。同时随着年龄增大，身体对过度通勤承受力下降，同时家庭因素，产生"随遇而安"想法，更倾向于居住地附近就业（图 7-12）。

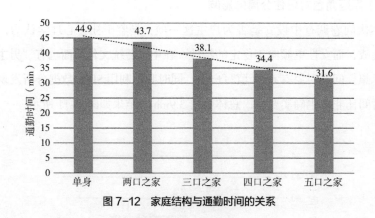

图 7-12　家庭结构与通勤时间的关系

将数据进一步分析，通过方差检验，我们发现，P-value 的值小于 0.05，表明下沙新城居民的家庭结构即家庭成员的多寡对通勤时间影响显著（表 7-16）。

不同群体家庭结构的方差检验　　　　表7-16

差异源	SS	df	MS	F	P-value	F crit
组间	54826.3647	4	13706.59118	23.2450773	2.97E-05	2.495475
组内	3746672	6354	589.65565	—	—	—

资料来源：问卷调查统计结果。

（七）家庭收入对职住分离的影响

家庭平均收入对通勤时间的影响主要是交通工具的变化以及住房的可支付能力。调查问卷也显示，收入较低的人群通勤时间较短，因为这些人往往就在居住地附近找工作，或者单位提供的住所。收入在中间4500~7000元范围的人群，通勤时间有一个上升趋势，主要是汽车的增多以及就业地可选性变强。同时，收入较高（>1万）时，通勤时间变短，往往是房价可承受而使得职住较近，当收入再变大时，通勤时间会上升，主要这是一些中高层群体，主要负责离住所较远的投资项目等，主要数据如图7-13所示。

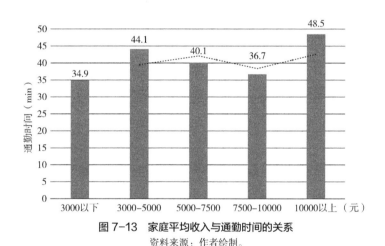

图7-13　家庭平均收入与通勤时间的关系
资料来源：作者绘制。

将数据进行方差检验，结果发现，P-value的值小于0.05，表明下沙新城居民的家庭收入对通勤时间影响显著（表7-17）。

家庭收入差异的方差检验　　　　表7-17

差异源	SS	df	MS	F	P-value	F crit
组间	13993.772	4	3498.443	3.77331469	2.52E-06	2.022383
组内	3599211	3882	927.1537867			

资料来源：问卷调查统计结果。

（八）住房性质对职住分离的影响

住房性质一般分为租房和自有房，在此基础上的划分，不同群体之间的通勤时间也会存在差异。关于住房性质，学者（孟斌，2012）将它分为经济适用房、商品房、保障房等进行研究，本次研究直接按照一般分类，即自有住房和租房。通过统计发现，自有住房群体通勤时间比租房群体要高，平均高出 3.2min，究其原因，主要是租房群体由于居住不稳定，具有一定弹性，所以为了减少通勤时间，居住地往往会向就业地附近靠近。但自有住房群体，由于房子的不可移动性，居住地临时无法改变，所以通勤时间会随着就业地的距离而固定下来（图 7-14）。

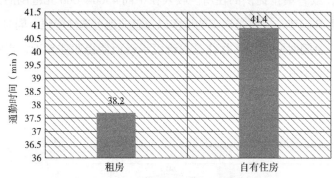

图 7-14　住房性质对通勤时间的关系

资料来源：作者绘制。

对数据作进一步的处理，通过方差检验发现，P-value 的值小于 0.05，表明下沙新城居民的住房性质对通勤时间影响显著（表 7-18）。

住房性质差异的方差检验　　　　　　　　　　　表7-18

差异源	SS	df	MS	F	P-value	F crit
组间	12848.912	1	12848.912	14.0944109	2.63E-06	2.139284
组内	3529838	3872	911.6317149	—	—	—

资料来源：问卷调查统计结果。

第五节　实证分析

一、模型与变量选择

本次调查数据显示，新城居民通勤的平均时间在 38.7min，主要出行的交通工具为小汽车以及公共交通，机动车通勤出行的比例为 75%，根据交通的平均速度，下沙新城居民的平均通勤距离为 11.7km，高于国际通行的合理范围（Sultana，2002），可以判断下沙新城居民职住分离严重。同时，超过 20% 的居民通勤时间在 45min 以上，职住通勤时间在半小时以内的居民占比 44.3%，表明下沙居民内部的通勤分异明显。无论平均通勤时间还是通勤距离，从事第三次产业的居民都远远高于从事第二次产业和第一次产业居民，而从事第二次产业的居民又高于第一次产业。具体数据结果如表 7-19 所示。

不同产业居民的通勤距离和通勤时间　　表7-19

产业类型	职住距离（km）			职住时间（min）			样本数
	平均值	中位值	标准差	平均值	中位值	标准差	
第一次产业	3.4	3.7	4.6	25.7	27.3	23.9	58
第二次产业	10.0	8.5	5.9	37.9	35.4	29.3	205
第三次产业	15.5	15.8	7.7	49.4	48.1	34.3	218
方差分析	23.374（0.000）			34.122（0.000）			

资料来源：问卷调查统计结果。

除了职业的产业属性统计外，为了让变量更好的解释职住分离，我们还对其他变量进行了分别统计包括性别、家庭收入、学历、年龄以及人均汽车拥有量等其他指标（表 7-20）。

数据样本统计与模型变量的选择　　表7-20

选取变量	样本数	百分比	职住距离（km）	选取变量	样本数	百分比	职住距离（km）
产业类别				学历			
第一次产业	58	12%	3.4	高中及以下	72	15%	7.8
第二次产业	205	43%	10.0	中专及大专	130	27%	10.4
第三次产业	218	45%	15.5	本科	192	40%	14.1
性别				研究生及以上	87	18%	11.4
男性	255	53%	12.3	家庭身份			
女性	226	47%	9.8	户主	293	61%	13.8
户籍				非户主	188	39%	8.4
本地户口	279	58%	11.3	公司职位			
外地户口	202	42%	12.2	普通员工	313	50%	7.1
家庭结构				中层	125	36%	11.3
已婚	188	39%	12.3	高层	43	14%	19.5

续表

选取变量	样本数	百分比	职住距离（km）	选取变量	样本数	百分比	职住距离（km）
未婚	293	61%	9.44	收入水平			
年龄				3500 元以下	106	22%	6.4
25 岁以下	53	11%	8.8	3500—5000 元	182	38%	13.2
26—35 岁	173	36%	13.2	5000—7500 元	96	20%	12.2
36—45 岁	154	32%	15.8	7500—10000 元	63	13%	11.8
46—60 岁	63	13%	5.6	10000 元以上	34	7%	18.4
60 岁以上	38	8%	2.4	人均居住面积（m²）	481		37
住房性质							
自有住房	293	61%	13.6	家庭汽车拥有量（辆/人）	481		0.21
租房	188	39%	8.7				

资料来源：问卷调查统计结果。

二、实证结果与分析

（一）多元分析模型

多元线性回归模型进行模拟分析，能较好描述多个自变因子对应变量的影响效果。由于本研究的通勤距离影响因素较为复杂，因此选取多元线性回归模型来研究个体特征属性对职住距离的影响是比较合适且有意义的。具体模型结构如下：

ln（职住距离）$=f$（从事所属产业；性别、年龄、学历、收入等社会经济属性因素）

（1）研究重点是考察从事职业的不同产业属性对通勤距离的影响。所以在模型中引入一种基于产业划分的虚拟变量，主要是第一次产业、第二次产业以及第三次产业。其中，我们将第一次产业作为参照标准，基于第一个假设，从事第三次产业的居民通勤距离要高于第二次产业，在做实证模型中，这两个虚拟变量前面的符号应该是正的（表7-21）。

（2）不同居民在不同环境下作出的职住选择使职住距离不尽相同。诚如个体的社会经济属性所反映出来的那样，在理性人的假设下，居民受到住房市场以及劳动力市场的影响作出理性抉择。本模型选择家庭社会属性作为控制变量是比较合理的。近年来，国内外研究加入更为全面的个体变量，如性别、年龄、教育程度等，使得回归结果更能全面解释职住分离。

（3）根据第三个假设，新城居民会在通勤成本与劳动报酬之间进行取舍，为

各影响因素多元回归结果　　　　　　　　　　　　表7-21

变量	偏回归系数	t值	变量	偏回归系数	t值
常数	6.382***	12.387	户主（以非户主为参照）	0.387***	3.920
产业类型 （以第一次产业为参照）			公司职位 （以普通员工为参照）		
第二次产业	0.582***	3.881	中层	0.425***	3.281
第三次产业	0.728***	5.294	高层	0.727***	3.281
社会经济属性			收入（以3500元以下为参照）		
男性（以女性为参照）	0.217***	2.855	3500—5500元	0.378***	3.687
年龄 （以25岁以下为参照）			5500—7500元	0.402***	3.173
26—35岁	0.361***	3.821	7500—10000元	0.292**	2.364
36—45岁	0.398***	3.439	10000元以上	0.582*	1.781
46—60岁	−0.259	−1.478	家庭汽车拥有量（辆/人）	0.525***	2.826
60岁以上	−0.301**	−2.432	人均居住面积（m²）	0.015*	1.701
学历 （以高中以下为参照）			外地户口 （以本地户为参照）	0.081*	
中专及大专	0.281***	3.194	已婚（以未婚未参照）	0.356***	
本科	0.528***	4.287	样本数量	481	
研究生及以上	−0.201	−1.237	R	0.273	
自有住房 （以租房为参照）	0.427***	2.780	调整后R²	0.258	

资料来源：问卷调查统计结果。

了获得更多效用（一般认为报酬与效用正相关），会忍受长时间的通勤距离。因此在模型中，收入对通勤距离的影响是正相关，符号为正。

（4）从上述实证模型的结果看，个体从事职业的产业划分对不同群体职住分离的影响最大，表现为系数的绝对值最高，并且都通过99%的显著性水平检验。从事第二产业和第三产业的群体比从事第一产业的群体对职住分离的影响更显著。同时，不同产业对职住分离影响存在差异，其中从事第三产业的对个体影响最大，大约是从事第一产业的群体的2.2倍（系数为0.728），第二产业比第一产业群体的分离程度约1.6倍（系数0.582），这符合第一个假设，第三产业由于服务特性，要想获得集聚带来的规模报酬，在市场竞争下，与居住区的距离逐步扩大，因此从事第三产业的要忍受更大程度的职住分离。同时体现出第二个假设，即新城由于初期职能单一，往往是制造业等第二产业的集聚地，当然由于土地供给缺乏严格限制，还存在一定的第一产业，因此，以服务业为主的第三产业在新城建设中相对滞后，去主城从事部分第三产业成为新城居民职住失衡的重要因素。

（5）在调查群体的社会属性方面，男性的通勤距离比女性的长约0.6倍（回归系数为0.217），这也和我们传统的"男主外、女主内"家庭观念有关，男性负有更多家庭责任，愿意用一定的通勤时间换取工资待遇，这点在家庭身份户主与非户主之间也有所体现。关于户籍方面，外地户口的群体和本地相差不大，不管在平均职住距离还是回归检验中，两者显著性较差，这与国内一些学者研究结果相左，原因是他们研究对象都是主城，外地居民在预算约束下在市中心较远的地方租房，产生比本地居民更大的职住距离，但新城由于企业单位一般会给外地员工提供住所，因此户籍对通勤距离的影响不显著。在房屋产权上，一般认为自有住房的群体职住距离大于租房，这是由于租房群体的移动性较强，自有住房者会因为不动产的固定性而无法避免。

（6）结果显示，职住距离随年龄的上升而下降，刚步入工作的成年人往往会在居住区附近就业，而随着家庭组建和责任感提升，工资待遇会产生更大的效用，同样，年龄的增大也会将安稳纳入第一考虑范围，使得职住距离下降。在学历的回归结果上，通勤距离随着学历的提升呈现"倒U"形特征，表现为学历越低，职住距离越短，伴随学历上升，工作的机会、范围在增大，导致职住容易失衡，当到达一定程度时，比如研究生以上，这种情况下单位为了吸引人才会提供较近的住所。当然从生命周期理论来看，较高的收入预期也有利于近距离购房，同样，由于新城相对主城而言，整体的人均居住面积较大，在内部的差异不是很明显，只通过了0.1的假设性检验，除此之外，居民职住分离程度和家庭人均小汽车拥有量呈现正相关，汽车人均拥有量越高，居民个体的职住分离程度越高，原因可能是小汽车作为交通工具代表可以承受较远的通勤距离。

（二）Logit模型回归结果

通过单因素方差分析以及多元回归分析的结果，可以发现，本研究初期选择的因素都对通勤距离存在一定的影响，因此，对职住关系形成的产业因素成为自变量考虑的重点，对不同居民就业的产业属性以及样本的社会经济属性显著性较大的变量进行Logit分析。同时将产业进行二次划分，具体到第三产业服务业分为生活性服务业和生产性服务业，第二产业以制造业作为代表，回归分析的自变量从下沙居民职住分离产生影响的因素中选取，通勤距离依然作为因变量。下沙新城居民总体距离是11.7km，方差是13.2，在统计学意义上区别是否显著的衡量标准是一个标准差。在上述数据基础上，根据通勤距离不同，按照小于5km，5–12km和大于

12km 三个范围分别赋值，表 7-22 是具体的赋值结果，在进行模型拟合过程中，将每个变量的最后一个类别作为参照组，代表职住分离的严重程度。

Logistics回归自变量与因变量赋值表　　　　表7-22

变量	分类	变量	分类
上下班通勤距离（因变量）	1= 小于 5km	学历	1= 高中及以下　2= 中专和大专
	2=5-12km		3= 本科　4= 研究生及以上
	3= 大于 12km	职位	1= 普通员工
产业内部细分	1= 制造业		2= 中层
	2= 生活性服务业		3= 高层
	3= 生产性服务业	月平均收入（元）	1=3500 以下，2=3500-5500
年龄	1=25 岁及以下　2=26-35 岁		3=5500-7500，4=7500-10000
	3=36-45 岁　4=46-60 岁		5=10000 以上
	5=60 岁以上		
性别	0= 女性	住房产权	1= 租房
	1= 男性		2= 自有住房

资料来源：问卷调查统计结果。

根据前期的分析可知，居民的通勤距离随着所属产业属性不同而相差较大，因此在进行 Logit 拟合时，有理由推断产业属性将是最大的影响因素，从事服务业等第三产业的居民通勤状况相较于制造业等第二产业的差。样本整体模型拟合结果（表 7-23）证实了这一预期，就业的产业属性都通过了显著性检验，其中从事服务业群体通勤距离在 5-12km 以内的概率要大于从事制造业的群体，其中从事生产性服务业的居民发生概率是从事制造业群体的 6.587 倍，从事生产性服务业群体发生 12km 通勤的概率也较大，是从事制造业群体的 11.091 倍，在生活性服务业与制造业的对比中也存在类似的结果，因此，对于从事不同产业群体来说，无论是从事生产性服务业，还是生活性服务业，都比制造业通勤距离要长。群体年龄对通勤距离的影响表现为中年男子的通勤距离较年轻人或老年人发生概率要大，其中 36-45 岁的通勤距离概率是 25 岁以下的 2.48 倍，当通勤距离小于 12 公里时，所受教育程度并不是主要的影响因素，因此排除在模型外；当通勤距离大于 12 公里时，学历被认为是影响因素之一，其他学历相较于高中学历发生长距离通勤的概率都较大。

上述结果证实了产业内部，尤其是生活性、生产性以及制造业，研究将年龄和学历归入模型中作为因子，主要是基于人在青年时更多为了工作待遇愿意承受更多

样本整体Logistic回归模型结果　　　　　　　表7-23

上下班的通勤距离		B	Std. Error	Wald	df	Sig.	Exp（B）
P<0.001							
通勤距离 5-12km	常数	0.130	1.134	0.013	1	0.909	
	[从事生活性服务业]	0.696	0.128	29.462	1	0.000	2.005
	[从事生产性服务业]	1.885	0.249	57.211	1	0.000	6.587
	[年龄在26-35岁]	0.395	0.199	7.163	1	0.047	1.653
	[年龄在36-45岁]	0.503	0.171	8.664	1	0.03	2.483
	[年龄在46-60岁]	0.355	0.152	5.416	1	0.020	1.426
	[年龄在60岁以上]	0.222	0.144	2.375	1.	0.123	1.426
通勤距离 12km 以上	常数	1.324	0.949	2.758	1	0.097	
	[从事生活性服务业]	1.269	0.162	61.504	1	0.000	3.557
	[从事生产性服务业]	2.406	0.278	75.081	1	0.000	11.091
	[年龄在26-35岁]	0.570	0.187	9.284	1	0.003	1.768
	[年龄在36-45岁]	0.906	0.207	19.194	1	0.000	2.575
	[年龄在46-60岁]	−0.12	0.159	0.836	1	0.687	0.989
	[年龄在60岁以上]	−0.052	0.168	0.095	1	0.758	0.949
	[学历为中专或大专]	0.628	0.208	11.383	1	0.000	2.847
	[学历为本科]	0.723	0.229	23.288	1	0.000	4.028
	[学历在研究上及以上]	0.487	0.156	4.376	1	0.023	2.273
	[收入在3500-5500元]	0.836	0.213	15.287	1	0.000	3.472
	[收入在5500-7500元]	0.629	0.173	8.238	1	0.002	2.361
	[收入在7500-1000元]	0.585	0.169	7.297	1	0.004	1.287
	[收入在10000元以上]	1.282	0.230	28.312	1	0.000	6.976

资料来源：问卷调查统计结果。

通勤成本；在居住和就业的选择上，高学历群体比低学历群体拥有更多的选择范围，学历高的群体相较于学历低的群体经济实力更强，经济实力越强，则其可以支付的经济成本以及消耗的时间成本也越大。因此，高学历群体更有可能发生长时间通勤。

三、模型自相关检验

对于回归结果，考虑到收入和公司地位存在一定程度的自相关，我们将模型分成三种，即只有收入变量没有职位变量，只有职位变量没有收入变量，以及两者都有三种不同模型。模型的回归结果如表7-24所示。

职住距离影响因素的多元回归模型　　　　表7-24

变量	模型一		模型二		模型三	
	偏回归系数	t值	偏回归系数	t值	偏回归系数	t值
常 数	6.382***	12.387	7.028***	13.489	7.291***	11.229
产业类型 （以第一次产业为参照）						
第二次产业	0.582***	3.881	0.537***	3.618	0.417***	3.218
第三次产业	0.728***	5.294	0.638***	3.421	0.535***	3.736
社会经济属性						
男性（以女性为参照）	0.217***	2.855	0.228***	2.712	0.240***	3.011
外地户口 （以本地户口为参照）	0.081*	1.794	0.141*	1.674	0.172	1.524
已婚（以未婚未参照）	0.356***	4.281	0.338***	3.717	0.322***	3.127
年龄（以25岁以下为参照）						
26—35岁	0.361***	3.821	0.338***	3.947	0.354***	3.339
36—45岁	0.318***	3.439	0.276***	3.520	0.301***	3.629
46—60岁	−0.259	−1.478	−0.328*	−1.224	−0.136**	−2.112
60岁以上	−0.301**	−2.432	−0.287**	−2.311	−0.233**	−2.228
自有住房（以租房为参照）	0.427***	2.780	0.390***	3.212	0.383***	3.563
学历（以高中以下为参照）						
中专及大专	0.281***	3.194	0.272***	2.687	0.213***	3.369
本科	0.528***	4.287	0.473***	3.218	0.447***	3.736
研究生及以上	−0.201	−1.237	−0.102	−1.336	−0.139	−0.693
户主（以非户主为参照）	0.387***	3.920	0.321***	4.012	0.355***	4.370
公司职位 （以普通员工为参照）						
中层	0.425***	3.281			0.629***	4.263
高层	0.727***	3.281			0.202***	2.591
收入（以3500元以下为参照）						
3500—5500元	0.378***	3.687	0.312***	3.018		
5500—7500元	0.402***	3.173	0.334***	3.220		
7500—10000元	0.292**	2.364	0.264***	2.672		
10000元以上	0.582*	1.781	0.482**	2.103		
家庭汽车拥有量（辆/人）	0.525***	2.826	0.523**	2.371	0.544**	2.306
人均居住面积（㎡）	0.015*	1.701	0.015*	1.725	0.015*	1.836
样本数量	481		481		481	
R	0.273		0.265		0.251	
调整后 R^2	0.258		0.247		0.229	

资料来源：问卷调查统计结果。

注：1.因变量：职住距离（单位：m）的自然对数；2.*** 对应 0.01 的显著性水平，** 对应 0.05 的显著性水平，* 对应 0.1 的显著性水平。

为了消除模型中变量之间的自相关，我们对模型变量进行不同选择，结果分为模型一、模型二以及模型三，在第二次模型处理时，我们将职位这一变量排除在外，发现实证结果中，收入变量前面的系数出现变化，表现为和模型一相比，在显著性相近的情况下，前面系数大幅度变小，如3500-5500元这一收入变量，系数从0.378到0.312。这也验证了我们的假设三中，即当职住距离一定时，收入与职位存在一定的替代关系。在调查中就发现，部分居民在单位处于高层，但收入并不是很高，可能受两者的内在关系影响。

第六节　结论与建议

一、主要结论

在经过新一轮的城市扩张过程，城市的空间组织结构变得越加复杂化，城市运行的无效损耗造成的城市熵增也在制约城市功能的发挥。微观上，职住失衡成为当前城市的重要热点问题。本章从新城演变、土地市场化、市场竞争等角度构建新城居民职住分离的理论框架，并提出三个假设。基于此，在对杭州下沙新城的500份调查问卷的统计中，包括从事职业的产业属性、性别、收入、学历、职位等因素对不同群体职住分离的影响，最终反映出在新城动态发展过程中，居民所从事产业不同所造成职住分离的差异，因此研究的结论如下。

（一）新城内部职住分异明显，产业属性影响显著

调查结果发现，下沙新城居民通勤距离和时间都较高，远高于国际平均水平，表明职住分离程度较高，也说明区域内部居住与就业失衡；同时通过对产业的统计发现，从事第三产业群体的通勤距离最高，高于第二产业，并通过的显著性检验；为了进一步验证产业分化程度，对第三产业服务业进行二次分类，主要分为生产性服务业和生活性服务业，第二产业主要为制造业，针对三者进行Logit回归，结果同样发现，生产性服务业要高于生活性服务业，制造业最低，这也和下沙新城产业发展现状相吻合，因此，从事职业的产业属性与下沙新城居民的职住分离程度高度相关。

（二）社会经济属性对职住分离影响显著

职住分离的原因复杂且多样，在研究中发现，除了产业因素外，居民社会经济属性指标影响最为直接，因为居住地和就业地的最终选择还是个人权衡各项因素后的综合结果，不同类型的人具有不同偏好，对决策判断也有较大影响，在空间上形成不同的职住格局。在单因素回归分析中，性别、学历、住房属性和收入等因素对

职住分离有显著影响。男性相比女性具有更长通勤距离，学历越高通勤距离越长，在年龄与通勤之间表现出"倒U"形曲线；自有住房相对于租房而言，拥有更长的通勤距离，此外，居民的年龄、收入、家庭身份对职住距离的都存在一定影响。在实证中，也发现除产业外，是否结婚以及家庭汽车人均拥有量都通过显著性检验。

（三）职住分离是由宏微观机制因素的合力结果

宏观政策制度性、结构性等因素和微观居民个体因素三者的综合作用，是下沙新城居民职住分离现状的重要解释。其中，宏观机制因素主要包括产业转型、城市化水平提升、土地有偿使用制度、单位房制度改革等；微观机制因素可以概括为社会经济属性、家庭生命周期、居住特征、就业特征、个人偏好等。此外，伴随着人口流动性以及信息传播技术的发展，迁徙行为、信息与通信技术使用等因素对职住分离影响也将凸显。

二、政策建议

（一）深化产业结构调整，大力发展生产性服务业

在产业调整中，优先发展现代制造业中的新型工业，不断巩固第二产业，同时，提升企业生产技术和管理水平，加大对高新技术产业的投入，增强对服务业的支持力度，尤其是生产性服务业中的金融服务、交通运输、电子商务、企业咨询等。优化人才培养模式，完善对专业技术人员及普通职工的职业培训，从而不断提高区域内从业人员素质，为产业转型提供强大的人才支撑。从现实来看，不管从业数量还是质量来说，当前开发区第二产业从业人员的数量已近饱和，而第三产业无论在数量还是质量上都比较落后。针对开发区现代服务业数量过少，发展深度不高，生活配套，商业服务等不能满足园区居住群体需求等问题，需要调整二三产业结构，加快第三产业发展，将开发区向新城转型发展成为综合战略。与此同时，大力发展批发零售贸易、房地产服务、餐饮、酒店等生活服务业发展，紧跟国家战略要求，将信息服务业发展放在突出位置，着力提升包括计算机软件、服务外包、文体康养、休闲旅游等部分高端第三产业。

（二）优化城市空间布局，完善城市综合服务功能

从开发区向综合新城转型成为经济发展到一定规模后的新战略，由于历史路径，开发区在转型过程中，工业园区的空间发展必须得到一定保证。因此，对开发区的整体规模进行空间扩张成为重要内容，比如武汉新区、沈阳的新市区等，土地扩张之后与原来相比呈现倍数增长。充足的土地是开发区向综合新城迈进的重要物质基础，这点毋庸置疑，然而，如此大规模扩张是否合理还有待实践证明。与普通的城市新区相比，在开发区基础上发展演变的综合新城更加特殊，优先发展产业经济依然是开发区综合新城的重要使命，因此，其城市功能的优化和完善也应该紧紧围绕此中心来展开，具体如下。

1. 增强新城中心的集聚功能，布局多个次生活服务中心

优化空间布局，高档商业、娱乐文化、体育设施等应安排在综合性新城的中心，同时这块区域能够有良好的开发空间，形成有效生活支持，城市周边配套高品质的住宅区单位，加大对人才的吸附力；医疗、培训、金融、咨询等高端现代服务业的便捷，也会使得新城中心在整个开发区具有足够的实力和对周边的强大辐射力，同时加强分中心，利用地铁、公交等站点优势，加大生活性服务业的配套完善，疏散中心区过分拥堵状况，保证城市功能服务在空间中实现均等。

2. 完善城市综合服务功能

新城中各个工业园区都应该成为城市功能的一部分，依靠新城镇，利用现有公共服务设施，不断加大资金的投入力度，同时，进一步优化和完善其功能，在质量上提高城市服务能力和服务水平，为了避免浪费，应当充分利用既有资源，还可以为新城城市功能发展提供更多要素支持，满足新城内部就业人员的工作需求。

3. 优化公共交通

切实提高公共交通在居民出行方式中所占比例，鼓励绿色出行。调查可以发现，下沙新城居民中只有37%的选择公共交通出行，公交线路少、频率低等成为居民公交出行的最大障碍。对于城市而言，公共交通如同城市运行的大动脉，重要性不言而喻。因此，应逐步增加对公共交通服务的投资，方便区内和区外群体的交流。

（三）提升新城生态环境品质，改善职住空间质量

在实现开发区向综合新城转变上，只有采取高效集约的增长方式才能切实提升新城发展的内涵和质量，如果使用大规模蔓延式增长的方式，即使获得再多空间资源也无法实现。在迅速发展阶段，新城土地供应存在一定压力，尤其是在新城引入大规模居住区和城市商业之后更加加剧这一矛盾。对此，相关土地管制政策应该及时出台，在考评上严格把关，重点针对新城内的地均工业产值等指标；同时，工地标准要对项目形成约束，对于工业用地的详细规划应当及时调整和编制，统一划定用地容积率以及绿化率等指标；对闲置土地进行及时处理，对于不合理以及非法用地进行制止和取缔。环境是城市发展的外在基础，良好的生态环境成为吸引高新技术产业、高水平人才以及高端商业的重要条件，更是新城居民实现区域内部职住平衡的重要因素，有助于形成良性的生活生产空间，为了实现良性发展，新城必须把环境保护放在重要位置，并加强环境政策的落实和管理。

附 录

附录 1：调查问卷

编号：_____

> **杭州市下沙居民"居住—就业"信息抽样调查问卷**
>
> 先生 / 女士：
>
> 您好！本单位因论文研究需要，想对您进行如下的问卷调查。此次调查采取匿名形式，所有信息将只用于本次研究，请您如实填写，感谢您的理解和支持！

提示：问卷中的"通勤"指的是从居住地到就业地的过程。

一、个人相关信息

1. 您的性别是（   ）

A. 男　　B. 女

2. 您的年龄是（   ）

A. 25 岁以下　　B. 26–35 岁　　C. 36–45 岁　　D. 46–60 岁　　E. 60 岁以上

3. 您的学历是（   ）

A. 高中及以下　　B. 中专或大专　　C. 本科　　D. 研究生及以上

4. 您是否是本地户口（   ）

A. 本地户口　　B. 外地户口

5. 您的家庭情况（   ）

A. 未婚　　B. 已婚（如已婚，家庭总人数：___人）

6. 您的月平均收入是（   ）

A. 3500 元以下　　B. 3500–5500 元　　C. 5500–7500 元　　D. 7500–10000 元

E. 10000 元以上

7. 您在单位的角色是（   ）　　A. 普通员工　　B. 中层　　C. 高层

8. 您在家庭中的身份是（   ）　　A. 户主　　B. 非户主

9. 您家庭拥有小汽车数量____辆

二、居住、工作现状

1. 您住房的性质为：____　　A. 本人所有　　B. 租房

2. 您现住房建筑面积约为_____平方米

3.您现住房情况为（　　　）

A.单间租房　　　B.经济适用房　　　C.普通商品房　　　D.大户型、排屋别墅

4.你的就业单位规模：（退休可不写）

A.20人以下　　　B.20–100人　　　C.100–500人　　　D.500–2000人

E.2000人以上

5.您所从事的职业是：（请在对应的行业上打√）

A.第一产业（1.农业；2.林业；3.畜牧业；4.养殖业）

B.第二产业（1.采矿业；2.制造业；3.建筑业；4.电力、热力、燃气及水生产和供应业）

C.第三产业（除了第一、第二之外的行业）

6.如果您从事第三产业，那么选择出您的行业：（请在对应的行业上打√）

A.生活性服务业：商贸服务业；文化产业；旅游业；健康服务业；法律服务业；家庭服务业；体育产业；养老服务业；房地产业

B.生产性服务业：金融服务业；交通运输业；现代物流业；高技术服务业；设计咨询；科技服务业；商务服务业；电子商务；工程咨询服务业；人力资源服务业；节能环保服务业；新型业态和新兴产业

三、通勤状况

1.您从居住地到单位所花时间：＿＿＿分钟

2.您平时上班的交通工具是：

A.步行　　　B.自行车　　　C.电动车　　　D.公共交通（包含地铁）　　　E.小汽车

3.您觉得您上班途中花费的时间长吗？

A.不长，完全可以接受　　　B.差不多，可以接受　　　C.有点长，不太能接受

再次感谢您配合本人的调查工作，衷心祝愿您工作顺利、家庭和美！

第八章　科技新城产城融合的区位类型与路径选择——以杭州未来科技城为例

第一节　研究背景

进入 21 世纪，我国城市化进程加快，新城新区成为城市发展空间的新形态和产业集聚发展的新平台。新城新区不同于传统的开发区、高新区，通常选址于城市郊区并且独立于城市主要生活区，有独立的地域空间，并且空间定位上一开始就是突出城市功能综合化，这种在城市外围建设新城的模式构成我国现阶段城市空间拓展的主要特征。但是，由于基础设施薄弱、要素集聚不够、无法接受主城区辐射，以及空间距离产生的职住分离等问题，导致新城新区发展出现"空城""鬼城""睡城"等产城分离现象。这种违背城市发展基本规律的现象受到政府及学术界广泛关注并为更多后起的新城新区所镜鉴，为契合城市高质量发展的原则，部分城市在兴建产业园区、科技新城时更加注重产城融合理念的实践，探索产城关系协调发展的新模式。

产城融合内涵是实现"产、城、人"三者融合，以城市为基础，承载产业空间和发展产业经济，并以人为本提供宜居环境。以产业为保障，驱动城市规划、文化更新和完善服务配套。产城融合是城市与产业的有机、协调发展，基本要求是有空间融合、定位契合、功能契合、配套完善、结构耦合、人文融合等。其中，功能契合是指城市与产业的有机融合，在特定的空间内实现城市功能供给与科创产业需求、高端从业人员需求的契合；涵盖产业、居住、商业、商务、娱乐、游憩等功能的供给与生产、生活的实际需求契合，同时合乎绿色发展的要求，在区域内的生产、生活、生态达到平衡。空间融合是指在区块内按需嵌入产业、居住、交通和游憩等功能要素，实现产业空间要素需求与相应的城市空间要素供给匹配的最优空间布局。人文融合是指园区以原有的自然生态系统为载体，汲取当地人文底蕴，传承精神文明，打造人文社区和生态园区。创新融合是科创新城产城融合的特有要求，打造复合新兴产业体系，导入相关辅助产业，形成高技术含量、高附加值的产业集群；营造创新创业氛围，拓宽新知识、新技术、新成果的交流渠道。

新城产城关系演变的首要因素就是与主城区空间距离的影响。新城新区共享主城区相对完善的公共设施和公共服务，在主城区经济辐射和产业带动的过程中，逐步累积人气、集聚要素、诱发服务业发展，决定产城融合程度和融合进程，因此，产业与城市的融合程度可以基于新城与主城之间的空间关系和分化程度分析。依据产业新城不同的区位类型，将新城与主城的空间关系分为主城包含型、主城边缘型、副城依托型、新城建设型。从这些类型的表述可以看出，新城与主城在区位上渐次分离。基于此，也可提出相对应的产城融合开发模式，主城包含型区位宜采用旧城改造模式和产业升级模式；主城边缘型采用组团式模式；副城依托型采用点轴式发展模式；新城建设型采用簇群式或区带式布局模式。当前，各地涌现出各种新城新区形态，除了传统的开发区、高新区，还要科技新城、高铁新城、产业新城、居住新区、政务新区、自贸区、特色小镇等。其中，科技新城由于具有强有力的产业支撑，而且产业层次高端，经济活动负外部性小，就业人口整体收入水平高，购买力旺盛，极易诱致生产性服务业，并吸引多业态商业活动集聚。因此，科技新城的发展受到地方政府的青睐，一些具有一定高教基础和人才积累的城市均会打造科技新城。

对科技新城而言，除了具备上述产城关系内涵发展要求外，其产城融合还需强调以人为核心，突出高科技人才的重要性，强化金融对科技创新活动的支持功能，营造创新创业软环境，以推动产业创新和城市科技竞争力提升。因此，科技新城的产城融合可概括为：科技新城空间布局与整个城市未来发展科创产业的定位相吻合；科技新城产业发展适度超前于城市功能提升，成为引领产业发展与促发城市新功能供给的城市新城；科技新城功能与科创产业的需求契合，能够为激发城市活力搭建创新创业软硬平台。

基于上述关于科技新城产城融合基本规律的探讨，本章以杭州未来科技城为案例，对其区位选择、产城关系演变进行现状分析，提出推进产城融合路径，构建产城融合发展的政策支持体系。

第二节　杭州未来科技城区位状况与产城关系分析

一、区位状况分析

杭州未来科技城为全国四个未来科技城之一、首批"双创"示范基地、杭州城西科创极核。新城在空间上与母城邻接，地处杭州城西郊，距杭州市中心约10公里。园区初期依托于余杭组团建设，基础设施和公共服务基础层级低，城市功能薄弱，如要满足新城发展需求，仅依托于区级平台难以获取足够资源。因此，科技城与主城区须搭建交通网络，加快基础设施和大型公共设施建设，促进生产要素、商品的流动，发挥主城对新城的辐射带动作用。目前，未来科技城空间广阔、城际交通较为通达，北通杭长高速公路，东接杭州绕城高速公路，西临南湖，南至杭徽高速公路。其内部交通基础设施尚在推进，城市轨道交通已投建，城西火车站、通用机场正在规划。

科技城水文景观秀美、人文底蕴深厚，突出的比较优势使其集聚了优质的高等院校、研究院、知名大型企业、小微科创企业等，已初步具备承接主城产业、城市人口、城市功能的作用。

二、产城关系多维融合

未来科技城自 2003 年余杭组团开发至今，产城发展处于产城互动提升期。未来科技城在经历 2013 年的开发之后，产城协调度不断提高，未来科技城通过基于产业需求、人才需求的城市服务体系构建，产城融合的模块化布局，创新环境多元化引导，合理开发仓前古街和人文景观，基本实现了创新融合、功能契合、空间融合、人文融合。

（一）创新融合

根据有关政策，未来科技城是中央企业集中建设的海内外高层次人才创新创业基地。与一般的创新创业园区不同，由实力雄厚的央企共同建设的未来科技城，根据国家产业发展政策和科技发展规划，围绕促进我国产业结构优化升级和国有经济布局结构的战略性调整，从一开始就把建设目标锁定在"具有世界一流水准、引领我国应用科技发展方向、代表我国相关产业应用研究技术最高水平的人才创新创业基地"。杭州未来科技城则已经初步形成了以信息技术、生物医药、新能源新材料、文化创意、金融服务为主的研发经济和服务经济集群。

杭州未来科技城作为"双创"示范基地和人才创新创业基地，为更好地构建创新创业平台，科技城强调产业、城市、人口三者融合发展。对于科创区而言，人才是推动产业发展的催化剂，是产业助推城市发展的原动力。正是未来科技城创新平台构建为吸引大批高精尖人才提供基础，创新环境的构建激发未来科技城人才创新活力。

多元主体引导的创新环境构建模式弥补了杭州市的教育资源相对缺乏的短板，在杭高校、研发机构的数量、整体研发实力均不如北京、上海、深圳等城市，因此，园区采取自上而下与自下而上复合的机制，政府力量与市场力量共同引导的模式增强杭州对人才的吸引力和创新竞争力。政府力量搭建创业实体平台，完善创新创业体制构建，促进区域创新要素集聚，推进区域创新硬环境形成。市场力量引导智资融合方式为更广大人群的创新创业提供支持，浙商勇于创新创业精神的传承和活跃的民间资本力量为人才营造创新软环境。多元主体引导的创新环境营造促进实现未来科技城"产、城、人"一体化发展。

（二）功能契合

未来科技城建设秉持产城融合理念，强调城市与产业的有机融合，在特定的空间内实现城市功能供给与科创产业需求、高端从业人员需求的契合。一方面，实现主导产业生产与相关产业的相辅相成，复合发展；另一方面，实现新城生产功能与生活功能相契合。科技城在引进科创产业的同时，为保障科创产业良好发展，建设了创新创业孵化器，引进了科创产业上下游产业及辅助产业，构建产业链服务体系，主导产业与辅助产业协调发展。

按照"三生"协调发展的要求，除了实现主导产业与辅助产业的契合，未来科技城还从园区就业人群结构角度出发，注重以人为本的城市功能供给，园区积极引进优质教育资源、医疗资源以及文化休闲等生活配套，以满足高级技术人员、高素质职住人群对生活性服务业配套的需求。在科技城内，基础设施、公共服务、科研机构、生产部门、生产性和生活性服务业等功能要素有机整合，有力支撑产业发展，激发人才创新活力，提高生产效率。

城市配套功能逐步完善。教育方面：科技城引入国内外各级教育设施，总计30多所中小学已投建或落成。交通方面：轨道交通已开始建设，城市快速公交开通后也将大大缩短未来科技城与市中心的出行时间，届时将大大提升科技城通达度。商业配套设施与新城医疗机构已逐步落成。未来科技城正朝着产业支撑商业、商业带动居住、居住激活产业的可持续性发展方向迈进，"产城融合、宜居宜业"的大格局正在形成。

（三）空间融合

未来科技城依据不同主导产业的产业链长度、产业集群规模，划分不同空间尺度的园区，按功能需求进行模块化的空间要素配置。微观层面上园区呈块状组团布局，在大园区内嵌入功能模块单元，形成多功能布局，而小园功能模块单一。未来科技城主要的五个大园区分别由三种小园区为基本单元，包括办公为主的大型总部园区式单元，满足中试和生产需求的中小型传统园区式单元，以孵化、研发、办公为主的小型街区式单元。未来科技城五大园区，分别是单一由若干总部园区构成的华立科技园和科技城东北角科创办公创新园，由街区式园区、传统园区和总部式园区组合构成位于科技城中心的两个科研办公创新园，还有以传统园区为主的金星区块和永乐区块的制造园。

（四）人文融合

科技城与国家级湿地、故居相邻，水系发达，人文底蕴深厚，具有良好的人文环境和水文景观。科技城在此设立众创空间梦想小镇，以自然生态系统为载体，以科技城开放、包容、创新、服务的政务生态系统为支撑，通过建设O2O服务体系，"苗圃＋孵化器＋加速器"孵化链条，对接高校创业社团、开发社区，为有梦想、有激情、有知识、有创意的大学生创业提供创业支撑。古街文化与创新梦想融合，梦想传承精神文明，创意汲取人文底蕴，古街孵化梦想，梦想成就古街。

三、主要问题

产业园的建设和发展是一个长期的过程，学界大多学者认为可以划分为四个发展阶段——产城分离的初创期、产业主导的成长期、产城互动的提升期、产城融合的成熟期。各个阶段需经历的时间不一，一般而言从前一阶段过渡到下一阶段需要五年，因此，建造一座新城需要20年左右的时间。在高质量发展的背景下，未来科技城发展至今，按照科技创新策源和高端要素集聚的功能定位，产城融合深度不够，存在以下问题。

（一）城市功能薄弱，现阶段公共设施及商业设施供给能级低

城市新城建设之初往往城市功能很薄弱、公共服务设施和商业设施供给不足且层级低。开发阶段一方面需拓展生产功能区建设，另一方面要导入公共设施和商业配套设施，城市生活功能的健全是生产功能充分发挥发展和经济可持续发展的关键助力。但在新城建设过程从单一的产业区拓展开始，区域间竞相争取大企业，力争上马大项目，受GDP优先导向的影响，大型公共设施和商业设施建设往往处于附庸地位。公共服务设施建设除了空间需求外，还依赖于政府划拨专项资金，因此其规模和能级标准受制于地方政府的自身实力和资金规模。这使得城市新城在追求产业区建设高标准和生产性服务业配套完善的同时，而降低了生活配套设施、商业设施的配套要求，设施在质量和数量的双缺失，与新城引进高精尖人才的需求不符。同时，我国"谁开发，谁治理"的开发管理模式降低土地利用率，配套设施落后分散。这一企业短期行为带来的城市热环效应对新城功能缺失的破坏性难以逆转。对于一个现代化的新城区而言，公共基础设施缺口依然很大，城市功能完善还需一个漫长的过程。

未来科技城早期依托仓前镇的平台建设，基础设施建设起点低，而产业区发展迅猛，已入驻大量大型企业，使得配套设施滞后于产业发展。目前，科技城总人口达 7 万余人，但科技城内可居住的住宅主要是部分人才公寓、农民住宅出租房等，大量商品住宅和人才公寓尚在建设中，生活性服务业导入较为缓慢，低端小型的商业服务、餐饮服务不足以满足就业人员的日常生活需求，降低了园区环境的便利性和吸引力。现阶段教育、医疗资源不足，相关机构为村镇级，其能级低，服务范围较小，不能满足高新技术人才和科研机构人员的需求。

（二）潮汐式交通，城市基础设施建设滞后

未来科技城目前职住人口大部分仍居住在市区，通勤需往返于主城与新城之间，潮汐式交通问题突出。未来科技城交通网尚处于建设阶段，加之大量就业人员在新城工作、与市区的居住地和消费地距离较远，可选择的通勤方案少且通勤时间成本高。科技城现阶段部分城市公路、城际轨道、汽车站、机场尚处于规划投建阶段，且科技城与区域间的外部交通网络尚未完全形成，减弱了城际间的人员流动、要素流通。园区内某大型企业总部约有 2 万人，在上下班高峰期虽配有班车接送，但主干道仍较为拥堵，人员通勤较为不便。此外，新城主干道尚未全部落成，建设初期部分主干道由于早期规划考虑不足的原因，被小区阻隔，减弱了未来科技城与主城区的通达性。

（三）职住分离，新城入住率低

新房入住率和职住分离比是判定新城产城融合的重要指标。按照国际通行惯例，商品房空置率在 5%-10% 之间为合理区，10%-20% 之间为危险区，20% 以上为严重积压区。根据未来科技城规划图和杭州房产地图统计发现，除老余杭（余杭街道）外，新城楼盘 49 个，其中尚未达到居住状态的房产占 47%，住宅入住率明显偏低。

职住比是指在新城上班人员与在新城居住人员的比例关系，有时也用住从比（居住和就业人员比例关系）表示，这一指标是反映新城产城融合或新城有机增长主要指标。国际上产业城市较合理的职住比为 50%-60%，但在我国一些城市新城开发的早期阶段，为了让新城出形象、成规模，一般以房地产开发为先导，产业和职能部门建设往往滞后于房地产开发速度。新城开发带有某种不确定性，房产商会趋利预售房屋，而购房者基于投资、投机等多种动机早早购置开发区核心区块的房屋。转型期城市经济的快速发展形成不同的社会阶层，引起不同阶级的住房需求差异，越来越多的中高收入者将居住环境作为最重要因素；住房市场化改革又为消费者提供依据自身偏好和偿付能力选择居住区的条件。在郊区化背景下，新城良好

的居住环境和中高档住宅正满足了依赖私家车通勤的中高收入阶层的需求。基于上述原因，待产业和职能部门入住新城时，核心位置的房屋早已被售卖一空，房产价格涨幅很大。目前，未来科技城的楼面地价已比肩杭州房产成交均价，高房价使得真正在新城从业的人员只能往返于新老城区上下班，新城对老城区疏散的功能不但无法实现，还造成了大批人口钟摆式流动，进一步加剧了城市拥堵。

（四）产业置换难，传统产业低产高耗

位于未来科技城核心区块的老工业园区在科技城挂牌前已建成，园内部分企业属于传统产业，且存在部分高污染企业，如造纸业、化工厂、塑料厂等。入驻企业产业结构层次低，高耗低效，多为传统的资源驱动型。同时在该地块发展之初，为节约成本，老工业区沿主干道而建，导致该区块土地开发模式粗放、利用效率低下。因此，如何推动资源、劳动力密集型传统企业转型和改造，对高污染企业进行妥善处理是当务之急。随着开发的不断推进，建设用地日趋紧张，已对产业集聚区的开发建设形成较大压力，亟须提高存量的利用效率。在土地资源总量成为硬约束的条件下，未来科技城老工业区块受制于规划对工业用地在高度、强度等多方面的限制，传统的产业园区的空间并不能适应新引进企业的发展诉求，最终导致产业用地难以置换。

第三节　未来科技城产城融合的路径选择

一、基于产业需求、人才需求的城市服务体系构建

科创新城的产城融合核心在于主导产业，科创产业的属性在很大程度上决定了未来科技城的功能、用地规模、规划布局、交通导向、景观格局等。不同产业类型对城市功能需求不同，因此，未来科技城要基于产业需求、人才需求构建城市服务体系。

（一）产业链服务体系构建

科技城聚焦创新研发类产业，以新一代信息技术产业、生物医药、新能源和新材料、文化创意产业为四大主导产业。未来科技城选择的主导产业具有区域比较优势、产业间的关联度高，能产生集聚效应，形成产业链、产业集群。园区内集聚的形成降低了交易成本，同时促进知识流、信息流、资金流循环流动，带来了溢出效应和乘数效应。产业价值链上的专业性企业进行高度协同和密切合作，运作效率倍增。绿色高产低耗的产业定位与科技城打造生态产业链、创新产业链的要求契合，符合未来科技城"三生"融合的城市发展内在要求。

基于产业视角的产城融合要求园区功能与产业需求耦合，科创产业集群以大企业、大集团为核心，一大批上下游中小企业集聚在园区内，从事研发、试验、生产等活动。其产业链复杂，对辅助性服务机构的生产性服务的需求大。因此，未来科技城把完善创新服务体系建设作为发展重点，针对科创产业链研发、小试、中试、生产、运输、销售等环节，着力推进研发服务、创业孵化服务、产品试验检测服务、科技咨询服务、科研成果转移及推广服务等生产性服务功能建设（图8-1）。服务体系针对科创产业集群特点，从资金、政策、法律等方面全面支撑产业链的各个环节。

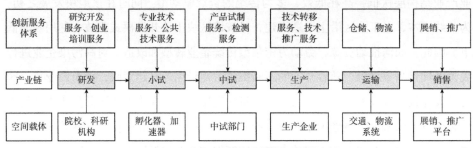

图8-1 未来科技城产业链创新服务体系

资料来源：作者绘制。

（二）产城融合的生活性服务体系

生活性服务配套针对科创产业从业人员的需求，匹配消费购物、教育卫生、文化体育、休闲旅游等城市服务功能。未来科技城生活配套设施正逐渐建成，综合体的落成将满足人们的购物、餐饮、休闲等需求；人才公寓与创新公寓、老年公寓等项目适合不同人群的居住需求；优质教育资源和高水准的医疗机构逐步引进，依托湿地和古街的自然生态环境建设高品质的生态宜居新城。生活性服务业的配套建设与科技城人口结构、产业结构的需求相匹配，进一步提升了对高端人才的吸引力。在提倡高水准、国际化的同时，科技城借鉴苏州工业园区确定了城市中心、片区中心、邻里中心和居住小区中心四级公共服务体系，不同层级的设施匹配使得科技城建设更加人性化。

二、产城融合的模块化布局

传统的城市空间模式有同心圆模式、扇形模式、多中心模式等，但王兴平等认为开发区空间发展与布局不同于传统的城市发展规律，因此分析归纳为三种类型，即分层布局模式、组团布局模式和圈层布局模式。分层布局模式受《雅典宪章》的功能分区思想影响，带来了职住失衡、钟摆式交通等问题，制约开发区发展。组团布局模式指开发区以组团为基本单元，以核心功能为主体，围绕主体配置辅助要素，实现功能复合的紧凑布局结构。各组团的功能、规模依据其主体功能决定，因此，这种模块化的布局模式功能配置的弹性大，土地利用率高，适于用地混合的科创产业区开发。圈层布局模式与同心圆布局模式类似，以主要功能区为核心，由中心向外围按圈层分布辅助功能区。不同功能圈层间的联系紧密，但功能交界处存在相互干扰。

科技城依据不同主导产业的产业链长度、产业集群规模，划分不同空间尺度的园区，按功能需求进行模块化的空间要素配置。微观层面上园区呈块状组团布局，在大园区内嵌入功能模块单元，形成多功能布局，而小园区功能模块单一。大园区在尺度、功能、服务设施布局、创新链空间布局、交通引导和生态绿化布局几方面采用系统的控制方法，形成弹性生长的园区模式。既满足了各类研发机构、生产企业、中介服务企业的不同空间需求，也便于实现未来科技城各园区分期建设，滚动发展。各模块之间既能够相对独立运作，灵活经营，又使得大园区内产业链研发、中试、生产等环节的密切联系，这种布局方式一方面能加强产学研结合，增强生产端与研发端的沟通，以产促研，以研辅产，提高科研成果转化率；另一方面也能加快科研成果投产速度，降低新技术、新产品投产的时间成本。

三、创新创业环境多元化引导

科创新城创新环境构建，借鉴日本筑波科技城自上而下的政府引导方式和美国硅谷自下而上的市场主导方式。未来科技城集大成，采取多元化的创新环境构建方式（表8-1）。

未来科技城多元创新模式　　　　　　　　　　　　　　表8-1

创新模式	自上而下的创新模式	自下而上的创新模式
引导力量	政府	市场
创新主体	院校、科研机构、大中型企业、"国千省千"、海外高层次人才	小微企业、"泛大学生"群体
空间载体	创新园区	创新社区
规划面积	规模大	规模小
功能	办公、研发	办公、研发、孵化、居住、社交功能混合
具体举措	政府投资园区建设、人才政策、引资政策、特事特办	企业自主研发、创投风投等民间资本注入

资料来源：作者整理资料绘制。

（一）政府引导的自上而下创新环境构建

各级政府出台优化人才引进的政策，积极推进园区人才特区建设和创新创业平台建设，完善创新创业体制机制建设。相关部门广泛推介新城创业环境和人才政策，并整合各级专项资金，在科研创新平台建设和人才培养方面优先予以支持。科技城以"政府大厅＋服务超市"的模式，筹划发行"创新券"，通过政府购买服务的方式为创业者提供公共服务。政府应完善研发活动网络、拓宽信息渠道、促进科技成果与资金配对政策、科技成果评估与交易政策、鼓励科研中介服务等政策落实，以完善创新软环境建设。

（二）市场引导的自下而上创新环境构建

大多地区的自然资源、教育资源要素禀赋难以与北京、上海等高地比拟，因而如何激发区域创新创业活力尤为重要。新城可放宽"双创"企业、人才进驻条件，以市场为引导的"人才＋资本""基金＋孵化"的智资融合方式，形成自下而上的创新环境。同时，资本市场多样化的融资方式能拓宽企业的融资渠道，包括以政府牵头设立的产业基金、种子基金吸引大量民间资本，以及创投、风投、P2P平台、众筹融资等互联网金融机构的投资。未来科技城对接银行、股权投资机构、信托、资管机构等，针对小微企业发展阶段定制股权融资、债权融资的金融产品，金融机构与企业实现"点对点""点对面"的投融资对接。硅谷、中关村住宅车库、创新工场在园区周围建设集约化创业园区，这种自下而上的创新模式值得借鉴。创新社区布局有人才公寓、SOHO、众筹咖啡等，实现了居住、办公、孵化、社交的多重功能。创新社区多重活动空间共享，降低小微型企业、"泛大学生"入驻社区的创业成本，增强了创新主体间的信息交互。

第四节　科技新城产城融合政策支持体系构建

一、优化城市功能，提升新城宜居性

美国学者理查德·佛罗里达（Richard Florida）认为，一个地方舒适的生活风格和环境，是吸引人才亲近和留驻的关键。从打造人才高地的视角看，科技园区产城融合强调功能优化、生活配套改善、社会治理创新和品质文化塑造等软实力的提升，城市功能对产业发展构成支撑的地方性公共产品和公共服务的供给优化、生活配套设施优化以及城市整体发展环境的优化。新城应重点建设两类配套设施，一是商业商务设施，结合总部经济等新型经济业态及高层次人群的消费需求，配套建设商业体、购物、娱乐等配套设施；二是城市公共配套设施，重视配置与高端发展和国家级平台相匹配的医疗、中小学校等公共服务设施，高标准引进教育、医疗等生活配套，吸引国内外知名医院、学校在本区域开设分部（院），加快建设既满足入驻企业和引进人才的实际需求、又体现市场化运作要求的人才公寓，为各类投资创业、贡献才智的人员提供优质的服务。新城应从全局发展的高度，前瞻城市功能配套设施的优化，提高生活配套设施的供给质量，实现便利化、品质化和人性化。

二、加快基础设施建设，提升新城通达性

基础设施建设具有一定的时序性。对于主城边缘型新城，在早期易出现早晚高峰道路阻滞现象，因此需加快与主城相连的通道以及次干道的建设，做好重要公交站点及轨道交通站点的衔接和布局，推进公路、轨道交通建设，形成布局合理、运行高效的主次干道网络。同时，城郊新城的建设还需融入区域城际公路、铁路网，做好跨行政区域的基础设施衔接，积极推进对外通道建设，打造复合化、高效的多廊道交通体系格局。

科技新城的城市规划更应体现新城市主义的设计理念，提倡适宜步行的邻里空间、混合的城市功能和多元融合的城市空间，强调交通和步行的有机结合，按照"窄马路、密路网"的城市道路布局理念，建设快速路、主次干道和支路搭配合理的道路网系统。此外，科技新城应注重提升城际交通通达性，促进城际间科创集聚区联动发展，提升创新基地创新资源集聚竞合水平。

三、控制住宅的档次和建设时序

主城边缘型新城与主城空间分割、规模较大，因此需建设符合新城定位、人口结构的较大规模住宅区。住宅区的建设要强调建设的时序性和住宅的档次，具体做到以下几点。第一，充分了解新城从业人员对新城住宅的需求特点，以此作为新城住宅项目开发的基础。应针对新城从业人员的收入特点和社会特点，严格控制高档住宅项目，加大中低档住宅的开发；第二，加大公寓式住宅的开发力度。由于新城从业人员具有外来人口多、流动性强的特点，因此，在住房类型上应多开发公寓式住宅，满足新城从业人员租住的需要；第三，要根据新城的发展过程控制新城住宅项目建设的时序，不宜短期内将所有配套居住用地全部开发并投放市场，应随着新城的发展有计划地进行。

四、制定科创产业引进战略和传统产业升级战略

科技城是贯彻国家人才战略，加快经济转型升级的创新创业平台，科技资源

充分聚集、创新创业高度活跃的人才基地和科创新区。科技城应将主导产业定位于人才引领、创新驱动的高新技术产业、战略性新兴产业和高端服务业。根据科创区产业目标定位，明确主导产业、重点培育产业的准入要求，重点突出以下准入要求。一是集约发展，投资强度、单位用地产出、容积率、产值能耗、产值水耗、污染物排放强度等控制性指标应达到行业先进水平。二是创新发展，R&D经费比重、研发人员比例、新产品占比等创新能力指标突出，打造促进各种创新人才、创新主体、创新资本汇聚融合的发展机制。三是生态环保，严格执行环境影响评价制度、"三同时"制度和排污总量控制制度，符合生态功能区规划相关要求。四是节能低碳，严格执行国家及省市有关固定资产投资项目节能评估和审查办法，把好节能准入条件。对于园区内的高能耗、高污染的传统企业，可结合自身特点制定传统产业结构调整战略，进行传统产业升级优化或者将无法升级的企业迁出科创区。

第五节　本章小结

以杭州未来科技城为例，分析其区位状况。经过十多年建设，科技城已基本呈现出产城关系多维融合空间布局，表现为创新融合、功能契合、空间融合、人文融合；指出产城关系发展存在的问题，诸如城市功能薄弱、基础设施建设滞后、职住分离、产业结构老化等，从构建城市服务体系、产城融合的模块化布局、创新创业环境多元化引导等方面指出产城融合的发展路径，并从优化城市功能，提升新城宜居性；加快基础设施建设，提升新城通达性；控制住宅的档次和建设时序；制定科创产业引进战略和传统产业升级战略等方面提出产城融合政策支持体系。

第九章　基于系统动力学的开发区产城融合
——以杭州经济技术开发区为例

第一节　问题的提出

20世纪90年代以来，全国各地兴起的开发区建设成为促进产业发展、引进先进技术、增加就业机会、扩大城市空间的有效路径。开发区的大规模兴起推进了我国工业化进程，为经济社会的发展作出了重要贡献，已成为我国经济结构中不可忽视的组成部分。到目前为止，多数国家级开发区的经济已到了高速发展阶段，大部分发展指标持续稳定增长，成为新型工业化的重要推动力量，但现阶段的开发区整体建设仍存在缺陷，为转变发展方式，优化经济结构，实现开发区经济从高速增长迈向高质量增长，产城融合的发展理念仍需引起重视。

开发区建设初期仅仅是产业区，是作为招商引资发展工业的产业平台。随着人口的增加，产业多样化，特别是开发区周边地区的生产性服务业和生活性服务业兴起以后，城市化形态逐渐形成，开发区逐步演化成一个"微型城市"。开发区发展过程本质上是工业化推动城市化，城市化支撑工业化的过程。具体来说，工业化提升了经济发展水平，形成要素集聚优势，而随着经济发展水平的提高，基础设施建设的完善，工人收入的提升，刺激了包括生活性、生产性、公共性服务业的发展，有利于产业发展和居民消费的各式各样服务产业种类逐渐增多，第三产业产值占总产值比重也不断上涨，人口等生产要素集聚和服务业发展是城市化建设的必要因素，因此，工业化推进了城市化。同时，城市化形成了有利于现代服务业发展的平台，而物流、金融、咨询、法律等现代服务业是产业发展所必需的；城市化还通过人力资源集聚、知识创新、消费需求增加等进一步增强对产业的支撑作用。

而对于开发区目前的整体建设情况，由于发展模式、规划布局、产业定位等方面的原因，城市服务功能的提升普遍滞后于产业发展水平，造成生产效率损失、经济效益低下、生产成本高昂、基础设施配套不足、公共服务缺失等产城分离问题，这已成为开发区实现产业转型升级的障碍。在开发区实现全面、协调、可持续发展的内在要求下，产业发展只是经济社会健康发展的重要组成部分之一，其城市功能建设是不容忽视的，产城融合的发展理念兼顾开发区产业与城市两个方面的发展，并促使产业与城市的融合发展，对于开发区的发展建设具有重要的指导价值。

本章在对产城融合发展理论分析的基础上，运用系统动力学理论与方法，构建了开发区产城融合发展系统动力学模型，并对杭州经济技术开发区的发展数据进行仿真模拟，最后，运用灵敏度分析方法研究各因素对产城融合发展的影响大小，并给出促进开发区产城融合发展的政策建议，技术路线图如图9-1所示。

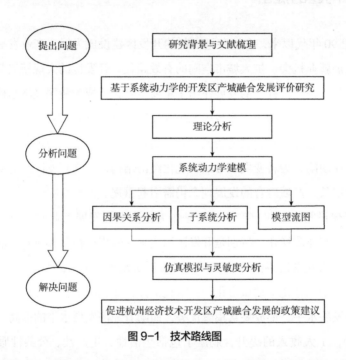

图9-1　技术路线图

第二节　文献综述

一、产城融合的理论内涵

产城融合发展模式对产业、城市、人口的协调发展具有巨大意义，2014年颁布的《国家新型城镇化规划（2014—2020年）》更是将产城融合摆在重要位置，关于产城融合的理论内涵有如下研究。

孔翔、杨帆（2013）认为产城融合的内涵主要是协调产业空间与城市空间。李文彬（2012）对产城融合内涵的解读较为全面，他认为产城融合发展是区域经济发展到一定阶段的产物，并总结了人本导向、功能融合和结构匹配三个产城融合发展的基本要求。刘增荣（2013）在对城市新区与城市的发展研究中，提出了广义上的产城融合应包括三个方面，即新区产业发展同步城市功能完善、新区产业选择吻合城市发展定位、新区与老城区有机融合。谷人旭（2013）认为实现产城融合发展的关键是实现居住与就业、产业与城市功能、产业化与城市化、人与自然四个方面的融合。唐晓宏（2014）则认为产城融合是指产业与城市的融合发展，产业要发挥推动城市发展、配套服务完善的基础作用，城市要发挥承载产业空间和产业发展的保障作用，最终形成产业、城市、人之间良性互动、持续向上的发展模式。谢呈阳、胡汉辉、周海波（2016）研究了人本向导下产城融合的含义、机理与作用路径，认为产城融合以人为连接点，是"产、城、人"三者的融合。刘欣英（2016）认为产城融合的内涵是对城市承载能力、产业结构的综合考虑之后，在可持续发展理念下，通过有序发展的产业与推动城市服务功能完善，形成城市功能和产业发展的协调共进。

二、产城融合的实现路径

理论研究终将应用于实践，与产城融合有关的理论研究应尽快运用到城市或开发区的规划建设过程中。

学者们对产城融合实现路径的研究中，张道刚（2011）认为实现产城融合的发展模式，应该以城镇社区的标准建设产业园区，推动产业园区由单一的生产型园区向经济社会多功能的城市型社区转变，具体过程为工业园区—产业区—产业社区—城市特色功能区。沈正平（2013）分析了产业结构优化与城镇化质量提升之间的关联互动机制，针对两者存在的"双粗放""双缺失""双错位""双低效"等问题，从产城互动、城镇化质量、产业政策三个角度给出了推动产城融合发展的三个路径。唐晓宏（2014）把产业园区分为边缘型、近郊型、远郊型三类，并指出边缘型产业园区应走产业主导型发展道路；近郊型产业园区应走城市主导型发展道路；远郊型产业园区应走产城均衡发展道路。徐代明（2013）认为协调好产业发展与城市功能的融合是推进产城融合发展的有效突破点，针对高新区的发展，他从规划、产业集群、基础设施建设三个角度提出了具体的发展路径。马野驰、祝滨滨（2015）详细分析了"有产无城"和"有城无产"两种发展状态下造成的后果，给出了实现产城融合发展应从强化顶层设计、构建全方位产业体系、以人为核心三个方面入手。何立春（2015）从人本维度、系统维度、时间维度、空间维度四个方面分析了产城融合发展的内涵，给出了四个产城融合发展的优化路径：城镇规划和功能与新兴产业引进匹配；土地集约理论与空间布局优化匹配；空间供求与空间均衡发展匹配；创新体系与产业城市协调发展匹配。陈甫军、张廷海（2016）采用熵值法对京津冀城市群的产城融合发展状况进行评价研究，根据评价结果给出促进产城融合的协同策略为加强顶层设计、完善基础设施、实施跨区域协调、构建公共服务系统四个方面。李光辉（2014）深入分析了影响产城融合发展的各种因素之后，提出实现产城融合发展的路径包括"一平台、两主体、三目标、四系统"四个方面。一平台是指产城人融合发展的产城融合城区，两主体是指政府和市场，三目标是指"产、城、人"相互融合，四系统是指城市功能系统、城市运营系统、城市要素系统和城市公共服务系统。

三、产城融合的发展评价

对产城融合发展评价的研究，早期的文献中，张正河（2000）通过测算城市化与工业化的相关系数，发现发达国家城市化与工业化存在很大的相关性，并在假定二者存在某一固定范围的比例关系，以相关系数是否在固定范围内评价城市化与工业化的协调。后来，陈家祥（2006）根据高新区的城市形态进行指标体系的构建，通过数据指出我国高新区的现实功能与预设功能之间存在差异，特别是基本功能的实现发生差异，例如，高新技术产业开发区偏离为经济技术开发区、产业开发偏离为房地产开发等现象。林高榜（2007）把建筑业产值与机械工业产值分别作为城市化与工业化的特征指标，以二者的比值作为衡量城市化与工业化协调发展的指标，并对不同区域城市发展状况进行横向比较。本章认为城市建设包括社会、生态、文化、布局等诸多方面，产城融合研究的实质是城市化与工业化的协调发展问题，其评价指标也应全面覆盖城市化与工业化的发展状况。此外，还有黄鲁成（2007）、李海龙（2011）从生态学的角度研究产业发展与生态环境之间的互动关系，对城市（高新区）健康发展与发展评价进行了研究。本章认为生态功能可以视为城市功能的一部分，城市（高新区）的产城融合发展固然离不开生态环境的建设，但产城融合发展要全方位地顾及产业与城市服务功能的各个方面之间互动关系。

近几年来，产城融合发展模式越来越被肯定，对于产城融合发展的综合评价也是亟须研究的重要课题，许多学者纷纷建立指标评价体系，定量分析产城融合发展状况。苏林、郭兵和李雪（2013）把城市化分解为人口、社会和空间的城镇化，从工业化与人口城镇化、工业化与社会城镇化、工业化与空间城镇化三个方面来构建测度指标体系。高刚彪（2011）提出了不同空间类型下的产业集聚区空间发展模式，并通过调查问卷作为数据来源，对产城融合发展进行量化分析。

张开华、方娜（2014）构建了新型城镇化与产业园区发展水平评价指标体系，并对湖北省 12 个地级市的新型城镇化和产业园区综合发展指数和系统协调度进行了评价。王霞、王岩红等（2014）从系统论的角度出发，将高新区作为一个特殊的城市系统，结合城市子系统理论，引入产城融合分离系数，并对 56 个国家高新区进行实证研究。高新区的建设本就是系统地建立一个"城中城"，运用系统论的方法，科学地分析了高新区内部各要素之间、要素与城市系统之间、环境与城市系统之间的功能互动机制。唐晓宏（2014）在对开发区产城融合度的评价研究中引入了灰色理论，基于灰色关联分析构建了产城融合度评价模型，结合问卷调查，对漕河泾、外高桥、金桥、松江、临港五个开发区进行实证分析。杨惠、方斌（2016）利用主成分分析方法对扬中市各乡镇产城融合发展现状进行量化研究，研究表明，受中心城区的辐射作用递减规律影响，靠近市中心的乡镇产城融合发展状况好于偏离市中心的乡镇。

四、产城融合与开发区转型升级

开发区作为我国改革开放以来重要的经济载体，目前面临着发展不可持续、产业需转型升级的问题。在经济新常态下，必须从发展方式、发展动力、发展功能、发展体制等方面实现开发区的转型升级。产城融合发展有利于开发区的转型升级，开发区的转型升级也需要以产城融合发展为要求。

对产城融合与开发区转型升级的研究中，华克思（2016）认为开发区实现转型的思路包括推进创新驱动型动力机制、推动产城融合的功能机制、注重集约环保的发展方式、强化区域联动的发展模式。其中，开发区的功能机制须顺应工业化与新型城镇化融合发展的趋势，以产城一体化为突破口完善城市功能建设。沈宏婷、陆玉麒（2011）认为实现开发区的转型升级发展需从产业体系构建、经济增长方式、管理体制改革三个方面入手，同时要遵循创新、开放、集聚、融合、和谐等方向，体现了产城融合的发展理念。安礼伟、张二震（2013）研究了江苏开发区的发展特征和面临的环境变化，指出开发区实现转型升级的方向之一为从产业园区向产城融合的转变，另外三个方向为集聚产业向集聚要素，培育产业的转变、出口型向内外兼顾、注重内需的转变、成本优势向创新优势的转变。宋田桂（2010）对苏南开发区实现转型升级进行了研究，认为开发区应转变招商策略，由要素优势向综合环境优势转变，产城融合的发展模式可对开发区的招商引资提供巨大的优势。刘荣增、王淑华（2013）指出，城乡接合处的城市新城建设是城市发展的重点，其面临的人口过多、服务设施不全、居住教育娱乐等环境不完善的问题，应以产城融合的发展理念促进新区实现产业转型升级，同时考虑生活配套设施，注重人的需求与经济水平的协调发展，提升区域的综合实力。

五、文献评述

通过以上对研究文献的梳理可知，虽然学者们对产城融合发展研究的角度和侧重点不同，但都认为产城融合有利于产业转型升级和经济社会和谐发展，尤其是产业密集的开发区。产城融合发展本质上是工业化与城市化协调发展的问题，开发区的发展往往是工业化先行，城市化滞后，造成城市功能对产业发展的支撑力度和载体作用不足。就笔者查阅的文献中，鲜有文章从经济学视角对产城融合发展的动力机制展开分析，对开发区产城关系在演化中的多要素互动分析不够细致，而在产城融合发展评价的研究中，指标权重的确定采用经验判断、专家打分等方法存在一定的主观性，且计算结果是静态的。开发区产城关系发展具有动态的、复杂的、非线性的、存在多重相互关系的特点，采用普通评价方法忽略了要素之间的相互关系。因此，本章将详细分析产城融合发展的经济动力机制，以及开发区演化过程中产城关系存在的多要素互动，结合系统动力学建模方法构建开发区产城融合发展系统动力学模型，并运用模型对杭州经济技术开发区的产城融合发展状况进行评价研究。

第三节　产城融合发展动力机制分析

产城融合发展模式可形成工业化推动城市化、城市化支撑工业化的良性循环，有利于经济社会健康发展已经是学术界的共识。本章从内部动力、外在推力、改革动力三个方面对推动工业化与城市化融合发展的经济动力机制进行分析。如图 9-2 所示，内部动力从三个层面展开分析，即劳动力、技术、资本等要素流动的微观动力；产业结构升级、区域规划协调的中观动力和经济社会和谐发展的宏观动力。外在推力包括市场驱动和政府引导。产城融合发展的改革动力是以人为本新型城镇化和共享发展相关政策推动。

一、产城融合的内部动力

产城融合发展的内部动力是推动工业化与城市化融合发展的主要经济动力。其中，微观动力、中观动力和宏观动力三者之间存在相互联系，通过中观动力的作用才可以实现宏观动力对产城融合的促进作用，而中观动力又是微观动力的载体，微观动力是中观动力与宏观动力发挥效力的基础。

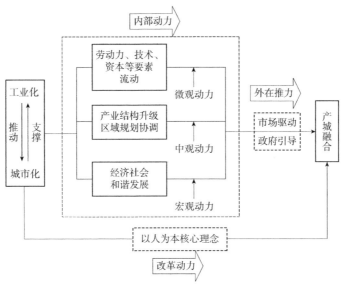

图 9-2　产城融合发展动力机制
资料来源：作者绘制。

（一）微观动力

要素流动是产城融合发展内部动力中的微观动力，要素流动包括劳动力、技术、资本等的流动。格雷戈里·曼昆（N. Gregory Mankiw，1998）在《微观经济学原理》中指出，资源总是有限的、追求自身利益最大化、人类总是贪得无厌的是经济学的基本假设。在实现资源配置最优化的过程中，生产中的要素流动体现在工业化使得追求自身利益最大化的劳动力转向城市、追求资本收益最大化的资本持有者投资、吸引技术创新与应用的人才集聚当中。城市化提高了要素的流动效率，加速了劳动力、技术、资本等生产要素在产业间与空间地域的流动与交换，形成了工业化集聚生产、城市化集聚要素的有机融合，推动了产城融合发展。

（二）中观动力

产业结构升级、区域规划协调是产城融合发展内部动力中的中观动力。开发区产业结构调整和优化的动态过程沿着第一产业、第二产业、第三产业的顺序逐步转移，工业化主要体现在第一产业向第二产业的转移，城市化主要体现在第二产业向第三产业的转移。工业化和城市化都以集聚效益为主要特征，其相互关联的过程为，工业化集中人口、企业、资本→城市化发展→诱导产业结构调整、空间布局合理→完善城市软硬件设施、增加就业岗位→进一步推进城市化进程。由此看来，产业结构调整的全过程伴随着工业化与城市化的融合发展。同时，工业化发展中的产业结构升级离不开城市空间的支撑与职能的转变，离不开城市化形成的需求拉动效应，城市化发展过程中的协调规划离不开产业结构的合理布局，在产业结构升级与区域规划协调的内在关联中，加速产城融合发展的进程。

（三）宏观动力

经济社会和谐发展是产城融合发展内部动力中的宏观动力。经济社会和谐发展是指经济、社会、人口、生态环境的全面、协调、可持续发展。统筹经济、社会、人与自然的和谐发展是科学发展观的内在要求，各要素的和谐发展势必推动"产"与"城"融合统一、相互促进、共同发展。只有工业化与城市化协调均衡发展，经济社会才能健康、稳定、持续发展。产城分离发展状态将对经济社会综合实力提升、和谐社会构建将产生长远的消极影响。基于以上分析，本章认为经济社会和谐发展是推动产城融合发展的宏观动力。

二、产城融合的外在推力

市场驱动和政府引导可调控工业化与城市化的融合发展，是产城融合发展经济动力中的外在推力。市场是工业化和城市化互动发展的桥梁。市场机制具有调节资源配置、降低交易成本的经济功能，在其调节经济体内生产要素的流动和经济活动的聚集过程中，以实现资源的最优配置和企业的最佳区位集聚为最终目的，其实质是在推动工业化与城市化的融合发展。市场机制的完善对生产要素的流动作用是显而易见的。同时，市场机制可通过自有决策、公平竞争和价格引导来影响产业结构调整（张超，2014）。由此看来，产城融合发展要受到市场条件的约束作用，市场化程度越高，对产城融合发展的催化效果越好。

虽然市场对产城融合发展具有重要作用，但市场的调节能力毕竟是有限的，市场机制无法调节垄断、公共物品、公平与效率、外部性等问题。因此，市场在资源配置中的决定性作用还需要发挥政府引导功能的辅助作用。政府对生产要素流动、产业结构调整、宏观经济发展制定的政策可促进产城融合发展。

三、产城融合的改革动力

以人为本的核心发展理念是产城融合发展的改革动力。本章认为以人为本的体制改革与产业变革可以在更高层次上、更大范围内推动产业与城市的良性互动，包括以人为本的户籍制度、土地制度、财政制度等体制改革可以更好地发挥"人"的核心作用。通过改革创新的新体制，可积极把握产城融合发展的趋势，打破开发区产业发展和城市建设"各自为政""画地为牢"的局面，增强产城融合的匹配度与协调性，实现发展效用最大化、资源配置最优化，更好地解决生产、生活、生态等各方面的问题，创造出"1+1>2"的效果。实现以人为本的全面协调可持续发展，释放更大的改革红利给全体人民，最终促进"产、城、人"融合发展、协调并进。

以人为本的产业变革可实现开发区从单纯的产业扩张向复合的城市综合体转变。在经济发展的基础上通过强化城市体系建设，提升服务业发展层次，来解决当前发展中存在的发展模式粗放、环境压力过大、土地过度开发、资源利用低效等严重影响经济活力和竞争力的问题。在产业发展中，既要追求经济规模与增长速度，也要追求产业质量与规模效益的提升，大力发展物流产业、通信产业、旅游业、金融服务业、电子商务等生产性服务业和商贸业、餐饮业等生活性服务业，用服务业发展推动工业化与城市化的统一，实现产业层次高、资源利用率高、城市品质高的发展。

第四节　开发区产城融合发展系统动力学建模

一、系统动力学对产城融合评价研究适用性分析

系统动力学方法被广泛运用于社会、经济、生态等系统对象的研究。关于产城融合发展评价的研究主要是从工业化和城市化两个方面建立评价指标体系，然后通过实际测度和经验判断两种测度方法从工业化和城市化的协调融合关系评估产城融合发展水平。对定性指标而言，权重由专门的评审专家团队评分、打分，然后逐级加权计算，再根据发展数据计算分值，得到开发区的产城融合发展综合得分，显然这是一种静态分析方法。实际上，开发区是一个整体的、开放的、非线性的复杂系统，产城融合发展具有复杂的、动态的、存在相互交错关系的特点。对产城融合的研究需要分析各影响要素随时间推移的变化情况，以及其相互影响的关系，而采用普通的评价方法忽略了要素之间的相互关系，不能较为准确地分析系统发展的动态效果。同时，通过专家打分或调查问卷的方法存在一定的主观性。正是基于开发区产城融合发展所具有的整体性、结构性、功能性、层次性等系统特点，本章认为，运用系统动力学方法研究开发区产城融合发展问题是可行的。系统动力学建模工具 Vensim 的视窗界面提供了操作简单、功能强大的编辑环境。本章运用的版本是 Vensim PLE（Ventana Simulation Environment Personal Learning），即 Ventana 模拟环境个人学习版。

二、开发区产城融合发展系统因果关系分析

（一）系统因果关系图

因果反馈关系是系统动力学的一个重要特征，通常用因果关系图表示。因果关系图能反映出模型中各变量之间的相互关系，又被称为向图，是一种描述复杂系统反馈结构的分析工具。通过对反馈回路的分析，能清晰地表达系统内部的非线性因果关系，以明确其微观结构，还可以大致预测出一些变量的变化趋势。因果关系图由多个相互交叉的反馈回路构成，通常而言，系统的复杂程度与反馈回路的多少有关。开发区产城融合发展系统动力学因果关系如图9-3所示。

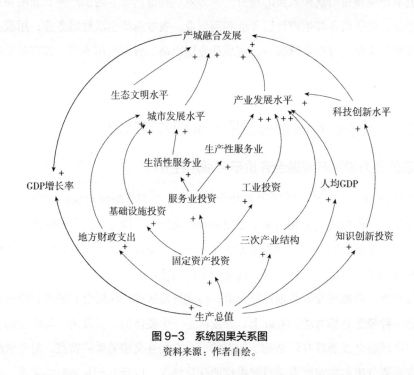

图9-3 系统因果关系图

资料来源：作者自绘。

从因果关系图中可以看出变量之间的相互关系，其中，主要包含以下的基本反馈：

（1）生产总值→固定资产投资→基础设施投资→城市发展水平→产城融合发展→GDP增长率→生产总值；

（2）生产总值→地方财政支出→城市发展水平→产城融合发展→GDP增长率→生产总值；

（3）生产总值→三次产业结构→产业发展水平→产城融合发展→GDP增长率→生产总值；

（4）生产总值→固定资产投资→服务业投资→生产性服务业→城市发展水平→产城融合发展→GDP 增长率→生产总值；

（5）生产总值→固定资产投资→工业投资→产业发展水平→产城融合发展→GDP 增长率→生产总值；

（6）生产总值→人均 GDP →产业发展水平→产城融合发展→GDP 增长率→生产总值；

（7）生产总值→知识创新投资→科技创新水平→产城融合发展→GDP 增长率→生产总值；

（8）生产总值→固定资产投资→服务业投资→生活性服务业→城市发展水平→产城融合发展→GDP 增长率→生产总值；

（9）生产总值→知识创新投资→科技创新水平→产业发展水平→产城融合发展→GIP 增长率→生产总值；

（10）生态文明水平→产城融合发展→GDP 增长率→生产总值。

以上九个反馈回路和一个反馈关系构成了产城融合发展的反馈机制。从因果关系图中，我们可以看出，与多个变量存在相互作用关系的生产总值在因果关系图中的作用比较重要。还可以看出，影响开发区产城融合发展的是产业发展水平、城市发展水平和生态文明水平，而服务业投资通过生产性、生活性服务业对产业发展水平、城市发展水平产生正向促进作用。

（二）子系统分析

在对开发区产城融合经济动力机制和产城关系演化互动分析的基础上，结合学者们的研究成果，选取产业发展子系统、城市发展子系统和生态文明子系统三个相互作用的子系统，共同构成一个整体系统。子系统结构如图9-4 所示。

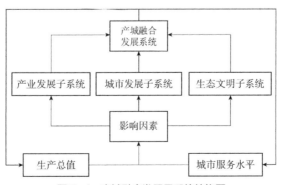

图9-4　产城融合发展子系统结构图
资料来源：作者自绘。

卫金兰（2014）引入产城融合发展指数的概念，用来评价产城融合发展状况。这里也采用产城融合发展指数来表示开发区产城融合发展水平，并分别采用产业发展指数、城市发展指数、生态文明指数表示开发区产业发展、城市发展、生态文明发展状况。在评价产城融合发展指数的过程中，产城融合发展指数会因产业发展指数、城市发展指数和生态文明指数的贡献率不同而不同，因此，需要对其贡献率大小赋一定的权重。

熵值法计算权重是一种比较客观的方法，其原理为通过熵值法得到的信息熵与信息无序性成正向变化关系，而与信息效用值成反向变化关系，指标权重与信息效用值成正向变化关系。采用熵值法首先计算影响产业发展指数、城市发展指数、生态文明指数的影响因素的信息效用值，并进行加总，然后各个指标的信息效用值在加总的信息效用值中所占比重即为该指标的权重。计算产业发展指数、城市发展指数、生态文明指数的过程中，由于指标的含义和单位的差异，为消除差异，数据处理之前需要先进行无量纲化处理。本章综合比较各种方法，采取均值法进行无量纲化处理，该方法可以在保证其相对值的情况下进行有效比较计算（郭亚军，2008），其中变量的均值采用的是开发区历年发展数据的均值。产城融合发展指数的计算公式如下：

产城融合发展指数 =α 产业发展指数 +β 城市发展指数 +γ 生态文明指数 　　（9.1）
式中：α 为产业发展指数在产城融合发展指数中所占比重，$0 < α < 1$；

β 为城市发展指数在产城融合发展指数中所占比重，$0 < β < 1$；

γ 为生态文明指数在产城融合发展指数中所占比重，$0 < γ < 1$；

并且：α+β+γ=1。

1. 产业发展子系统

开发区实现产城融合的良性发展离不开产业发展对经济社会的支撑作用。产业发展子系统指标的选取主要围绕着产城融合发展中的"产"，在学者们研究的基础上，从工业投资额、银行贷款余额、从业人员数量、人均 GDP、二三产业产值百分比、科技创新水平六个方面来衡量产业发展指数。其中，工业投资额主要度量开发区制造业的发展活力；银行贷款余额用来衡量现代服务业对产业发展的支撑能力；从业人员数量是从就业的角度衡量开发区的产业发展状况；人均 GDP 是用来评价经济发展水平的基础指标；二三产业产值百分比是从产业结构的角度来度量产业发展。在工业投资增长、现代服务业支撑、产业结构优化、经济水平提升以及科技创新水平不断增强的作用下，产业发展指数不断提高，进而影响产城融合发展指数。如图 9-5 所示为产业发展子系统因果关系图。

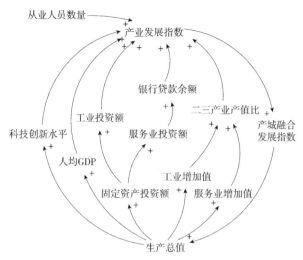

图 9-5　产业发展子系统因果关系图

资料来源：作者自绘。

科技创新水平是影响产业发展的重要因素之一，对开发区科技水平发展的评价中，选择了市级以上研发中心数量与高新技术企业数量两个指标，分别度量的是开发区科技的研发与应用水平，其权重是通过熵值法给出，并采用均值法进行无量纲化处理。

工业投资额、银行贷款余额、从业人员数量、人均 GDP、二三产业产值百分比、科技创新水平在对产业发展指数的衡量过程中，不同的权重意味着不同的结果，因此其各自权重对产业发展指数的影响至关重要。本章采用客观赋权法中的熵值法对四个指标赋予不同的权重，以权重大小度量其对产业发展指数的贡献度。由于指标的含义和单位的差异，为消除差异，数据处理之前需要先进行无量纲化处理，本章综合比较各种方法，采取均值法，该方法可以在保证其相对值的情况下进行有效比较计算。产业发展指数可以用下列公式表示：

$$
\begin{aligned}
产业发展指数 = {} & \delta \frac{工业投资额}{工业投资额均值} + \varepsilon \frac{银行贷款余额}{银行贷款余额均值} + \\
& \epsilon \frac{从业人员数量}{从业人员数量均值} + \theta \frac{人均 GDP}{人均 GDP 均值} + \\
& \vartheta \frac{二三产业产值百分比}{二三产业产值百分比均值} + \mu \frac{科技创新水平}{科技创新水平均值}
\end{aligned}
\tag{9.2}
$$

式中：δ 为工业投资额对产业发展指数的贡献率，$0 < \delta < 1$；

　　　ε 为银行贷款余额对产业发展指数的贡献率，$0 < \varepsilon < 1$；

　　　ϵ 为从业人员数量对产业发展指数的贡献率，$0 < \epsilon < 1$；

θ 为人均 GDP 对产业发展指数的贡献率，$0 < θ < 1$；

ϑ 为二三产业产值百分比对产业发展指数的贡献率，$0 < ϑ < 1$；

μ 为科技创新水平对产业发展指数的贡献率，$0 < μ < 1$；

并且：$δ+ε+c+θ+ϑ+μ=1$。

2. 城市发展子系统

城市功能建设是开发区实现由产业园区向综合功能区转变的主要因素，以城市发展指数表示城市功能完善程度。城市发展子系统指标的选取主要围绕着产城融合发展中的"城"，指标为基础设施投资额、地方财政支出额、商品销售总额。需要指出的是非农业人口所占比重作为度量城市化的重要指标之一，但在对开发区近十年的城市化研究中，非农业人口所占比重没有较大的变化，故而未采用该指标。基础设施建设对城市居民的生活是必需的，包括供水、供电、供热、供气、道路、交通等方面，随着城市化进程的推进，对基础设施的要求也随之增高，城市基础设施的承载能力直接制约着城市化的发展速度与水平（周继松，2003）。包括科教文卫等方面在内的地方财政支出，一方面可以提高开发区居民的整体福利水平，另一方面为开发区的进一步发展提供了必需的人才保障。商品销售总额是用来衡量开发区生活性服务业的发展状况，服务业的高速发展是开发区城市体系建设的显著特征之一，服务业的发展是开发区发展形成一个完整的城市体系所必需的，服务业的发展对城市化的推动作用是显著的，尤其是在工业化发展的后期（陈健，2015）。如图 9-6 所示为城市发展子系统因果关系图。

基础设施投资额、地方财政支出额、商品销售总额度量城市发展指数的权重不同，结果也存在差异，其贡献度也与前文相同采用客观赋权法的熵值法赋予

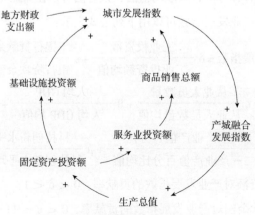

图 9-6　城市发展子系统因果关系图

资料来源：作者自绘。

权重。同样，对于不同量纲的变量进行无量纲化处理也采用均值法。城市发展指数可以用下列公式表示：

$$城市发展指数 = \pi \frac{基础设施投资额}{基础设施投资额均值} + \rho \frac{地方财政支出额}{地方财政支出额均值} + \sigma \frac{商品销售总额}{商品销售总额均值}$$ （9.3）

式中：π 为基础设施投资额对城市发展指数的贡献度，$0 < \pi < 1$；

ρ 为地方财政支出额对城市发展指数的贡献度，$0 < \rho < 1$；

σ 为商品销售总额对城市发展指数的贡献度，$0 < \sigma < 1$；

并且：$\pi + \rho + \sigma = 1$。

3. 生态文明子系统

产城融合是一种以人为本的发展模式，其主要的生产理念是生产、生活、生态的融合统一，生态文明建设是开发区立足长远发展的要求之一。用两个指标来衡量开发区的生态文明发展指数，分别是万元工业增加值能耗下降率和公共绿地面积，前者是从工业污染的角度评价，后者是从生态环境保护的角度评价。因果关系图如图 9-7 所示。

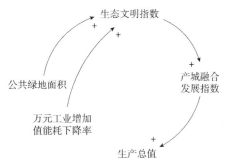

图 9-7 生态文明子系统因果关系图

资料来源：作者自绘。

万元工业增加值能耗下降率和公共绿地面积对生态文明指数的评价过程中，权重的确定也采用熵值法，变量的无量纲化处理也采用均值法。生态文明指数可以用如下公式表示：

$$生态文明指数 = \tau \frac{万元工业增加值能耗下降率}{万元工业增加值能耗下降率均值} + \varphi \frac{公共绿地面积}{公共绿地面积均值}$$ （9.4）

式中：τ为万元工业增加值能耗下降率对生态文明指数的贡献度，$0 < \tau < 1$；

　　φ为公共绿地面积对生态文明指数的贡献度，$0 < \varphi < 1$；

并且：$\tau + \varphi = 1$。

第五节　实证分析——以杭州经济技术开发区为例

一、杭州经济技术开发区产城融合发展分析

杭州经济技术开发区（以下简称为开发区）成立于1990年，经国务院批准于1993年4月成为国家级开发区。开发区距市中心仅18公里，逐步建设成为集工业园区、高教园区、出口加工区于一体的综合性园区。经过20多年的发展，开发区各项事业均保持了良好的发展态势，其产城融合发展主要具有以下发展优势：

（1）产业质效持续提升。开发区坚持把发展实体经济作为转型发展的主要支撑，不断提升产业发展层次和水平，形成了装备制造、电子信息、生物医药等主导产业，对产业结构优化、提升综合竞争力提供了巨大优势。

（2）创新能力不断增强。开发区围绕创新发展战略，不断优化创新体系，进一步激发创新活力，积极打造"东部人才港"和"东部科技港"，引进各类高层次人才和高端项目，夯实了创新发展基础。

（3）功能区建设有序推进。开发区规划建设了一个总部功能区、一个高端工业功能区、两个创新产业功能区、两个现代服务业功能区，这六个重点功能区为科技创新、产业集聚、功能提升提供了坚实基础。

（4）城市配套加快完善。开发区不断优化城市空间，完善城市功能，大力发展生产性服务业和生活性服务业，大力引进了宝龙、和达城等商业综合体，银泰城、龙湖天街等城市综合体。

（5）生态环境保护成效明显。开发区深入推进"五水"共治、大气整治、"三改一拆"等重点工作，努力落实"两美浙江""美丽杭州"等专项行动，成功创建了国家生态工业示范园区。

（6）社会事业全面发展。开发区坚持落实"为民办实事工程"，积极推动教育、医卫、文化、就业等民生保障工程建设，切实完善公共服务，注重加强社区建设，全面发展各项社会事业。

2014年，杭州经济技术开发区在"中国最具外资吸引力国家级开发区百强"排名第八。开发区深入"创新驱动、集聚领先、产城融合"三大战略，全面推进

"大引擎驱动、大产业培育、大平台构筑、大环境优化"四大工程，在我国开发区推动产城融合发展的过程中具有一定的代表性。因此，通过仿真模拟，分析开发区的产城融合发展状况，并给出促进其产城融合发展的政策建议。

二、开发区产城融合发展系统动力学模型流图

系统动力学模型流图是对因果关系图的细化，将变量的性质区分为存量、流量、辅助变量和常量等。系统要素之间的逻辑关系用符号进行刻画，使系统的反馈形式更加明确地呈现出来。相对于因果关系图的直观明了、便于决策者参与、定性分析的特征，系统流图具有细化扩充、变量关系明确、定量分析的特征。Vensim可以对模型流图各变量设定公式，并根据不同情况和时间设定参数初始值进行模拟。流图对系统的描述是一个动态的过程，运用系统流图刻画开发区产城融合发展系统的动态过程，可以明确地表明系统问题的症结所在，同时，通过计算机模拟为解决问题的政策建议提供了理论依据。开发区产城融合发展系统模型流图如图 9-8 所示，模型中包含生产总值、开发区人口两个存量，这两个存量是对开发区产城融合发展研究中比较重要的两个影响因素，其他变量包含了因果关系图中的变量和一些新的辅助变量、常量等。

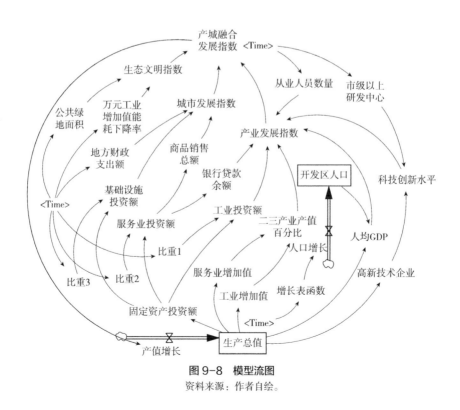

图9-8　模型流图
资料来源：作者自绘。

三、模型变量方程确定

本模型对杭州经济技术开发区的模拟，设计仿真步长为一年，仿真年份为2005—2014 年，数据来源于 2005—2014 年的杭州经济技术开发区国民经济和社会发展统计公报和 2014—2015 年的杭州经济技术开发区年鉴。生产总值初始值为170.9 亿元，开发区人口初始值为 21.18 万人。

（一）变量权重计算

采用熵值法计算产城融合发展系统动力学模型中各影响因素的权重大小，计算权重的过程如下：

（1）数据标准化处理，公式如下：

$$y_{ij} = \frac{x_{ij}}{\sum_{i=1}^{m} x_{ij}}, \ 0 \leqslant y_{ij} \leqslant 1 \tag{9.5}$$

（2）算出标准化矩阵，公式如下：

$$Y = \{y_{ij}\}_{m \times n} \tag{9.6}$$

（3）得出各变量的信息熵值，公式如下：

$$E_j = -k\sum_{i=1}^{m} x_{ij} \ln y_{ij} \tag{9.7}$$

（4）算出信息效用值，公式如下：

$$D_j = 1 - E_j \tag{9.8}$$

（5）得出各变量的权重，公式如下：

$$W_j = \frac{h_j}{\sum_{j=1}^{n} h_j} \tag{9.9}$$

依据上述公式，对杭州经济技术开发区产城融合发展系统中的各影响因素的数据进行计算，计算结果如表 9-1 所示，其中权重的大小衡量了各变量对产城融合发展综合评价的贡献大小。

变量权重表			表9-1
指标	E_j	D_j	W_j
工业投资额	0.963	0.037	0.087
银行贷款余额	0.950	0.050	0.117
从业人员数量	0.991	0.009	0.021
二三产业产值百分比	0.981	0.019	0.045
人均 GDP	0.995	0.005	0.011
科技创新水平	0.950	0.050	0.119
商品销售总额	0.933	0.067	0.158

指标	E_j	D_j	W_j
基础设施投资额	0.911	0.089	0.209
地方财政支出额	0.942	0.058	0.136
万元工业增加值能耗下降率	0.975	0.025	0.059
公共绿地面积	0.984	0.016	0.038

数据来源：公式计算结果。

开发区产城融合综合评价指标具有多层结构，第一层次为产业发展指数、城市发展指数、生态文明指数，第二层次为影响这三个指标的其他因素。我们计算产城融合发展指数需要确定产业发展指数、城市发展指数和生态文明指数的权重，可以根据下一层的指标权重计算上一层次的权重大小。利用熵值法对指标进行赋权计算的结果可以通过累加得到高层次指标的权重，首先，计算下层所有指标的效用值之和，记为 D；然后，计算每一个高层指标包含的下层指标的效用值之和，记为 D_k，该高层指标的权重公式如下：

$$W_k = \frac{D_k}{D} \tag{9.10}$$

计算得出的产业发展指数、城市发展指数和生态文明指数的权重如表9-2所示。

指数权重表　　　　　　　　　　　　　　表9-2

	产业发展指数	城市发展指数	生态文明指数
D_j	0.170	0.214	0.041
权重	0.400	0.503	0.097

数据来源：公式计算结果。

（二）变量无量纲化处理

经济社会问题的变量往往存在不同的单位和数量级，在进行评价时，需要消除不同度量单位对评价造成的影响，综合比较各种方法后，采用均值法进行无量纲化处理。变量均值如表 9-3 所示。

变量均值表　　　　　　　　　　　　　　表9-3

指标	均值	单位
工业投资额	62.907	亿元
银行贷款余额	177.863	亿元

续表

指标	均值	单位
从业人员数量	18.206	万人
二三产业产值百分比	23.775	百分比
人均 GDP	9.767	万元
科技创新水平	1.000	—
商品销售总额	158.620	亿元
基础设施投资额	35.908	亿元
地方财政支出额	20.849	亿元
万元工业增加值能耗下降率	5.543	百分比
公共绿地面积	5.804	百万平方米

数据来源：无量纲化处理。

（三）变量方程确定

前文通过熵值法计算了影响开发区产城融合发展各因素的权重大小，结合子系统分析中给出的各变量公式，我们可以得到如下变量方程：

（1）产城融合发展指数 =0.4× 产业发展指数 +0.503× 城市发展指数 +0.097× 生态文明指数；

（2）产业发展指数 =0.218× 工业投资额 /62.907+0.292× 银行贷款余额 /177.863+0.053× 从业人员数量 /18.206+0.112× 二三产业产值百分比 /23.775+0.028× 人均 GDP/9.767+0.297× 科技创新水平 /1；

（3）城市发展指数 =0.416× 基础设施投资额 /35.908+0.270× 地方财政支出额 /20.849+0.314× 商品销售总额 /158.62；

（4）生态文明指数 =0.608× 万元工业增加值能耗下降率 /5.543+0.392× 公共绿化面积 /5.804。

而对于生产总值与固定资产投资、生产总值与工业增加值、生产总值与服务业增加值、生产总值与高新技术企业数、服务业投资额与商品销售总额、服务业投资额与银行贷款余额以及产城融合发展指数与产值增长之间的关系运用 Stata 12 数据分析软件，采用了 OLS 进行线性回归，回归结果如表 9-4 所示。

生产总值与固定资产投资回归结果表　　　　　　　表9-4

Variable	Coefficient	Std.Error	t-Statistic	Prob.
gdp	0.6654608	0.0486806	13.67	0.000
_cons	−52.64205	17.74953	−2.97	0.018

续表

Variable	Coefficient	Std.Error	t–Statistic	Prob.
R–squared	0.9589	Root MSE		17.29
Adj R–squared	0.9538	F–statistic		186.87
RSS	2391.4218	Prob>F		0.0000

数据来源：回归结果。

表 9-4 是生产总值与固定资产投资之间关系的回归结果，从表中可以看出，R^2 为 0.9589，调整后的 R^2 达到 0.9538，回归的拟合优度很好，且能通过 F 检验，说明生产总值与固定资产投资之间是显著相关的。根据回归结果我们可以得到如下方程表达式：

固定资产投资额 =0.665× 生产总值 –52.642

生产总值与工业增加值回归结果表　　　　　　表9–5

Variable	Coefficient	Std.Error	t–Statistic	Prob.
gdp	0.6736074	0.0159103	42.34	0.000
_cons	32.70805	5.80107	5.64	0.000
R–squared	0.9956	Root MSE		5.6507
Adj R–squared	0.9950	F–statistic		1792.50
RSS	255.445671	Prob>F		0.0000

数据来源：回归结果。

表 9-5 是生产总值与工业增加值之间关系的回归结果，从表中可以看出，R^2 为 0.9956，调整后的 R^2 达到 0.9950，回归的拟合优度很好，且能通过 F 检验，说明生产总值与工业增加值之间是显著相关的。根据回归结果我们可以得到如下方程表达式：

工业增加值 =0.667× 生产总值 +32.708

生产总值与服务业增加值回归结果表　　　　　　表9–6

Variable	Coefficient	Std.Error	t–Statistic	Prob.
gdp	0.3029804	0.0116688	25.96	0.000
_cons	−34.18376	4.254594	−8.03	0.000
R–squared	0.9883	Root MSE		4.1443
Adj R–squared	0.9868	F–statistic		674.18
RSS	137.403747	Prob>F		0.0000

数据来源：回归结果。

表 9-6 是生产总值与服务业增加值之间关系的回归结果，从表中可以看出，R^2 为 0.9883，调整后的 R^2 达到 0.9868，回归的拟合优度很好，且能通过 F 检验，说明生产总值与服务业增加值之间是显著相关的。根据回归结果我们可以得到如下方程表达式：

服务业增加值 =0.303× 生产总值 −34.184

生产总值与高新技术企业回归结果表　　　　　　表9-7

Variable	Coefficient	Std.Error	t-Statistic	Prob.
gdp	0.7728751	0.0281603	27.45	0.000
_cons	−58.69722	10.26758	−5.72	0.000
R−squared	0.9895	Root MSE		10.001
Adj R−squared	0.9882	F−statistic		753.26
RSS	800.237051	Prob>F		0.0000

数据来源：回归结果。

表 9-7 是生产总值与高新技术企业之间关系的回归结果，从表中可以看出，R^2 为 0.9895，调整后的 R^2 达到 0.9882，回归的拟合优度很好，且能通过 F 检验，说明生产总值与高新技术企业之间是显著相关的。根据回归结果我们可以得到如下方程表达式：

高新技术企业 =0.773× 生产总值 −58.697

服务业投资额与商品销售总额回归结果表　　　　　　表9-8

Variable	Coefficient	Std.Error	t-Statistic	Prob.
fwytze	1.781502	0.4028277	4.42	0.002
_cons	16.50955	36.34638	0.45	0.662
R−squared	0.7097	Root MSE		53.712
Adj R−squared	0.6734	F−statistic		19.56
RSS	23079.4347	Prob>F		0.0022

数据来源：回归结果。

表 9-8 是服务业投资额与商品销售总额之间关系的回归结果，从表中可以看出，R^2 为 0.7097，调整后的 R^2 达到 0.6734，回归的拟合优度较好，且能通过 F 检验，说明服务业投资额与商品销售总额之间是显著相关的。根据回归结果我们可以得到如下方程表达式：

商品销售总额 =1.782× 服务业投资额 +16.510

服务业投资额与银行贷款余额回归结果表　　表9-9

Variable	Coefficient	Std.Error	t-Statistic	Prob.
fwytze	1.654229	0.3557846	4.65	0.002
_cons	45.90513	32.10177	1.43	0.191
R-squared	0.7299	Root MSE		47.439
Adj R-squared	0.6961	F-statistic		21.62
RSS	18003.661	Prob>F		0.0016

数据来源：回归结果。

表9-9是服务业投资额与银行贷款余额之间关系的回归结果，从表中可以看出，R^2 为 0.7299，调整后的 R^2 达到 0.6961，回归的拟合优度较好，且能通过 F 检验，说明服务业投资额与银行贷款余额之间是显著相关的。根据回归结果我们可以得到如下方程表达式：

银行贷款余额 =1.654× 服务业投资额 +45.905

产城融合发展指数与产值增长回归结果表　　表9-10

Variable	Coefficient	Std.Error	t-Statistic	Prob.
ccrhfzzs	4.566472	0.9701078	4.71	0.002
_cons	34.93353	1.056028	33.08	0.000
R-squared	0.7347	Root MSE		1.3194
Adj R-squared	0.7016	F-statistic		22.16
RSS	13.9268626	Prob>F		0.0015

数据来源：回归结果。

表 9-10 是产城融合发展指数与产值增长之间关系的回归结果，从表中可以看出，R^2 为 0.7347，调整后的 R^2 达到 0.7016，回归的拟合优度较好，且能通过 F 检验，说明产城融合发展指数与产值增长之间是显著相关的，该回归同时也在一定程度上说明整个模型是合理的。根据回归结果我们可以得到如下方程表达式：

产值增长 =4.566× 产城融合发展指数 +34.934

其他变量表达式参见附录第一部分。至此，杭州经济技术开发区产城融合发展系统动力学模型建立完毕。

（四）模型有效性检验

1. 稳定性检验

在不同的仿真步长下的仿真结果对比可以有效检验模型的稳定性，以免出现因为仿真步长的更改而出现违背事实的结果，对时间间隔为 1、0.5、0.25 年分别进

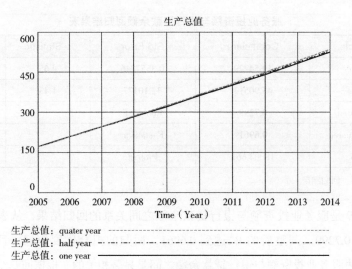

生产总值：quater year ----------------------------------
生产总值：half year -- -- -- -- -- -- -- -- -- --
生产总值：one year ▬▬▬▬▬▬▬▬▬▬

图9-9　模型稳定性检验图
资料来源：模型稳定性检验。

行仿真，结果如图9-9所示，在不同的仿真步长下生产总值的变化趋势不明显，说明模型是具有稳定性的。

2.历史数据检验

历史数据检验即为检查历史统计数据与模型的模拟结果是否相符合，也就是检验模型运行的结果与实际结果是否接近。本章选择对生产总值与人均GDP进行历史数据检验，如表9-11所示，数据的模拟值与真实值相差在5%以内，说明模型模拟结果基本符合实际发展数据，模型是有效的。

变量模拟值与真实值的比较　　　　　　　　　　表9-11

年份	生产总值			人均GDP		
	真实值	模拟值	相对误差（%）	真实值	模拟值	相对误差（%）
2005	170.9	170.9	0	8.07	8.07	0
2006	212.01	207.44	−2.16	8.25	8.08	−2.06
2007	252.95	244.45	−3.36	9.44	9.12	−3.39
2008	291.73	282.14	−3.29	9.44	9.13	−3.28
2009	312.15	320.88	2.80	7.86	8.08	2.80
2010	359.97	360.52	0.15	9.15	9.16	−0.11
2011	420.6	400.37	−4.81	10.47	9.97	−4.78
2012	451.91	441.07	−2.40	11.18	10.91	−2.42
2013	471.71	481.69	2.22	11.50	11.74	2.09
2014	524.9	523.63	−0.24	12.32	12.29	−0.24

数据来源：检验结果。

（五）仿真结果分析

1. 产城融合发展指数仿真结果分析

在对产城融合发展指数的计算过程中，我们可以看到，产业发展指数的权重是 0.400，城市发展指数的权重是 0.503，生态文明指数的权重是 0.097，城市发展指数的权重最高，说明城市化发展状况对杭州经济技术开发区产城融合发展具有较为关键的作用，其次是产业发展状况。

利用 Vensim 对杭州经济技术开发区产城融合发展系统动力学模型模拟结果如表 9-12 所示，我们可以看出，杭州经济技术开发区的产城融合发展指数随着时间的推进是不断提高的，影响产城融合发展指数的产业发展指数、城市发展指数、生态文明指数整体上也是呈上升趋势的。

仿真模拟结果　　　　　　　　　　　表9-12

年份	产城融合发展指数	产业发展指数	城市发展指数	生态文明指数
2005	0.351	0.447	0.236	0.556
2006	0.456	0.569	0.322	0.679
2007	0.604	0.728	0.476	0.753
2008	0.832	0.775	0.857	0.937
2009	1.031	0.835	1.209	0.911
2010	1.078	1.025	1.159	0.873
2011	1.263	1.198	1.260	1.544
2012	1.246	1.320	1.201	1.176
2013	1.534	1.539	1.587	1.238
2014	1.712	1.646	1.838	1.333

数据来源：仿真结果。

图 9-10 是产城融合发展指数模拟结果的图形，由于采用均值法对不同单位变量进行了无量纲化处理，可以直接对曲线变化进行数值对比分析。从图中我们可以看出，2008 年之前产业发展指数高于工业发展指数，2008 年之后城市发展指数高于工业发展指数，说明杭州经济技术开发区的城市化发展进程在慢慢超越产业化的发展进程；2007—2009 年，产业发展指数处于缓慢发展阶段，城市发展指数增长较快，究其原因，产业缓慢发展是受到国际金融危机的冲击，杭州经济技术开发区的城市化发展迅速的原因是因为基础设施建设投资与地方财政支出额的投资增长较快（图 9-13）。图 9-10 中我们还可以看出，生态文明指数在 2011 年出现较大幅度的

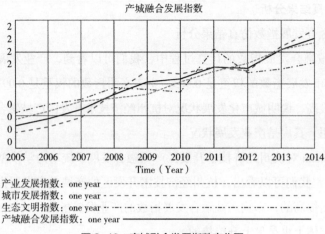

产城融合发展指数

产业发展指数：one year ————————
城市发展指数：one year -----------
生态文明指数：one year —·—·—·—·
产城融合发展指数：one year ━━━━━

图9-10　产城融合发展指数变化图
资料来源：仿真结果。

上涨，原因是这一年的万元工业能耗下降率达到9%以上，说明工业能耗下降对生态环境保护的重要性。

而对于产业发展指数、城市发展指数和生态文明指数的仿真结果图，由于各变量的单位和数量级存在差异，不能对曲线进行大小对比分析，但我们可以通过对不同变量的纵坐标进行不同的标示，然后对其进行趋势对比分析。这是系统动力学的特性之一，可以将单位不同的变量放在一个图标中进行分析。

2. 产业发展指数仿真结果分析

产业发展指数的计算过程中，工业投资额、银行贷款余额、科技创新水平的权重都超过20%，对产业发展的影响较大。人均GDP、从业人员数量、二三产业产值百分比在原始数据中的变化幅度较小，权重较低，对指数计算结果的影响较小。如图9-11、图9-12所示，产业发展子模型的模拟结果中，2007—2009年，工业投资额和人均GDP受金融危机的影响而下降；2008年之前，银行贷款余额缓慢增长，自2008年，杭州经济技术开发区坚持城市化和工业化两轮驱动，先进制造业与现代服务业两业并举，大力发展现代服务业，促使现代服务业的投资额高速增长，而工业投资额2009年之后处于缓慢增长阶段，直到2013年，服务业投资额显著下降，工业投资额显著上升；从业人员数量和二三产业产值百分比一直处于稳定缓慢增长状态。

3. 城市发展指数仿真结果分析

城市发展指数的计算过程中，基础设施投资额、地方财政支出额、商品销售总额的权重分别为0.416、0.270、0.314。可以看出，对杭州经济技术开发区而言，

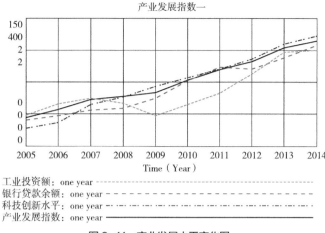

图 9-11　产业发展水平变化图一

资料来源：仿真结果。

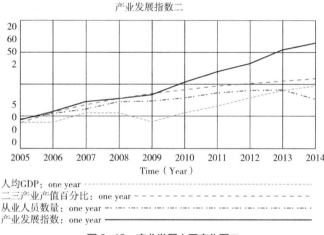

图 9-12　产业发展水平变化图二

资料来源：仿真结果。

基础设施建设投资额对其城市发展指数的影响较大。城市发展指数的模拟结果如图 9-13 所示，基础设施投资额的变化较不稳定，地方财政支出额自 2007 年至 2011 年增长较快，之后增长趋势逐渐放缓；影响城市发展指数的三个变量在 2007—2009 年都出现较大幅度增长，致使城市发展指数上升较快，之后各有增减，但城市发展指数一直处于较平稳增长状态。

4. 生态文明指数仿真结果分析

生态文明指数的模拟结果如图 9-14 所示，公共绿地面积这一变量一直处于平稳增长状态，对生态文明指数的影响较小。生态文明指数走势与万元工业增加值能耗下降率走势基本一致，而万元工业增加值能耗下降率这一指标反映的是生产过程

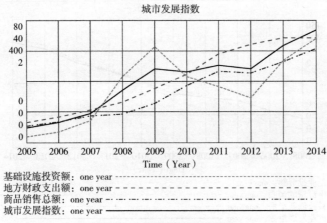

图 9-13　城市发展水平变化图

资料来源：仿真结果。

图 9-14　生态文明水平变化图

资料来源：仿真结果。

的污染状况，故应将生态文明建设的关注点重点放在污染源头。2011 年生态文明指数的高涨与万元工业增加值能耗下降率在这一年达到 9% 以上密切相关。

（六）影响因素灵敏度分析

通过对杭州经济技术开发区产城融合发展指数、城市发展指数、产业发展指数、生态文明指数的仿真，以及各指数影响因素的变化趋势分析，下面再用灵敏度分析的方法来研究各变量对产城融合发展指数的影响程度。

灵敏度分析是用来研究某一变量或参数变化受另一变量或参数变化影响程度的方法。通过灵敏度分析，我们可以找出对产城融合发展指数影响较大的因素，灵敏度分析模型的一般形式为：

$$S=\frac{\Delta Y/Y}{\Delta X/X} \qquad (9.11)$$

式中：S标示灵敏度；

$\qquad$ X是指标变量；

$\qquad$ Y是模型中受X影响而改变的变量。

将所涉及的指标变量进行同等幅度的改变，来观察产城融合发展指数的变化率，从而较为清晰直观地显示出各变量对指数的影响程度大小，同时，计算不同指标改变后造成的产城融合发展指数输出结果的偏离程度。本章设计对十个指标变量的变化幅度为20%，运行模型得出各指标变化后的产城融合发展指数。通过分析得出，对产城融合发展影响较大的指标分别是工业投资额、银行贷款余额、科技创新水平、基础设施投资额、地方财政支出额、商品销售总额、万元工业增加值能耗下降率，其数值增加20%之后模拟的产城融合发展指数如表9-13所示。全部指标的灵敏度分析结果见附录第二部分。

各指标提高后产城融合发展指数仿真数据　　　　表9-13

年份	原始数值	工业投资额提高	银行贷款余额提高	基础设施投资额	科技创新水平	地方财政支出额	商品销售总额	万元工业增加值能耗下降率
2005	0.351	0.361	0.362	0.356	0.358	0.360	0.362	0.357
2006	0.456	0.469	0.468	0.464	0.465	0.467	0.469	0.464
2007	0.604	0.619	0.619	0.621	0.619	0.618	0.621	0.613
2008	0.832	0.846	0.848	0.883	0.851	0.850	0.851	0.844
2009	1.031	1.041	1.051	1.105	1.053	1.054	1.057	1.042
2010	1.078	1.091	1.105	1.130	1.104	1.108	1.116	1.087
2011	1.263	1.280	1.296	1.307	1.292	1.302	1.311	1.284
2012	1.246	1.269	1.279	1.282	1.279	1.289	1.293	1.260
2013	1.534	1.565	1.572	1.600	1.574	1.581	1.589	1.549
2014	1.712	1.744	1.756	1.796	1.756	1.760	1.777	1.729

数据来源：仿真结果。

分别将工业投资额、银行贷款余额、科技创新水平、基础设施投资额、地方财政支出额、商品销售总额、万元工业增加值能耗下降率提高20%后，产城融合指数的输出值相对于原始值的变化率如表9-14所示。

各指标提高后产城融合发展指数变化率　　　　　　表9-14

年份	工业投资额（%）	银行贷款余额（%）	基础设施投资额（%）	地方财政支出额（%）	科技创新水平（%）	商品销售总额（%）	万元工业增加值能耗下降率（%）
2005	2.717	3.041	1.217	2.434	1.994	3.097	1.764
2006	2.895	2.728	1.755	2.403	1.974	3.003	1.809
2007	2.496	2.460	2.781	2.326	2.483	2.911	1.478
2008	1.643	1.907	6.100	2.118	2.284	2.299	1.441
2009	0.972	1.975	7.205	2.291	2.134	2.557	1.109
2010	1.258	2.562	4.824	2.783	2.412	3.542	0.844
2011	1.362	2.661	3.534	3.084	2.296	3.793	1.703
2012	1.859	2.643	2.893	3.468	2.649	3.757	1.114
2013	1.979	2.489	4.286	3.035	2.608	3.600	0.966
2014	1.838	2.560	4.884	2.762	2.550	3.758	0.978

数据来源：仿真结果。

第六节　结论和政策建议

一、主要结论

本章以杭州经济技术开发区为例，从理论和实证两个方面研究了开发区产城融合发展的相关问题。在理论分析方面，分析了产城融合发展经济动力机制、开发区产城关系演化过程和多要素互动机理分析，以及运用系统动力学的相关理论和方法，构建了开发区产城融合发展系统动力学模型。在模型的构建过程中，方程表达式中变量的权重由熵值法给出，变量无量纲化处理采用均值法。在实证分析方面，对杭州经济技术开发区2005-2014年的发展数据进行仿真模拟，包括产城融合发展指数评价分析和产业发展指数、城市发展指数、生态文明指数的评价分析，以及影响因素的灵敏度分析。

在工业化推动城市化，城市化支撑工业化的作用机制下，推动产城融合发展的经济动力机制包括内部动力，外在推力和改革动力。内部动力是推动产城融合的主要动力，包括微观动力、中观动力和宏观动力；外在推力是推动产城融合发展的辅助动力，包括市场驱动和政府引导；以人为本的核心发展理念是推动产城融合发展的改革动力。产城关系演化互动分析表明，开发区在起步、成长、成熟三个发展阶段中，产业发展、城市功能、生态文明是协同演化的，构成系统的多要素之间存在多重互动关系。

运用系统动力学相关理论和方法，把开发区产城融合发展系统划分为产业发展子系统、城市发展子系统和生态文明子系统，并依据因果关系分析，构建了开发区产城融合发展系统动力学模型，分析了产城融合发展系统相互作用的内部结构。通过仿真模拟，杭州经济技术开发区的产城融合发展指数随着时间的推移是不断提高的，影响产城融合发展指数的产业发展指数、城市发展指数、生态文明指数整体上也是呈上升趋势的。从产城融合发展指数的计算过程中，我们可以看到，产业发展指数的权重为 0.400，城市发展指数的权重为 0.503，生态文明指数的权重为 0.097，城市发展指数的权重最高，说明城市化建设对开发区产城融合发展具有较为重要的影响，其次是产业发展。在产业发展指数的计算过程中，工业投资额、银行贷款余额、科技创新水平的权重较大，都超过 0.20，对产业发展指数的影响较大；在城市发展指数的计算过程中，权重由大到小的顺序为基础设施投资额、商品销售总额、地方财政支出额，权重分别为 0.416、0.314、0.270；在生态文明指数的计算过程中，万元工业增加值能耗的权重大于公共绿地面积的权重。此外，通过对杭州经济技术开发区产城融合发展各影响因素的灵敏度分析表明，对产城融合发展影响较大的变量分别是工业投资额、银行贷款余额、科技创新水平、基础设施投资额、地方财政支出额、商品销售总额、万元工业增加值能耗下降率。

二、政策建议

开发区产城融合发展是城市的可持续发展模式，从效率的角度来看，产城融合为经济社会发展提升了要素流动性；从成本的角度看，产城融合发展为产业和工人生产降低了成本；从人的发展角度看，产城融合更利于人的全面发展与和谐社会的构建。同时，产城分离已成为开发区实现转型升级的障碍、实现可持续发展的瓶颈。基于上述理论和实证分析，提出如下政策建议。

（一）产业发展投资以先进制造业和现代服务业两业并举、科技研发和成果转化应用两轮驱动为主

产业发展是开发区实现产城融合发展的物质基础，投资发展先进制造业和现代服务业是加快开发区产业转型升级、提升产业竞争力、实现可持续发展的有效路径。

对于先进制造业而言，首先，从政策制定出发，完善先进制造业发展政策，加大财政支持力度，建立产学研相结合的政策体系，增强对先进制造业的统筹谋划，确定先进制造业在开发区产业发展中的战略性地位，促进先进制造业长效发展机制的形成；其次，政府和金融机构要引导建立多元投资体系，探索新的担保机制、拓宽融资渠道以加大对先进制造企业的资金支持；最后，先进制造业是信息技

术与生产方式的有机融合，制造企业在产品设计、加工制造和销售维护中应广泛应用信息技术、现代管理技术等先进技术，推动生产的系统化、信息化和集约化，促进产业的先进性、技术的先进性、管理的先进性融合统一发展。

对于服务业而言，开发区现代服务业建设主要包括信息、物流、金融、法律等服务的发展，现代服务业提供的服务功能可实现生产、分配和消费的有机联结。对于现代服务业，首先，要以服务企业需求为导向，通过招商引资的扩大、扶持政策的规范、对外开放的作用推进生产性服务业重大项目建设；其次，政府要引导现代服务业的集聚发展，集聚具有资源整合、功能集成、信息共享的特点，打造现代服务业集聚区可大幅度提升产业生产效率。对于传统服务业，要以居民需求为导向，推进传统服务业的发展，产城融合发展的本质是以人为本的发展模式，开发区的人力资源需要优质的生活性服务业和公共性服务业。开发区要坚持生产性服务业和生活性服务业并重，依托各类楼宇资源，着力发展总部经济、电子商务、文化创意、金融服务、优质商业综合体等现代服务业，扶持专业型、主体型高品质楼宇的开发建设，积极引导社区商业实现业态优化，加快提升城市能级、增强配套能力。

科技创新是产业发展的核心生产力，开发区应在发展中强化科技创新驱动战略，大力提升科技能力，以研发与应用两轮驱动为产业发展提供强有力的科技支撑。首先，人力资源是科技创新的核心智力支持，要加快集聚创新人才，通过突出引才重点、创新引才机制、优化人才服务，全面壮大开发区创业创新人才队伍。其次，建设高效的创新平台，本着"科学规划、功能完善"的原则，完善平台体系、招引科技项目、强化管理服务，加快创新平台建设，提升创新平台质效，切实对创新发展增强载体作用。另外，推进产学研用一体化建设，加快科技研发相关的体制改革，从三个方面入手，一是通过财政支持的供给侧结构性改革实现资本的最有效利用，对关键性技术提高支持力度；二是规范科技管理部门职能，逐步实现由政府对科技研发项目的管理转变为由专业机构管理；三是健全成果转化激励制度，提高科研人员在技术应用中的收益。

（二）城市功能建设以加大基础设施投资、提高公共服务能力为主

城市功能建设是开发区实现产城融合发展的空间载体，基础设施建设和公共服务能力是开发区发展成"微型城市"的必要条件。基础设施是企业、居民生产生活的物质基础，包括交通通信设施、市政公用设施等，基础设施建设可通过提高要素的流动效率提升开发区与周边环境的通达性。公共服务是指政府面向公众提供的公共产品和服务，包括科教文卫体、社会保障服务等，随着经济发展、科技进步与产品供给能力的提升，各方面经济主体对公共服务的要求将不断增长。

对于基础设施建设，首先，加强交通、通信、物流等基础设施建设，以完善对产业发展的基本载体作用，确保实现开发区内部以及开发区与外界的互通、充分衔接；增强供电、供水、环保等公共设施建设，提高对居民生活的承载能力。其次，在开发区引进或建立科研机构、会展中心、商务中心等机构，以完善对产业发展的硬件支持。基础设施工程项目的实施要坚持高标准要求，即规划标准高、设计标准高、施工标准高，公开招标，严格审核，确保工程质量过关，使开发区以不断提升的基础设施水平为招商引资提供优质生产平台。

对于公共服务能力提升，首先，转变政府职能，科学界定管理权限，完善公共服务体系，一些原来由政府负责的职能转为非政府机构负责，实现公共服务供给主体的多样性，在实现公共资源有效配置的同时，还可以提高服务供给的效率。其次，优化财政支出结构，提高公共服务支出在地方财政支出中的比例，把基础教育投资、社会保障设施、医疗卫生机构、体育文化服务等关系到居民生活根本利益的支出作为地方财政支出的重点。另外，须突出治理重点、优化治理机制、创新治理方式，通过建立专门的行政审批中心、生活服务中心、中介服务平台提升开发区综合运营管理能力，如此可简化程序、提高行政管理效率，以增强对产业和居民生产生活的服务能力。

（三）生态环境建设以构建绿色产业链、打造生态开发区为主

产城融合发展将人的全面发展放在特殊地位，坚持以人为本的发展理念。在推进产业发展与城市功能良性互动的同时，要更加注重人口、资源和环境的协调性。构建绿色产业链、打造生态开发区正是在产城融合发展理念的指引下，综合考虑人的全面发展对生态环境的必然要求。形成基于环保考虑、借助科技、资源节约与生产机制环境污染少的产业链，即绿色产业链；依据循环经济原理和生态学原理的综合发展理念设计而成的新型工业开发区即为生态开发区。

首先，以科学规划促进开发区生态化发展。秉承生态优先的科学发展理念对开发区进行整体生态化规划设计，明确产业发展方向，以及各区域空间功能定位，形成生产空间、生活空间、休闲空间、文化空间的有机叠加，构建土地集约利用、人口分布合理、产业结构优化、生态环境宜居宜业的开发区空间组织形态。

其次，以生态理念为指导，积极发展绿色产业链、循环经济产业链，牢固树立绿色、创新、开放、共享的发展理念。一方面，坚持政策激励、示范引导和加强监管相结合，大力发展循环经济，鼓励和支持企业使用太阳能、天然气等清洁能源，推动建立绿色、循环、低碳发展产业体系，形成促进绿色产业和循环经济产业发展的长效机制；另一方面，引进先进技术，建立创新体系。科学技术对于绿色

产业的发展和资源的循环利用具有不可替代的作用，对于新能源技术、可再生资源技术、绿色制造技术、环境无害化技术等，鼓励企业自主创新与技术引进相结合（刘飞，2012）。

最后，强化环境保护工作，加大污染治理力度。一方面，加强透明规范的法治环境建设，严格按照环境标准执行项目准入制度，切实维护标准的权威性和严肃性；另一方面，建立环保责任制，实行党政同责、考核问责，全面开展造成环境问题的排查和整改工作；除此之外，开发区还应建立与自己产业规模相匹配的环境监测系统，鼓励社会大众参与环境保护，加强社会监督和舆论监督。

附　录

一、变量表达式

（01）工业投资额 = 固定资产投资额 × 比重 1

（02）开发区人口 = INTEG（人口增长，21.18）

（03）服务业增加值 =0.303× 生产总值 –34.184

（04）万元工业增加值能耗下降率 = WITH LOOKUP {Time，〈[（2005，0）–（2014，10）]，（2005，2.91），（2006，3.85），（2007，4.13），（2008，5.51），（2009，5.16），（2010，4.04），（2011，9.83），（2012，6.2），（2013，6.5），（2014，7.3）〉}

（05）人均 GDP= 生产总值 / 开发区人口

（06）产值增长 =4.566× 产城融合发展指数 +34.934

（07）从业人员数量 = WITH LOOKUP {Time，〈[（2005,0）–（2014,40）]，（2005，11.23），（2006，13.58），（2007，15.25），（2008，18.21），（2009，18.29），（2010，19.55），（2011，21.5），（2012，22.5），（2013，22.71），（2014，19.2）〉}

（08）产城融合发展指数 =0.4× 产业发展指数 +0.503× 城市发展指数 +0.097× 生态文明指数

（09）人口增长 = 增长表函数

（10）公共绿地面积 = WITH LOOKUP{〈[（2005,0）–（2014,10）]，（2005,3.5），（2006，3.8），（2007，4.44），（2008，4.93），（2009，5.11），（2010，6.37），（2011，6.89），（2012，7.34），（2013，7.78），（2014，7.88）〉}

（11）商品销售总额 =1.782× 服务业投资额 +16.510

（12）固定资产投资额 =0.665× 生产总值 –52.642

（13）地方财政支出额 = WITH LOOKUP {Time，〈[（2005，0）–（2014，40）]，

（2005，6.56），（2006，8.35），（2007，10.64），（2008，13.23），（2009，17.63），（2010，22.4），（2011，29.06），（2012，32.18），（2013，34.18），（2014，34.25）〉}

（14）城市发展指数 =0.416× 基础设施投资额 /35.908+0.27× 地方财政支出额 /20.849+0.314× 商品销售总额 /158.62

（15）基础设施投资额 = 比重 3× 固定资产投资额

（16）增长表函数 = WITH LOOKUP {Time，〈[（2005，−0.4）−（2014，10）]，（2005，4.53），（2006，1.08），（2007，4.11），（2008，8.81），（2009，−0.35），（2010，0.81），（2011，0.26），（2012，0.59），（2013，1.58），（2014，0.5）〉}

（17）工业增加值 =0.667× 生产总值 +32.708

（18）服务业投资额 = 固定资产投资额 × 比重 2

（19）市级以上研发中心 = WITH LOOKUP{Time，〈[（2005，0）−（2014，200）]，（2005，20），（2006，26），（2007，59），（2008，68），（2009，83），（2010，95），（2011，107），（2012，121），（2013，146），（2014，156）〉}

（20）二三产业产值百分比 =（服务业增加值 / 工业增加值）×100

（21）产业发展指数 =0.218× 工业投资额 /65.907+0.292× 银行贷款余额 /177.863+0.053× 从业人员数量 /18.206+0.112× 二三产业产值百分比 /23.775+0.028× 人均GDP/9.767+0.297× 科技创新水平 /1

（22）比重 1 = WITH LOOKUP {Time，〈[（2005,0）−（2014,1）]，（2005,0.59），（2006，0.58），（2007，0.51），（2008，0.37），（2009，0.22），（2010，0.26），（2011，0.29），（2012，0.35），（2013，0.41），（2014，0.38）〉}

（23）生产总值 = INTEG（产值增长，170.9）

（24）生态文明指数 =0.608× 万元工业增加值能耗下降率 /5.543+0.392× 公共绿地面积 /5.804

（25）比重 2 = WITH LOOKUP {Time，〈[（2005,0）−（2014,1）]，（2005,0.35），（2006，0.34），（2007，0.36），（2008，0.32），（2009，0.39），（2010，0.51），（2011，0.57），（2012，0.49），（2013，0.52），（2014，0.55）〉}

（26）科技创新水平 =0.0019× 高新技术企业 +0.0067× 市级以上研发中心

（27）银行贷款余额 =1.654× 服务业投资额 +45.905

（28）比重 3 = WITH LOOKUP {Time，〈[（0,0）−（4000,10）]，（2005,0.06），（2006，0.08），（2007，0.13），（2008，0.32），（2009，0.39），（2010，0.23），（2011，0.17），（2012，0.12），（2013，0.2），（2014，0.23）〉}

（29）高新技术企业 =0.773× 生产总值 −58.697

二、灵敏度分析表

各指标提高后产城融合发展指数仿真数据   表1

年份	原始数值	从业人员数量	人均GDP	二三产业产值百分比	公共绿化面积	科技创新水平	万元工业增加值能耗下降率	商品销售总额	地方财政支出额	基础设施投资额	银行贷款余额	工业投资额
2005	0.351	0.354	0.353	0.356	0.356	0.358	0.357	0.362	0.360	0.355	0.362	0.361
2006	0.456	0.459	0.458	0.462	0.461	0.465	0.464	0.469	0.467	0.464	0.468	0.469
2007	0.604	0.607	0.606	0.612	0.610	0.619	0.613	0.621	0.618	0.621	0.619	0.619
2008	0.832	0.836	0.834	0.841	0.839	0.851	0.844	0.851	0.850	0.883	0.848	0.846
2009	1.031	1.035	1.033	1.041	1.038	1.053	1.042	1.057	1.054	1.105	1.051	1.041
2010	1.078	1.082	1.080	1.088	1.086	1.104	1.087	1.116	1.108	1.130	1.105	1.091
2011	1.263	1.268	1.265	1.274	1.272	1.292	1.284	1.311	1.302	1.307	1.296	1.280
2012	1.246	1.251	1.248	1.258	1.256	1.279	1.260	1.293	1.289	1.282	1.279	1.269
2013	1.534	1.540	1.537	1.547	1.545	1.574	1.549	1.589	1.581	1.600	1.572	1.565
2014	1.712	1.717	1.715	1.725	1.723	1.756	1.729	1.777	1.760	1.796	1.756	1.744

数据来源：仿真结果。

各指标提高后产城融合发展指数变化率   表2

年份	从业人员数量（%）	人均GDP（%）	二三产业产值百分比（%）	公共绿化面积（%）	科技创新水平（%）	万元工业增加值能耗下降率（%）	商品销售总额（%）	地方财政支出额（%）	基础设施投资额（%）	银行贷款余额（%）	工业投资额（%）
2005	0.745	0.527	1.287	1.306	1.864	1.764	3.097	2.434	1.217	3.041	2.717
2006	0.699	0.410	1.394	1.101	1.940	1.809	3.003	2.403	1.755	2.728	2.895
2007	0.597	0.352	1.288	0.978	2.586	1.478	2.911	2.326	2.781	2.460	2.496
2008	0.523	0.260	1.077	0.798	2.235	1.441	2.299	2.118	6.100	1.907	1.643
2009	0.430	0.190	0.967	0.677	2.199	1.109	2.557	2.291	7.205	1.975	0.972
2010	0.441	0.204	0.998	0.804	2.427	0.844	3.542	2.783	4.824	2.562	1.258
2011	0.415	0.191	0.907	0.746	2.354	1.703	3.793	3.084	3.534	2.661	1.362
2012	0.441	0.211	0.963	0.806	2.694	1.114	3.757	3.468	2.893	2.643	1.859
2013	0.368	0.188	0.826	0.705	2.586	0.966	3.600	3.035	4.286	2.489	1.979
2014	0.288	0.178	0.774	0.649	2.530	0.978	3.758	2.762	4.884	2.560	1.838

数据来源：作者自制。

第十章 "产城人境业"融合发展的公园城市建设——以四川天府新区为例

公园城市是城市发展的新理念，公园城市建设需要在理论上界定其科学内涵，建立以生态价值为核心的城市价值体系，厘清公园城市发展目标。尽管天府新区具有较好的生态本底，但是还需要进一步明确指导思想，谋划新时代成长坐标，规划发展路径。

第一节 公园城市的理论基础

随着人类文明的不断进步和城市发展水平的提高，城市发展理念也在不断演进。在推进城市高质量发展的进程中，绿色发展成为建设高质量发展的生态宜居城市的重要特征和基本要求。园林城市、花园城市、田园城市、韧性城市、海绵城市等相关概念不一而足，分别从不同角度表达城市的绿色诉求。2018年初，习近平总书记在视察天府新区时指出，天府新区一定要规划好建设好，特别是要突出公园城市特点，把生态价值考虑进去。这是在中国城市化进程进入新阶段背景下提出的新概念，既有深厚的理论意蕴，也有鲜明的时代特征。

一、公园城市的相关理论借鉴

（一）公园城市概念是对城市公园系统理论的超越

公园城市首先离不开公园，不过公园城市内涵远非公园系统。这就需要在公园建设上实现从孤立、零散、稀疏的单个城市公园升级到相互连通、错落有致、星罗棋布的城市公园系统，从而为公园城市提供景观生态基础。城市公园系统也只是公园城市的一部分。

城市公园系统发端于美国，其定义是公园和公园路所组成的系统，具有保护城市生态系统，诱导城市开发向良性发展，增强城市舒适性的作用。作为美国公园系统的创始人，奥姆斯特德的城市公园系统理论具有浪漫主义和自然主义风格，他倡议保护自然资源和环境，建立公共园林、城市开放空间系统，把乡村带入城市，把城市园林化。波士斯顿公园城市系统是该理论的成功典型。这种规划思想直接动因是19世纪工业化高度发展的美国城市亟须转型，同期，英国皇家公园的公共化（譬如格林公园、海德公园等）成为其思想得以实践的重要历史契机。正如奥姆斯特德所言，建设城市公园系统是城市居民物质与精神生活的必需品，而不是奢侈品。城市公园系统所展现的城市园林化、城乡融合化、园林公共化也正是公园城市的发展方向。

在这种思想引领下，规划学、景观学、生态学等多学科发展，推动波士顿城市公园系统不仅成为世界各地城市建设的样本，而且也引导城市向生态化、可持续的方向发展。后来，生态环境的改善成为城市公园系统规划更加关注的内容。今天，国内外生态城市建设蓬勃兴起，城市广泛建设的绿道、绿色基础设施、绿色网络等也都是在城市公园系统基础上的一种延续和发展，并对塑造城市空间和整治生态环境起到了重要的作用。比如海绵城市倡导的人水和谐、低碳城市追求的零排放、循环城市提出的零废弃等都是对其硬件建设基础上的软环境提升。

城市公园系统仅仅是从城市景观层面提出城市规划思想，而公园城市不仅包含城市形态的美化，更有经济、社会、生态等多维意蕴，是生产、生活、生态、生命的高度融合。

（二）公园城市与城市规划新理念的契合

公园城市概念的提出体现出世界城市发展新理念的思想精髓。第三届联合国住房和可持续城市发展大会的《新城市议程》连续两年都重点阐述城市的生态可持续发展。2016年的核心内容是倡导"城市的生态与韧性"。2017年，主要议题是城市的权利，指出新型城市化的核心愿景，是人人共享城市；人们可以自由选址居住，能参与城市建设；同时，城市具有公正、安全、健康、方便、韧性和可持续性等属性。在生态和韧性的基础上，增加了对人的权利的重视，特别指出城市发展共建共享的社会属性。城市的生态韧性要求和社会公共属性与公园城市的本质特征有共通之处。

如果说奥氏的公园系统理论构成公园城市的景观形态，那么霍华德在20世纪初构想的田园城市则成为公园城市规划的思想起源。通过风景园林将自然要素引入城市，并非基于城市美化的目的，而是从健康与生存以及经济的角度出发。风景园林形态的公园为工业化社会高度紧张的工作生活状态舒缓压力、恢复健康发挥了重要作用，成为工业社会的"伊甸园"。21世纪初，景观都市主义和生态都市主义的兴起，更加注重城市与自然的融合，自然的人文化和城市的生态化交相辉映，公园城市概念呼之欲出。

二、公园城市对相关概念的吸纳

公园城市是新时代城市发展新阶段提出的新理念，其内涵之丰富、外延之广泛，源于对城市学相关概念的充分吸纳。

（一）览生态城市之绿，采国家公园之野

公园城市的重要指征之一为亲近自然，生态协调。即基于园在城中、城在园中的思想，构建公民共享，与城市无缝隙融合的公园系统，形成完整统一的城市生态系统。此公园系统是一个全域的绿色空间体系，通过串联城市内外湖河生态涵养湿地、维护修复林田绿地，保持原始本质自然风光，交融广域山川，创建山水林田湖生命共同体实现的。而城市亦是被和谐统一的山水林田湖生态体系所环绕，被饱和富含的绿网所融合点缀的自然体。因而，公园城市中，公园系统人人可达，人人可享自然和乡农之野趣。

（二）悦园林城市之秀，赏花园城市之美

公园城市是一座山清水秀的城市，携园林城市之秀又赏花园城市之美。其秀美不仅在于坐拥山水湖光自然之灵，也在于城市景观造物之赏心悦目，即城市环境的整洁、干净、舒畅、柔和。城市内目之所及，空气通透，水质清浅，道路广场平整清洁，道旁成荫花香四溢，建物齐整，风格和谐，设施完善，交通有序，城市整体活而不杂。不仅营造舒适安心的花园式人居环境，也营造出促进全体居民和游客在城市内慢步观赏意愿的意境。

（三）撷田园城市之趣，怡城市公园之乐

公园城市其表征不仅限于生态环境优美与硬件设施的完善，更呈现为文化蕴意、社会文明以及安居立业之载体。公园城市注重历史文脉传承和突出城市特色，又将居民怡然自乐的美好生活要求作为城市建设管理的根本。首先，公园城市的公园系统不仅承担着维系自然生态系统的作用，也是城市居民游憩生息的空间场所。公园系统不仅有自然之美，也有生活之趣，应充分利用其公共空间的属性，针对不同层面和层次的居民提供完善的文化设施和丰富的文娱活动，打造开放的交流场地。其次，基垫于城市的本真历史底蕴，穿插于城市中的文化元素，渗透于城市生活中的民俗风采以及休闲悠然的慢生活节奏，共同丰富了公园城市的玩味意趣，提升了城市的魅力值以及居民的精神归属感。

（四）纳韧性城市之韧，蕴海绵城市之柔

公园城市的柔韧性主要体现在两个方面，一是城市的公园体系具备生态多样性、高绿化品质以及自然环保的建设理念，既可储纳渗透城市水系雨量又可调节城市气候；二是公园城市是经济产业多样和可持续发展的，通过大力扶持研发、

高科技、环保、生态农业和休闲观光旅游产业等新兴集约节约型产业，推进节能减排和低碳生产生活，并且建立灵活的治理机制，使得城市具备应对经济风险、粮食安全、资源危机以及环境变化等的抵御能力和自我恢复能力。

（五）育"四生"融合之地，享健康城市之宜

公园城市是融开放连续的公园生态系统、山水林田湖生命共同体、不乏活力又高效持续的生产功能、丰裕的人文意蕴和休闲康乐居所于一体。同时，也是强调以人为本、民生为要、共建共享的善治之城。这里将焕发城市生命有机体中各个"细胞"活力，生产、生活、生态、生命融合，经济主体、社会主体、自然主体、生命个体，相得益彰、和谐共生。

公园城市是在山水城市基础上，体现自然与人文的结合、经济与生态的协调、规划设计与公众参与的协同，比花园城市更具有人文意蕴、比园林城市更具有自然风味，比生态城市具有更多发展特性。公园城市必将吸收既有相关概念和发展模式的精华，凝练成为自身的思想内核。

第二节　公园城市的科学内涵

一、公园城市的属性

公园城市具有公共品属性、生态属性和空间属性的三重内涵。

一是公共品属性。公园城市体现城在园中、园在城中、城园一体的规划理念，星罗棋布、错落有致的生态公园系统是公园城市不可或缺的主体要素。这种公园系统的开放性、连续性和广域性，使得生活在城市的居民易于亲近绿色，拥抱绿色。从而实现"生态福利"的均等化、可获得和全覆盖，增强城市居民对生态环境品质提升的幸福感和获得感。这种公共品属性，不仅具有社会属性，惠及所有居民，也具有经济属性，在福利增进的同时提升城市价值。

二是生态属性。公园城市强调绿量饱和，园林绿化达到"开门见绿、出门进园"的要求。这种绿化增量不仅满足视觉的美感和心情的愉悦，更重要的是绿化增量提质本身就是在为城市打造更为强大的"肺"。让公园绿地系统担负着城市空气生态循环中的碳汇和氧源的作用，成为城市保障人类吐故纳新的空气循环系统中的重要环节。公园城市的生态属性强化了公共品属性，使具有民生意义的"生态福利"变得愈加丰厚且历时绵长，最终将城市竞争力和城市宜居性这一对矛盾体实现有机统一。

三是空间属性。公园城市的空间属性具有经济、社会、生态等多维特征，且相互促进，通过生态空间的改善可以推动生产空间特别是产业空间的优化，同时提升生活空间的品质，衍生多样化的消费场景和社交生态，丰富人文空间。公园城市不同于城市公园，就是因为城市是人类活动集聚之地，是人类文明的中心，不是消极避世的"桃花源"，更不是驰于空想的"乌托邦"，而是生产空间集约高效、生活空间宜居适度、生态空间山清水秀、人文空间丰富多彩的四维融合、生态宜居的人类住区，在这里，人、城、园、野四大要素达到城园合一、人城和谐、充满活力、持续发展（即合、和、活、续）的状态。

二、公园城市的定义

公园城市与其他相关概念的区别在于以生态为本底，突出共享发展的人民主体性，而不是单纯强调空间形态或社会规范的概念创新。公园城市将是生命、生态、生产、生活"四生共融"得以实现的新型城市形态，是在"花园城市"基础上对城市绿化景观、生态环境、产业发展、市民生活、城市文脉的深度融合，体现出多维复合共生的特征。因此，公园城市可以定义为：以生态文明思想为遵循，按照生态城市原理进行城市规划设计、施工建设、运营管理，以生态价值为核心，以绿量饱和度、公园系统网络化为主要标志，兼顾生态、功能和美学三大标准，实现生命健康、生态良好、生产发展、生活幸福高度融合，运行高效、充满活力、和谐宜居、发展协调的人类聚居环境。

公园城市是个城市生命共同体。公园城市体现自然主义与理想主义的融合，将城市从早期的地域共同体概念升华到生命共同体理念。城市的产生首先是作为地域共同体的存在，它是地理要素与经济社会要素的空间集聚，是产、城、人、居、业的融合。当前新城新区提出产城人融合的发展理念，即是如此。但是多数城市在实际规划建设中缺乏微观层面的考量，即居和业的统筹。随着生态文明的发展，城市越来越成为生命共同体。宜居的城市一定是自然生态与人类共生的复合生态系统，是自然生态要素（山水林田湖）、生命系统（鸟虫鱼草兽）和人类共生互生、生生不息的生命共同体。城市生命共同体这一内涵揭示出城市发展中人类社会与自然生态之间存在实质统一的伦理关系、互助的利益机制、双向繁荣的价值目标及共生的文化趋向。

第三节 公园城市的价值体系与发展目标

一、公园城市价值体系

生态价值是公园城市价值之锚。以此为圆点，可以挖掘公园城市价值内涵，构建天府新区城市价值体系，从而科学谋划成长坐标。公园城市将是融地理要素、经济利益、人文价值、生命系统于一体的城市生命共同体。公园城市建设需要明确自身的价值取向，以城市生命共同体为依归，构建以生态价值为核心，以新区样板的城市品牌外溢价值为补充，融生态功能价值、生态经济价值、生态社会价值、生态人文价值、生态美学价值为一体的天府新区公园城市价值体系。

生态功能价值包括基础功能和享乐功能，前者表现为维护生态平衡、调节气候、提供生存空间、土壤肥力、净化环境等。"生态环境没有替代品，用之不觉，失之难存。""山水林田湖草是生命共同体"，表明生态服务功能首要的是生态环境为人类提供生命延续、环境承载功能。更优质的生态服务功能还体现在为人类提供舒适、健康、休憩的人居环境等享受型服务。

生态经济价值意指生态环境资源具有经济发展功能，通过生态经济、生态服务业、房地产经济等表现出来。将自然生态优势转化为经济社会优势，从而为城市的现代化发展走出一条人与自然和谐共生道路指明了方向。把单一的生态建设和可介入、可参与、景区化、景观化的场景建设结合起来，植入一些新的消费模式，将会创造新的价值，这些新创的消费场景和应用价值，又会衍生出更新的价值。公园城市正确的发展理念和发展方式，可以实现百姓富、生态优、城市美的有机统一。

生态社会价值就是生态优美对社会发展的促进作用。这种价值包括"环境就是民生，青山就是美丽，蓝天也是幸福"的价值观、"良好生态环境是最公平的公共产品，是最普惠的民生福祉"的民生观，是建设公园城市的价值导向和政策取向。公园城市建设要坚持生态惠民、生态利民、生态为民，不断满足人民日益增长的优美生态环境需要，让"绿色资产"真正变成百姓的"生态福利"。

生态人文价值是一种人文关怀，包括文脉传承价值、生态存在价值和生态选择价值。文脉传承价值是指，以文化为美丽宜居公园城市之"魂"，遵循"天人合一、道法自然"，建立健全以生态价值观念为准则的生态文化体系，展现人文精神，包容多元文化，促进传统文化与现代文明交相辉映，彰显大城文明气韵，建设世界文化名城；生态存在价值，即继续存在的价值，如生物栖息地濒危物种等；生态选择价值，即未来的使用或非使用价值（如生物多样性等），为后代遗留的使用价值和非使用价值（遗产价值）。

生态美学价值体现在城市形态、视觉空间、诗意栖息（欣赏、怡情、创作等）等方面。在公园城市建设中，尊重自然、顺应自然、保护自然，把生态要素引入城市，把城市融入自然，真正实现城在园中、园在城中、城园一体，塑造自然生态格局之美、公园城市肌理之美、蜀风雅韵的城市风貌之美。

公园城市建设具有品牌溢出价值。天府新区在公园城市方面的开创性建设将有助于城市品牌的提升，作为公园城市的先行区和示范区，其经验模式首先转化为城市的无形资产，进而对周边区域产生辐射带动作用，并成为其他城市和地区学习模仿的样板，产生外溢效应。

未来，城市将是融地域、利益、价值、生命于一体的命运共同体，公园城市也将是经济繁荣、人文丰富、社会和谐、生态平衡的共建共治共享共荣的人类聚落。我们要坚定践行"绿水青山就是金山银山"理念，将公园城市作为生态价值向人文价值、经济价值、生活价值转化的重要载体、场景和媒介，打造农耕文明、现代文明、工业文明和城市文明等多种文明交相辉映、人与城高度和谐统一的大美之地。

二、公园城市的发展目标

公园城市的发展目标可描述为自然之野、人文之韵、经济之活、治理之善、百姓之乐，其核心思想是以"治理之善"作为核心理念贯穿于五个维度中，强调多元城市主体共建共治共享公园城市"生态福利"的发展新思路。

（一）自然之野

天府新区建设的公园城市充满着自然之野。公园城市的自然之野将城市与自然统一起来，城市走进了自然，自然融进了城市，为人们提供了与自然对话交流的场所。在感官上，公园城市自然之野强调绿量饱和，园林绿化达到"开门见绿、出门进园"的要求。在功能上，公园城市的绿化增量不仅满足视觉的美感和心情的愉悦，更重要的是绿化增量提质本身就是在为城市打造更为强大的"肺"。让公园绿地系统担负着城市空气生态循环中的碳汇和氧源的作用，成为城市保障人类吐故纳新的空气循环系统中的重要环节。

天府新区公园城市要打造自然之野，将坚持让城市融入大自然的理念，整合水、山、林、田、湖等生态要素，大力拓展亲水、亲绿、亲自然的公园空间，努力构建"园在城中、城在园上、城园一体"的公园城市格局；将合理确定天府新区的城市建设规模，设置不低于占规划城镇建设用地总面积的70%的生态用地，天府新区的发展将融于优良的公园式生态环境之中，利用山水田林多元生态要素汇聚的优势，到2035年规划建成区人均公园绿地广场面积30平方米；将传统的点状公园与自然山水、生态田园相连接，形成网络化、一体化回归自然的生态空间。以水定人、以地定城、以能定业、以气定形，将好山好水融入城市，用好山好水润养城市，加速推进鹿溪智谷生态修复、北部组团生态间隔带、白沙水库等生态景观工程，加速实施锦江生态带、天府公园、兴隆湖、鹿溪河生态区等生态景观工程项目。

（二）人文之韵

天府新区建设的公园城市散发着人文之韵，让生活在天府新区的人拥有高质量"精神化生存"。天府新区建设公园城市注重自然与蜀文化的结合，强调历史文化底蕴的生态性构建，公园城市建设的内容将更加人文化、人性化、自然化、情调化、生活艺术化。天府新区建设公园城市的人文之韵将凝练天府新区时代、文化和精神变革的精华，使之成为显性形态。

天府新区建设公园城市要打造人文之韵，将发挥成都为主体，辐射眉山、资阳、简阳等多个地市县的地域优势，应重视发掘、传承与整合历史悠久、博大精深的巴蜀文化、少数民族文化等多种特色文化，打造天府新区公园城市独特的文化名片；将保留天府新区历史文脉的合理延续，特别注重以公园的形式去保留特色文化，让公园这一公共空间成为公园城市培育各种文化事件和公共活动的土壤，进而激发出人们对历史、音乐、美术、戏剧、民间传统工艺等的追求，提高精神品质；将注重历史痕迹的保护，划定黄龙溪古镇的保护线，保护古镇的基本格局、整体风貌，保护与古镇历史文化密切相关的历史环境要素，包括古街、古庙、古树、古建民居、古码头、古佛洞、古佛堰、古衙门、古风民俗、古崖墓等闻名于世的十大古景。

（三）经济之活

天府新区建设的公园城市激发出经济之活，就是将公园城市建设融入天府新区产业发展中，产业的发展将努力实现经济建设与公园城市建设的双赢，建设生产空间集约高效、生活空间宜居适度、生态空间山清水秀、人文空间丰富多彩的四维融合的公园城市。天府新区建设的公园城市激发经济之活来源于全力构建特色明显、经济效益好、资源消耗低、环境污染少的可持续发展的特色产业体系，来源于公园城市建设所带来的城市环境改善所产生的正外部性。

天府新区建设公园城市激发经济之活，将着力建设西部地区最具活力的新兴增长极，坚持高端引领、创新驱动，以公园城市来容纳绿色、高效、可持续的新经济、新产业、新形态；加速聚合人才、资金、技术、信息等要素，尽快形成新的产业结构和增长格局，努力锻造新区发展动能优势，依赖新的产业结构和增长格局来引导符合生态城市原理的城市规划设计、施工建设、运营管理；将放大要素优势，按照由"给条件"向"给环境"转变的思路，通过公园城市建设构建起多重产业空间的必然联系，打破纯粹的产业空间；发挥公园城市高效、生态宜居、和谐健康、协调发展的聚居环境的外部性，依托鹿溪智谷、科学城科技创新资源，做强天府英才中心的人才吸附效应，以饱和的要素储备和密切的要素关联，迅速推进环境 –

人－产业的新融合；将焕发农村的活力，增强城乡互动，形成城乡一盘棋的格局。在保证生态环境的基础上，在独立乡镇发展文体休闲、旅游度假、特色农业等生态友好型特色产业，加强农村自然风貌、传统建筑和农俗文化保护，精心培育一批特色风情的公园小镇。

（四）治理之善

治理之善是法治、精治、慧治、共治的充分体现，四者有机结合，协同推进城市善治。

法治。天府新区作为全面创新改革试验区理当成为法治建设先行区。在新区发展中突出法治建设的"四大主体环节"，特别是"严格执法、公正司法、全民守法"，以职能科学、权责法定、执法严明、公开公正、廉洁高效、守法诚信的法治政府为目标，提高依法行政和法治政府建设水平。坚持"法治先行"，明确新时代法治政府建设总体要求和具体任务，制定法治政府建设路线图、施工图和时间表，为新区经济社会高质量发展提供了坚强后盾。

精治。新区未来将成长为最具产业活力、最具城市张力、最具人文魅力的别样精彩的新极核。以此为目标构建经济、社会、空间的精细化治理体系。借助智慧技术和互联网＋手段，推进包容审慎监管、弹性治理和精准管控。通过审批制度改革，降低行政成本、企业信用成本和社会交易成本，提升行政服务效率，优化公共服务品质。

慧治。依托鹿溪智谷、天府科学城和独角兽岛等科创平台，建设智慧新城，在城市规划建设管理中渗透新经济形态和应用场景，并将智慧技术成果转化、智慧城市基础建设、智慧产业技术应用与城市发展、城市治理紧密结合，实现智慧化、城市化"两化融合"。通过智慧技术、智慧产业、智慧城市增强治理能力、完善治理体系，提升治理绩效。

共治。宜业宜商宜居的国际化现代化新城目标的实现，离不开政府、社会、市场等多方力量，把政府有形之手、市场无形之手、市民勤劳之手紧密相握，搭建多主体参与城市治理的平台和机制，创新社会治理方式和载体，不断增强市民对新区的认同感、归属感，形成共治共建共享新格局。

（五）百姓之乐

天府新区建设的公园城市提供了百姓之乐。公园城市实现"生态福利"的均等化、可获得和全覆盖，增强城市居民对生态环境品质提升的幸福感和获得感，带来百姓之乐。公园城市的百姓之乐将通过改善社区内部和城市区域间的空间可变性与互溶性来获得。公园城市的百姓之乐将通过绿化增量和保护自然环境，充分利用原有的生态本地，层次丰富、形式多元的公园城市公共开放空间，以及以此孕育而成的缤纷多彩的事件和活动，吸引居民节假日休憩、聚会、观光、休闲和消费来获得。

天府新区建设公园城市要提供百姓之乐，将坚持以人民为中心的发展思想，满足人民对美好生活的向往，还绿于民、还景于民、还空间于民，打造星罗棋布、错落有致的生态公园系统，打造开放型、可达性、亲民性的百姓享乐公园，打造人人向往的宜居环境；将打通公园城市中的公园等空间与人行通道、公交、自行车道、地铁等的衔接，提高百姓享乐公园城市的便捷性，让公园城市中的公园等空间成为周边乃至新区百姓休闲、健身、运动、登高的活动场所，最大限度地满足百姓之乐的需要；将以百姓的体验为最高评价标准，显著提高百姓参与公园城市建设的参与度，建立"百姓说好才是好、百姓说好就是好"的群众评判机制，将公园城市建设成百姓创造的最直接的健康、财富与快乐的来源，建成留给百姓子孙后代的永久性"绿色资产"。

第四节　公园城市建设的指导思想和发展路径

一、公园城市建设的指导思想

（一）习近平生态文明思想赋予公园城市绿色发展内涵

绿色城市是我国新型城镇化发展的主要方向之一。在城市绿色发展道路上，要让城市融入大自然，开展生态修复，让城市再现绿水青山。2018年2月11日，习近平总书记在考察四川省成都市天府新区时指出，"天府新区是'一带一路'建设和长江经济带发展的重要节点，一定要规划好建设好，特别是要突出公园城市特点，把生态价值考虑进去，努力打造新的增长极，建设内陆开放经济高地"。这既指出了公园城市建设的价值导向，也表明公园城市是生态文明建设的重要载体。城市绿色发展思路和公园城市概念的提出，是建立在习近平丰富而深厚的生态文明思想基础之上的。

1.生态文明是城市绿色发展的应有之义

"生态兴则文明兴，生态衰则文明衰"的历史观，是建设公园城市、繁荣城市文明的思想之源。生态环境状况关系到人与自然的和谐共生、城市文明兴衰与人民福祉等方面。从历史纵深的时间维度把握公园城市的生态价值，体现了对生态问题的历史责任感和整体发展观。

习近平总书记在全国生态环境保护大会上，对推进新时代生态文明建设提出必须遵循的六项重要原则，即"坚持人与自然和谐共生""绿水青山就是金山银山""良好生态环境是最普惠的民生福祉""山水林田湖草是生命共同体""用最严格制度最严密法治保护生态环境""共谋全球生态文明建设"。这六项原则分别对应生态文明建设的自然观、发展观、民生观、系统观、法治观和全球观，为新时代推进生态文明建设指明了方向。

同时，习近平总书记强调，要加快构建生态文明体系，加快建立健全以生态价值观念为准则的生态文化体系，以产业生态化和生态产业化为主体的生态经济体系，以改善生态环境质量为核心的目标责任体系，以治理体系和治理能力现代化为保障的生态文明制度体系，以生态系统良性循环和环境风险有效防控为重点的生态安全体系。这五大体系分别阐明生态文明建设的基本要素、核心内容、保障机制，为推进生态文明建设勾画了路径。公园城市要突出生态价值，就是要按照生态文明建设的要求，把六项原则、五大体系作为公园城市建设的方法论、路线图。

2. 公园城市应以生态为基、"四生"共融

在公园城市发展中，生态优美是基础，生产发展是途径，生活富裕是过程目标，生命健康是终极目标。准确把握绿色是永续发展的必要条件，充分认识生态环境没有替代品，在生态环境保护上必须有大局观、长远观、整体观。要坚持节约资源和保护环境的基本国策，坚持保护环境就是保护生产力、改善环境就是发展生产力的思想，推动形成绿色发展方式和生活方式，协同推进人民富裕、国家强盛、中国美丽。

在公园城市建设中，要坚持生态文明自然观，尊重自然、顺应自然、保护自然，把生态要素引入城市，把城市融入自然，真正实现城在园中、园在城中、城园一体。在物理形态上，要看得见山、望得见水，在人文风貌上还要记得乡愁，让公园城市成为诗意栖息之地。

3. 抓住主要矛盾实现生态与产业协调发展

生态环境保护和生产力发展是高度统一甚至是融为一体的。从发展结果看，既要金山银山，又要绿水青山；从发展思路看，金山银山就是绿水青山。不过，两者关系不是机械的并列关系，更不是绝对对立的关系，而是辩证统一、有机联系、互为转化的关系。建设公园城市要善于把生态资源与经济发展有机结合，实现两者相互依存、相互转化、协调发展。"生态环境没有替代品，用之不觉，失之难存。"通过大力发展生态农业、生态工业、生态旅游等方式，实现产业生态化和生态产业化的统一，将自然生态优势转化为经济社会优势，从而为城市的现代化发展走出一条人与自然和谐共生道路指明了方向。正确的发展理念和发展方式，可以实现百姓富、生态优、城市美的有机统一。

公园城市要有良好的生态本底，把这种生态资源禀赋转化为生态宜居的竞争优势，通过发展大健康、大文旅产业，在集约发展、创新发展上下功夫，努力成为生态文明建设的示范区。

4.生态系统观是建设公园城市的方法论和理想追求

人的命脉在田，田的命脉在水，水的命脉在山，山的命脉在土，土的命脉在树。这种生态系统观用"命脉"科学描述了"人—田—水—山—土—树—草"之间的生态共生和物质循环关系，用"生命共同体"科学揭示了自然要素之间、自然要素和社会要素之间，通过物质变换构成的生态系统的性质和面貌。山水林田湖、草虫鱼鸟兽的自然要素与产城居业、人文景境的经济社会要素之间是一个相辅相成、相依为命的共生系统，共同构成人与自然和谐共生、生生不息、永续发展的生命共同体。在环境治理、生态修复方面，不能单打独斗、顾此失彼，否则最终会造成生态的系统性破坏。

生命共同体概念体现出城市统筹发展、系统治理的理念。建设公园城市就是要统筹经济、社会、生态多个方面，协调生产、生活、生态空间布局，补齐生态环境短板，把这些经济社会自然要素聚合为城市生命共同体，建设人类幸福乐园。

5.坚持生态惠民、生态利民、生态为民

"环境就是民生、青山就是美丽、蓝天也是幸福"的价值观，"良好生态环境是最公平的公共产品、是最普惠的民生福祉"的民生观，是建设公园城市的价值导向和政策取向。这种价值观和民生观要求公园城市建设必须以人为本，宜居宜业。营造美丽宜居的生态环境和生活环境，还园于民，还景于民，还绿于民，还水于民。"小康全不全面，生态环境质量是关键。"生态产品短缺已经成为影响全面建成小康社会的短板。公园城市之"公"意在其公共品属性，体现共享发展的理念，特别是共享"生态福利"，是人民主体性思想的真切实践。建设公园城市就是补齐这个短板，为人民提供更多、更优质、更具普惠性的公共产品。

因此，公园城市建设要坚持生态惠民、生态利民、生态为民，不断满足人民日益增长的优美生态环境需要；营造出"文起来、动起来、乐起来"全民参与的浓厚氛围，让"绿色资产"真正变成百姓的"生态福利"。

总之，在公园城市规划建设上，习近平的生态文明思想回答了公园城市按照什么理念来规划、走什么样的发展路子、为谁发展等问题。公园城市必将成为生态文明建设的新样板、城市科学发展的新模式。

（二）以新时代城市科学发展思想指导公园城市规划建设

城市是现代化建设的火车头。做好城市工作，首先要认识、尊重、顺应城市发展规律。经过 40 多年快速城市化发展，我国的城市化已经进入后半程，城市发展进入新时代，和谐宜居的城市将成为实现人民对美好生活向往的主要依托。公园城市，作为城市发展的新概念应运而生。作为新型城镇化建设的新模式，公园城市是城市绿色发展和生态文明建设两大理论融合发展的新实践，需要以新时代城市科学发展思想指导公园城市规划建设。主要思想可概括为在统筹推进"五位一体"总体布局中重点突出公园城市的生态文明建设。通过公园城市建设，探索绿色城市发展道路，把"两山理论"转化为美丽天府建设的生动实践。在协调推进"四个全面"战略布局中强化人民主体性，突出公园城市福祉共享、法治完善、治理创新和改革深化的时代使命，把公园城市建成全面小康社会的示范区。用新发展理念统领公园城市规划建设管理全局，落实中央城市工作会议精神，按照"一尊重五统筹"的总体思路，尊重城市发展规律，做好公园城市规划建设。运用城市治理科学思维方式，思考、解决公园城市规划建设治理过程出现的问题和困难，以放眼全局谋一域的眼光，把天府新区建成习总书记心目中的公园城市。突出生态价值，挖掘公园城市价值体系，构建科学发展评价体系，实现国家级新区的新突破，全方位发挥新的增长极和开放新高地的作用。具体内容阐述如下。

1. "一核心四注重"的新型城镇化思想为公园城市提供了顶层设计的基本框架

新型城镇化建设要坚持以创新、协调、绿色、开放、共享的发展理念为引领，以人的城镇化为核心，更加注重提高户籍人口城镇化率，更加注重城乡基本公共服务均等化，更加注重环境宜居和历史文脉传承，更加注重提升人民群众获得感和幸福感。要遵循科学规律，加强顶层设计，统筹推进相关配套改革，鼓励各地因地制宜、突出特色、大胆创新，积极引导社会资本参与，促进新型城镇化持续健康发展。

公园城市建设以"城、园、景、境"为核心要素、以"产、城、人、文"为着力点，就是要让更多的城市文明向农村居民延伸，让更多的生态福祉惠及更多的城市居民，让更多的农村居民享受城市公共服务。

2. "一尊重五统筹"的城市发展思想为公园城市发展明确了工作思路和基本要求

做好城市工作，要统筹空间、规模、产业三大结构，提高城市工作全局性；统筹规划、建设、管理三大环节，提高城市工作的系统性；统筹改革、科技、文化三大动力，提高城市发展持续性；统筹生产、生活、生态三大布局，提高城市发展的宜居性；统筹政府、社会、市民三大主体，提高各方推动城市发展的积极性。

公园城市建设要尊重城市发展规律，强调规划的科学性。"规划科学是最大的效益，规划失误是最大的浪费，规划折腾是最大的忌讳。"公园城市作为城市发展的新模式，要在规划理念和方法上不断创新，增强规划科学性、指导性，加强对城市的空间立体性、平面协调性、风貌整体性、文脉延续性等方面的规划和管控，让公园城市不仅具有形态美、视觉美、生态美，还要人文美、生活美。

3. 共治共享的城市治理现代化理论为公园城市发展提供了城市善治的努力方向

公园城市治理之善是法治、精治、慧治、共治的充分体现，四者有机结合和协同推进实现公园城市的善治。要抓住城市管理和服务这个重点，让人民群众在城市生活得更美好。

要提高城市精细化管理水平，城市管理不能简单地"一肩挑""一刀切"，要探索创新治理机制，寻求多方联动。要创新管理手段，"绣好"城市管理"这朵花"，除了常规方式，还必须依靠先进科技，实施精准"行针走线"，尽可能地提升效率。要加强依法治理，善于运用法治思维和法治方式解决顽症难题。"绣花"不是随心所欲地任意发挥，开始"绣花"之前，必须有"图样"作为"行针走线"的规范，而城市管理的"图样"就是法律法规。公园城市一定是城市精细化管理的典范。

4. 安全、健康、人文的城市发展新要求赋予公园城市时代内涵

城市是神圣、安全、繁荣之所。宜居的城市，首先必须是安全的。平安是老百姓解决温饱后的第一需求，是极重要的民生，安全生产是关系人民群众生命财产安全的大事，是经济社会协调健康发展的标志，是党和政府对人民利益高度负责的要求。要把安全工作落实到城市工作和城市发展各个环节各个领域。公共安全是最基本的民生的道理，公园城市要在生态安全、环境安全、生产安全、食品安全、社会安全等方面做到万无一失，要着力堵塞漏洞、消除隐患，着力抓重点、抓关键、抓薄弱环节，不断提高公共安全水平。

人民健康既是民生问题，也是社会政治问题。要把人民健康放在公园城市优先发展的战略地位，统筹卫生健康、生态环境和文旅体育，优化健康服务，发展大健康产业，探索融生态、绿化、运动、休闲、旅游、养生于一体的发展思路，建设健康城市，把优美生态转化为人民生命健康的本钱，让公园城市成为人民康乐之所。

注重城市文脉延续。城市应该"有文化"，城市文化是城市现代化的根基，是城市的气质、是城市灵魂。要增强公园城市宜居性，就需要保护城市历史文化遗产，延续城市历史文脉，结合自己的历史传承、区域文化、时代要求，打造自己的城市精神，让公园城市成为精神归宿之地。

（三）公园城市建设的基本原则

公园城市是将城乡绿地系统和公园体系、公园化的城乡生态格局和风貌作为城乡发展建设的基础性、前置性配置要素，把"市民—公园—城市"三者关系的优

化和谐作为创造美好生活的重要内容，通过提供更多优质生态产品，以满足人民日益增长的优美生态环境需要的新型城乡人居环境建设理念和理想城市建构模式。基于这样的定义，建设公园城市须坚持以下几个基本原则。

一是坚持生产发展、生活富裕、生态优美、生命健康"四生"融合。在公园城市建设中，生态优美是基础，生产发展是途径，生活富裕是过程目标，生命健康是终极目标。要坚持节约资源和保护环境的基本国策，坚持保护环境就是保护生产力、改善环境就是发展生产力的思想，推动形成绿色发展方式和生活方式。在公园城市建设中，应尊重自然、顺应自然、保护自然，把生态要素引入城市，把城市融入自然，真正实现城在园中、园在城中、城园一体。

二是坚持百姓富、生态优、城市美的统一。正确的发展理念和发展方式，可以实现百姓富、生态优、城市美的统一。公园城市建设需要在集约发展、创新发展上下功夫，努力成为"两山"理论的示范区。要处理好生态环境保护与经济发展之间的关系，通过大力发展生态农业、生态工业、生态旅游等，实现产业生态化和生态产业化的统一，将自然生态优势转化为经济社会优势。

三是坚持生态系统观。建设公园城市要坚持"山水林田湖草是一个生命共同体"的生态系统观。这一生态系统观科学揭示了自然要素之间、自然要素和社会要素之间通过物质变换构成的生态系统的性质和面貌。山水林田湖草这些自然要素与产城居业这些人文要素之间是相互依存的共生系统，公园城市建设就是要把这些经济自然和社会要素聚合为城市生命共同体，满足市民对美好生活的需要，营建和谐繁荣的城市公共空间。

四是坚持生态环境的民生观。建设公园城市要坚持"良好生态环境是最普惠的民生福祉"的民生观。建设公园城市，就是要还园于民、还景于民、还绿于民、还水于民，就是让人民共享"生态福利"，为人民提供更多、更优质的公共生态产品。因此，公园城市建设要坚持生态惠民、生态利民、生态为民，不断满足人民日益增长的优美生态环境需要，营造"文起来、动起来、乐起来"全民参与的浓厚氛围，让"绿色资产"真正变成百姓的"生态福利"。

二、基础条件和主要优势

（一）生态本底

天府新区具有优越的自然条件，正如成都市主要领导指出，要按照公园城市理念，构建全域绿色空间体系，形成串联林湖、交融山水的生态"绿脉"。林、湖、山、水是天府新区构建公园城市的本底基础。天府新区位于四川省成都市主城区南部偏东方向，地处成都平原，四季分明、气候温润、水系发达、生态宜人。辖区内山体、河流、湖泊、稻田湿地密布；地势从平原向浅丘延伸，东部区域有龙泉山脉的天然屏障，生物种类极其丰富，自然环境极佳。天府新区同时拥有平原、高山、浅丘生态特色；分布着三岔湖、龙泉湖、龙泉山"两湖一山"、岷江等重要生态资源；区内山水田林与人文景观有机融合，构成了良好的山、水、田、林立体地貌景观序次。天府新区拥有非常优越的建设公园城市的生态本底。

天府新区快速推进多个重点生态工程建设，"绿肺"打造初见成效。成都科学城生态水环境工程完成后将为市民提供一个270万平方米的绿色滨水开敞空间，该工程建成后对串联天府新区生态绿地系统，打造成都又一慢生活生态区具有重要意义。鹿溪河生态区则是天府新区又一"生态名片"。鹿溪河生态区作为天府新区的重要湿地公园，不仅在生态上极大程度地保护了生物多样性，同时也兼顾了风景园林设计上的美观，并运用了不少先进技术。鹿溪河生态区最大限度依托自然丘陵地势，保护和建立多样化的生态环境系统，突出原生态乡土地域景观特色，整个鹿溪河生态区体现出天府新区湿地水生态景观特色。生态区严格遵循海绵城市建设理念，结合地势地貌，通过集水沟、蓄水池和雨水花园等设施，对地表雨水径流进行充分的收集和下渗，打造具有自然积存、自然渗透、自然净化的人工湿地海绵系统，构建以入渗和滞留为主，以减排峰和调蓄为辅的雨水利用低影响系统。麓湖生态城在淡水生态系统、城市生态系统、人工湿地系统等方面有创造性的突破，为天府新区的生态环境提供保障。重点生态工程建设充分发挥了天府新区生态本底的优势，是建设公园城市的基础性生态工程。

天府新区具有优越的生态本底，为天府新区建设公园城市提供了优越的先天的自然生态条件。

（二）产业基础

天府新区的发展目标是中国西部最具活力的新兴增长极、"一带一路"双向开放经济高地、宜业宜商宜居的国际化现代化新城。未来将成为科技创新中心、国际会展中心、行政政务服务中心，以及区域性总部基地、高技术服务业基地。在具体产业发展上，天府新区成都直管区以高技术服务业、国际会展、总部经济3个主导产业为支撑，同时，文创旅游、高端商务、金融科技、先进制造业等特色产业也不断壮大。重大新型产业、高端企业聚集地建设迅速推进，熊猫大厦将与独角兽岛等项目建设全面铺开，天府新区已经成为全省乃至西部地区最具标识度、最具带动力的新经济成长高地。

在乡镇产业发展上，天府新区特别重视生态环境与产业发展的协调统一。天府新区范围内共 37 个乡镇（街道），其中 24 个乡镇（街道）纳入城市统一布局；保留 13 个独立乡镇，在保证生态环境的基础上发展文体休闲、旅游度假、特色农业等生态友好型特色产业。13 个独立乡镇融入城市生态绿隔地区，分为 4 个特色片区。其中，都市休闲生态功能区内乡镇 4 个：白沙镇、新兴镇、太平镇和合江镇；文化休闲生态功能区内乡镇 2 个：黄龙溪镇和永安镇；都市农业生态功能区内乡镇 1 个：三星镇；"两湖一山"国际旅游文化功能区内乡镇 6 个：茶店镇、武庙乡、老君井乡、丹景乡、山泉镇和五指乡。产业兴则城市兴，天府新区不断发展壮大的产业是建设公园城市的重要物质保障。

（三）人文底蕴

成都的休闲文化全国闻名，成都安逸从容、悠然自得的生活状态，加上优美的自然环境和闲适的田园风光，使其成为中国代表性的休闲城市之一。成都包括天府新区，茶馆遍布大街小巷，成为普通市民安逸生活的现实反映。而现在全国流行的农家乐，同样起源于成都，成为乡村生态与经济发展的一条创新之路。天府新区当前农家乐发展迅速，较有代表性的有柏杨湖生态农庄。柏杨湖位于天府新区新兴镇，是一个集休闲旅游、农业观光、餐饮娱乐为一体的大型生态农庄，占地 3000 余亩，内有生态餐厅、亲子乐园、蔬果采摘、生态草坪、水上机麻等各项配套。除此之外，它的环境更是绝佳，拥有清澈见底的开阔水域，四季花开不断，环境优美，配套全面，目前已成为集观光、休闲、体验三位一体的综合发展区域。

天府新区具有丰富的蜀文化历史遗存。在天府新区规划范围内约有 30 处国家、省、市、县重点文物保护单位，其中还包括著名的黄龙溪古镇、新津的宝墩遗址、龙泉的蜀王陵古迹等。这些代表性的历史街区、传统民居和遗址古迹，包含有丰富的人文信息，使得天府新区历史感与现实感并存，物质与精神并重，休闲与活力并肩，传承与创新并行。天府新区非物质文化遗产丰富，囊括有地方文化艺术，民间传统工艺，传统民风、习俗，地方特色方言、传统产业等。主要包括民居文化一条街上的风谷机、连盖、柳谷耙等农耕工具，上、下河街的纳鞋底、草编、竹编、扯响簧、泥塑，龙潭湖上的打渔郎、鱼鹰，鹿溪河上的渔船等农耕文化；也包括古镇内的古钱庄、当铺、赌坊、铁匠铺等古人生活方式，以及古镇内的天府绣庄、跃华茶博物馆等展现四川特色的蜀绣、川茶工艺。

人文底蕴是天府新区的灵魂，也是建设公园城市的重要支撑。只有借助人文底蕴，发挥人文底蕴，才能推动天府新区向公园城市朝着有序化、可持续的方向进行。

（四）公园存量

天府新区的公园存量主要有中央公园、带状公园、城市公园和社区公园。中央公园位于成都中轴线天府大道两侧，地处天府新区核心区内，总面积约 2.3 平方公里。中央公园将以 CBD 核心区公园为特征，突出生态功能与城市生活的紧密联系，强调运动、娱乐、游览、艺术等都市功能，是天府新区核心区内的"城市绿洲"。带状公园依托区内良好的河流水系，结合组团生态隔离绿带的布局，主要有锦江生态带带状公园，设置有生态绿地、滨江步道环线、十余种驳岸，还有亲水台阶、亲水木平台，将功能性和景观性、滨江景观和公众活动有机统一；鹿溪河生态区公园，位于成都天府新区直管区核心区域，北临天府商务区，南接成都科学城，规划总面积 3800 亩，结合地势地貌、遵循海绵城市理念而建，不仅是一个充满"野趣"的湿地公园，还承担了鹿溪河排洪调蓄、净化水质的功能；龙泉山城市森林公园，位于四川省成都市龙泉山脉成都段，规划面积 1275 平方公里，包括以龙泉山为主体，以三岔湖、龙泉湖、翠屏湖为代表的龙泉山生态区域，是目前全球规划最大的城市森林公园，更是连接城市"两翼"的城市绿心。

天府新区城市公园建设结合公共服务设施与居住用地布局，满足 3 公里的服务半径，布局城市级综合公园，城市级公园规模控制在 20–50 公顷。社区公园建设，主要满足市民日常的居住、购物和休闲需求，为市民提供户外休息、娱乐、运动、游戏、观赏等活动空间，改善城市综合环境质量，增加城市居住舒适度，主要包括居住区类社区公园、商业办公区类社区公园及街旁绿地类等三大类，服务半径为 500–1000 米。

公园是公园城市的明珠，公园城市首先离不开公园，公园城市建设的关键一环就是实现从孤立、零散、稀疏的单个城市公园升级到相互连通、错落有致、星罗棋布的城市公园系统。天府新区的公园存量，提供了构建城市公园系统的基础条件。

三、公园城市建设的不足

（一）特色挖掘不足

天府新区建设公园城市存在特色挖掘不足。尽管天府新区公园存量可观，涵盖中央公园、带状公园、城市公园和社区公园多种形式，但大部分公园大同小异，特色不鲜明，个性化不足，公园布局主要是植物景观加少量水体以及部分运动娱乐设施，功能与魅力还停留在较低层次，缺乏人文底蕴。而公园的修建不可或缺的是要融入天府新区自身历史人文特色以及当地人民的个性特征，各个公园也要结合自身的资源禀赋，明确内容及绿化主题，并且建筑也要有自身特色，避免千篇一律。只有深入挖掘特色，才能为天府新区公园城市的建设添彩，让人们记住这张"名片"。

（二）优势彰显不足

天府新区建设公园城市存在优势凸显不足的问题。天府新区拥有优越的自然条件及深厚的人文底蕴，但这些独具魅力的优势并没有很好地凸显出来，在产、城、人、文、景的融合方面仍存在一定的问题。在产业发展方面，没有充分挖掘现有产业基础，新经济的发展不足；在人文内涵的挖掘上缺乏系统性的思考；在自然风貌的利用上，缺乏系统的规划。

（三）体制创新不足

天府新区建设公园城市存在体制创新不足的问题。在天府新区上升为国家级新区，后又在习近平总书记强调突出公园城市的指示下，天府新区不论在招商引资还是在国家政策倾斜方面都具有一定优势，区域条件和地域优势给公园城市的建设带来良好的外部环境，但是内部体制的不合理以及机制创新的欠缺，制约天府新区快速发展。目前，天府新区建设公园城市仍是初创阶段，缺少一套完善的制度体系，组织领导体系还不完善，各有关部门缺乏有效协调，同时资金保障机制不够健全。

（四）系统整合不足

天府新区建设公园城市存在系统整合不足的问题。比如，天府新区东部片区的山形地势适宜布局现代化大都市，具备承载疏解中心城区功能和人口、塑造别样精彩"未来城市"的基础条件，但因缺乏系统研究、有机协调、上下衔接，导致统筹东部与中心区块在产业布局、功能布局、生态布局差异化定位不足；统筹"四城一园"在东部区块空间体系中的差异化分布和资源共享不足；统筹生产、生活、生态的协调平衡，保持疏密有度、山水田相融的形态不足。

四、公园城市建设的路径

（一）以大融合为主线，塑造"产城人文景"协调发展的城市空间新形态

搭建全域生态骨架，促进空间融合。构建山水林田湖城生命共同体，打造温润和谐的绿色空间体系。打造全域公园化的城乡空间结构，基本建成鹿溪智谷、天府中心、成都科学城起步区和滨江总部功能区为重点的公园城市样本区。

打造田园综合体，促进城乡融合。在新区开发中实施乡村振兴战略，开展"美丽街区、美丽乡村、美丽社区"建设，打造田园式街区、公园式乡村、花园式社区。实施"全域旅游"，打造"城在景中"全域旅游体系。按照"城园一体、城乡一体"思路，联通城市与乡村，建设天府绿道慢行系统，串起景区、农田、乡村。

培育特色小镇，促进产城融合。创新规划理念，开展城市设计，促进产业与居住、公共服务等城市功能的有机融合、协调互动。就近和均衡布局产业用地、生活用地，提供多元化的居住社区和完善的社会公共服务。完善就业人口居住地生活配套，加强基础教育、医疗、文体等基础公共服务设施建设。

发展新型经济，促进产业融合。充分发挥"互联网+"复合叠加、渗透贯穿的功能，坚持通过价值链分解重构赋能产业纵向延伸、横向嫁接，集聚新要素，开发新需求，创造新模式。创新"金融+科技""农业+科创"等新兴业态，带动并形成业态复合、价值增值的产业特质。发挥科技助推、市场对接、模式创新的作用，推进一二三产业融合发展。

搭建共享平台，促进军民融合。突破军民融合壁垒，坚持需求引导、市场运作，实施"民参军"机制创新、"军转民"开放创新，推进军民技术融合，促进高技术应用。完善军民融合公共服务体系，实现军民融合产业创新发展。聚焦发展军民融合产业生态圈，努力建设国家级军民融合示范园区。

（二）以大生态为导向，培育生态与经济有机耦合的经济运行新体系

构建生态价值的发现、挖掘与转化机制。践行"绿水青山就是金山银山"理念，遵循生态规律和城市发展规律，深刻理解"绿水青山"和"金山银山"的辩证统一、互相转化的本质特征，探索生态资源资产化、资本化机制。持续优化生态功能空间布局，建立健全绿色低碳循环发展的经济体系，建立与资源禀赋不协调、生态环境不协调的产业退出机制。

构建自然生态、产业生态、消费生态的有效转化机制。树立全息生态观，以公园城市的自然生态为基础，以产业生态和消费生态为着力点，培育城市核心竞争力和持续竞争力。

实施差异化空间发展战略。实施"东进、南拓、西控、北改、中优"，重塑城市生态空间和经济地理，全面增强城市生态承载能力，提升城市宜居性和舒适度。

（三）以大创新为动力，构筑动能强劲、活力迸发的产业发展新平台

集聚高端要素，搭建产业平台。支持企业及研发机构落户、实施产业化项目、扩大企业规模。培育高附加值、高知识人才、高技术含量的高技术服务业。

集约创新资源，搭建创新平台。高标准推进独角兽岛规划建设。培育"激活创新源头－促进创新应用－强化创新保障"的创新创业生态链。支持重大创新平台建设，以核科学、航空航天、网络安全等为主攻领域，力争布局以军民融合为特点的综合性国家科学中心，推进国防基础科学研究和尖端技术原始创新。

集成外向经济，搭建开放平台。支持公共技术平台建设和运营，促进产业合作交流，鼓励企业参加专业化、国际性高技术服务业展会。鼓励企业面向国内外市场提供技术、产品和服务，支持企业走出去，通过海外并购、联合经营、设立分支机构等方式开拓国际市场，扶持企业到境外上市，发挥天府新区成都片区保税物流中心作用。

集萃行政资源，搭建政策平台。构建开放、宽松、友善的政策环境，建立审慎包容的监管制度，全面落实国家支持高技术服务业税收政策。完善创造、运用、保护、管理、服务的知识产权服务体系。

（四）以大健康为抓手，营造诗意栖息、永续发展的民生幸福新家园

打造动静相宜、快慢结合、雅俗共赏的宜居环境。建设开放型、可达性、亲民性的公园体系，还绿于民、还景于民、还空间于民。构建层次丰富、形式多元的公园城市公共开放空间，孕育缤纷多彩的事件和活动，吸引居民节假日休憩、聚会、观光、休闲和消费。注重保护完善凸显成都文化特色和本底的历史遗存，继承非物质文化遗产，发展巴蜀文化产业。

发展基于自然、源于自然、归于自然的大健康产业。在保护生态环境的基础上，以民生幸福为前提，将生态优势转化为发展动能，实现生态产业、环境产业、休闲产业、体育产业、养老产业、都市农业协同发展。

营造满足物质丰裕、身心健康、风尚文明需求的城市视觉环境。融生态环境、社会环境、心理环境于一体，广泛建设一个视野所及都能得到平静的城市环境，提高公园、园林、河湾等陶冶情操的城市微观环境，改善居民精神状态。

（五）以大治理为要求，构建共治共享、运行高效的公共服务新机制

创新治理体制，完善公共服务。坚持共享发展理念，完善公共服务设施体系。建设快慢结合、动静相宜的低碳、高效、和谐的交通环境，优化体现天府新区发展特色的综合交通运输系统和交通出行模式，兼顾提高城市居民交通便利性和发展环保低碳休闲的出行方式。

创新治理主体，构建共治格局。聚合多元主体，整合资源力量，并行驱动政府与市场双轮，激发内生动力，创新天府新区公共服务体制。

创新治理手段，提高治理绩效。运用大数据和"互联网＋"理念，创新天府新区公共服务供给机制，实现公共服务精准化供给，提高公共服务运行效率。

创新治理机制，打造善治之区。完善基层社会治理，建立市民参与公园城市建设的机制，主动公开公园城市建设进展，扩大城市居民在公园城市建设中的知情权、参与权、表达权、建议权、监督权，促进公园城市建设决策科学化、民主化。

第五节　本章小结

公园城市是新时代城市发展新阶段提出的新理念，其内涵之丰富、外延之广泛，源于对城市学相关概念和景观学相关理论的充分吸纳。公园城市具有公共品属性、生态属性和空间属性的三重内涵。公园城市是个城市生命共同体，表现为产、城、人、居、业的融合。天府新区建设公园城市，其价值体系将突破传统的城市价值体系，是融生态功能价值、生态经济价值、生态社会价值、生态人文价值、生态美学价值为一体的公园城市价值体系，基于此致力于自然之野、人文之韵、经济之活、治理之善、百姓之乐的五维发展目标。

实现发展目标需要习近平生态文明思想和城市科学发展思想指引公园城市建设。天府新区具有优越的自然条件和经济社会条件，林、湖、山、水是天府新区构建公园城市的本底基础，产业基础较为扎实，人文底蕴深厚，公园存量丰富。但是在特色挖掘、优势彰显、体制创新、系统整合等方面还存在不足。基于此，指出天府新区公园城市建设路径，即以大融合为主线，塑造"产城人文景"协调发展的城市空间新形态；以大生态为导向，培育生态与经济有机耦合的经济运行新体系；以大创新为动力，构筑动能强劲、活力迸发的产业发展新平台；以大健康为抓手，营造诗意栖息、永续发展的民生幸福新家园；以大治理为要求，构建共治共享、运行高效的公共服务新机制。

第十一章 高质量发展与雄安新区绿色智慧新城建设

城市高质量发展是新时代城镇化的核心任务，雄安新区作为"千年大计、国家大事"需要在高质量发展方面探索新模式、新路径，树立新时代新城新区高质量发展样板和产城融合发展示范。坚持"世界眼光、国际标准、中国特色、高点定位"理念，努力打造贯彻新发展理念的创新发展示范区，第一要务就是"建设绿色智慧新城，建成国际一流、绿色、现代、智慧城市"。按照"建设一座以新发展理念引领的现代新型城区"要求，科学规划，精心设计，推动雄安新区建设绿色智慧新城功能落地，针对"一个目标、两大功能、三重意义、四项建设、五大保障"提出建议。

第一节 绿色智慧新城的功能定位和建设意义

一、建设目标

建设雄安新区是"千年大计、国家大事"，绿色智慧新城建设要服务于这一重大建设，其基本目标就是确保能够集中承载非首都功能疏解，包括首都原存续的经济功能、文化教育功能和部分生产性基础设施功能以及部分非首都核心功能，比如中央部分行政单位及事业机关。新区若将承载上述功能，必须具备足以支撑这些功能实现的条件和要素。通过绿色智慧新城建设，不断创造条件、夯实基础、完善保障，构建功能落地的主平台和主载体，并通过制定高起点规划、高质量方案、高效率措施来确保非首都功能实现。

二、功能定位

服务于承载非首都功能疏解目标，绿色智慧新城将定位于两大核心功能：宜居宜业宜学的发展环境和便捷高效优质的现代化公共服务。在实现好两大功能基础之上，以五大发展理念为统领，衍生出对京津冀一体化国家战略的支撑功能，进而产生溢出效应，为"四区"建设作出贡献。

基于上述目标和功能，推动雄安新区绿色智慧新城建设，既要遵循绿色智慧城市建设的一般规律和常规要求，特别是借鉴吸收发达国家的先进经验，满足现有非首都功能疏解需要；又要适当超前，从长计议，在功能拓展、延伸方面，留有余地和接口，眼光要能够遥指百年，前瞻到一个集中统一、幅员辽阔、超大人口规模和超大经济体量的国家，在未来实现伟大复兴之后，国家层面非首都功能衍生性需求的不断增加。

三、绿色智慧新城对雄安新区建设的重大意义

绿色智慧新城建设将为雄安新区集中承载非首都功能提供坚实的硬件基础和优越的发展平台。新区将作为承担北京非首都功能疏解的集中承载地，有必要为疏解单位提供更好的发展条件、发展环境和发展前景，特别是新区的环境品质关系到疏解单位及高端人才安心迁入、开心创业的积极性。绿色智慧新城将为其提供宜居宜业宜学的发展环境和便捷高效优质的公共服务，还将为迁入的高端高新产业发展提供新平台，为集聚创新要素资源提供新载体。

绿色智慧新城建设将为雄安新区发挥增长极作用提供强劲引擎和持续动力。京津冀一体化作为国家战略需要一个新的支撑点，河北作为京畿重地长期落后于京津地区也急需培育新的增长点，绿色智慧新城建设将为支撑点和增长极发挥作用提供强劲动力。新区将定位于科技创新之城、中国硅谷，特别是在经济智慧化和产业生态化方面，绿色智慧新城将为激发创新创业潜能提供新动能。

绿色智慧新城建设将为雄安新区发挥示范区作用提供城镇化新范式和城市治理新标杆。雄安新区的全球视野和中国气派对绿色智慧新城建设提出更高要求，新城建设要在全球化进程中不失本土性和民族性，以绿色智慧理念和技术手段塑造城市风貌，形成新型城镇化新范式，以绿色智慧规则和标准体系推进城市治理，树立城市治理新标杆。

第二节　建设绿色智慧新城基础性系统

实现城市高质量发展，首先要优化城市生态环境、创新创业环境、完善城市基础设施，着力推进绿色智慧新城生态系统、基础设施系统、城市运行系统和创新创业系统等四大基础性系统建设。

一、绿色生态系统建设

按照习近平总书记关于雄安新区"着力建设绿色、森林、智慧、水城一体的

新区，打造优美生态环境，构建蓝绿交织、清新明亮、水城共融的生态城市"指示精神，以生态宜居新城区为目标，坚持生态优先、绿色发展，以全域水生态为核心，建设新区绿色生态循环系统。

新区位于冀中平原，拥抱白洋淀湿地，具备绘制蓝绿交织、清新明亮、水城共融的生态城市画卷的天然条件；同时由于人口密集，地下水开采过度，生态环境受到一定的破坏，急需修复生态系统、修补循环经济，新城建设当须做好"水"文章，抓好"物"循环，控好"碳"排放。在用地规划上，新区坚持绿色生态导向，限制碳源经济活动，拓展碳汇经济活动，特别是产业发展规划要通过土地利用方式加以引导，重点安排现代服务业和新型现代农业用地，不提供制造业用地，控制生产性服务业用地，新区四郊应规划发展有机生态农业或观光农业，形成四郊现代农业拱卫新城的格局（李金华，2018）。

（一）治水为先

以恢复和涵养水生态功能为首要目标，重构新区自然生态系统。高标准建设排水管网，实施雨污分流、截污纳管、集中治污，改善水环境；因地制宜建设海绵城市，综合采用"渗、滞、蓄"等措施，根据降水丰欠变化规律建立雨水收集系统，做好地下水回灌，建立中水回用系统，重建水循环；建设白洋淀湿地生态系统，涵养周边水系，加快退田还湖，美化水景观；保障高标准的供水设施和供水服务，形成常态化的节水机制，建立城市备用饮用水水源地，确保水安全。

（二）治废为要

严格执行生产者责任延伸制度，通过行业协会或社区组织，将产品销售企业纳入回收联盟，源头削减垃圾产生量和处置量，最大限度地控制生产和消费的负外部性。建立"三化四分"生活垃圾管理体系，科学测算和适度超前规划垃圾处置能力，合理布局垃圾转运、处置设施，确保生活垃圾安全无害处理。倡导低碳生活和绿色办公，实现垃圾源头减量；发展循环经济，做好垃圾分类和资源回收"两网融合"，打造循环经济产业链。

（三）治碳为基

制定并严格执行有关碳减排、碳中和的法律法规。建设资源节约、环境友好型城市，广泛运用节水、节能、节材、节地的智慧化技术、产品和设备。推行共享式低碳消费，利用"互联网＋"，发展共享经济，在功能满足的前提下尽可能减少外部产品的输入量和消耗量。提倡低碳出行，全面推行绿色交通工具，广泛使用新能源汽车。充分利用当地的地热资源和太阳能资源，发展可再生能源产业，建设多样化的低碳社区、零碳建筑和生态住区。高标准规划、高密度布局城市森林、绿地、植被、水域等，减少碳源，增加碳汇；绿化城市，通过屋顶铺绿、立面挂绿、见缝插绿，做到出门进绿，推窗透绿，让绿色贴近社区、贴近市民。

二、智慧城市基础设施系统建设

雄安新区建设要按照习近平总书记提出的"提供优质公共服务，建设优质公共设施，创建城市管理新样板"指示要求，以新时代城市管理新样板为目标，以生命线系统为核心，建设智慧城市基础设施系统。

中央行政事业单位、高端医疗卫生机构、高端研发机构的迁入，需要安全、稳定、高效的基础设施保障，新区开发程度低，有条件在信息基础设施、城市市政基础设施和基本公共服务设施等方面进行高起点规划建设。

（一）以随时随地随心随欲的泛在城市为目标，建设高水平智慧城市信息基础设施

主要是建设支撑智慧城市运行和智慧经济发展的信息基础设施和新一代信息技术运用的系统和平台。依托央企雄厚的技术实力，运用 PPP 模式，整合智慧城市建设所需的各类要素资源，建设物联网、云计算、光网络、移动互联网等通信信息技术以及大数据、人工智能等智慧技术需要的硬件系统；同时根据非首都功能疏解的相关需求，开发设计具有通用性、公共性和共享性的软件系统。

（二）以保畅通、保运行、保安全为目标，建设高标准智慧化的城市"生命线系统"

以节能环保、绿色生态为要求，智慧化技术为支撑，建设安全稳定运行的市政公用设施，开发智慧市政、智慧水务、智慧管廊、智慧亮灯等应用系统，特别是为全面掌握城市"生命线系统"的运行状况，准确监测并及时发现、快速处置，提供相关信息技术支持。以安全运行和市容美观为要求，高规格建设地下综合管廊，统一要求区内单位管线入廊，规范入廊管线运营管理，建立管廊有偿使用机制和运维监测系统。

（三）以便民利民为民为目标，建设高品质智慧化城市基本公共服务设施

在承接疏解的教育、文化、体育功能基础上，建设与之配套的公共设施，并根据新区经济社会发展和居民需求逐步配建公共服务设施，提供高品质的公共产品和公共服务；通过智慧政务、智慧校园、智慧医疗、智慧旅游、智慧家居、智慧社区等系统开发运用，提高公共服务品质和效率。

三、城市运行系统建设

基本思路是以开放发展先行区为目标，以绿色智慧交通为核心，建设绿色开放城市运行系统。

城市既是一个相对独立的生命有机体，也是一个全面开放的巨系统。新区打造扩大开放新高地和对外合作新平台，需要建立绿色智慧开放的城市运行系统，建设大交通、大流通、大市场，促进城市人流、物流、能量流、交通流、信息流、商务流、资金流的协调高效运行。

（一）以便捷高效低碳为要求，构建绿色智慧交通体系

利用"互联网＋"，整合多种交通资源，建立以公交出行为主体的一体化大交通体系；建设"城市大脑"，科学设置交通管理设施，建立智慧交通管理控制系统；实施街区制，按照"窄马路、密路网"的城市道路布局理念，建设快速路、主次干路和支路级配合理的道路网系统。可适当借鉴瑞典斯德哥尔摩的"智能交通系统"，哥本哈根市"自行车之城"的经验做法。

（二）以信息流驱动为纽带，构建物畅其流的贸易流通网络

按照全视域、全方位、全要素要求，利用信息对物质引导、驱动、替代功能，构建国际国内、线上线下、虚拟实体等多维融合的大流通格局，特别是建设电子商务平台、移动支付平台、互联网金融平台、虚拟物流联盟等，调节新区物质流输入，减少物质流超负荷产生的环境压力以及衍生的种种负外部性。

（三）以资源高效配置为导向，构建高端要素市场运行体系

打破要素市场的部门分割、地域壁垒，建立产权明晰、功能完善、流动畅通、公平竞争、层次多样的高端要素市场体系；精心设计产权市场，严格监管资本市场，为新区激发竞争活力、优化竞争环境提供体制保障。

四、创新创业经济系统建设

雄安新区要以"发展高端高新产业，积极吸纳和集聚创新要素资源"为遵循，以创新驱动发展引领区为目标，以绿色智慧经济为核心，建设新区创新创业经济系统。

新区定位于科技创新之城，将在一个低度开发区域构建以绿色智慧经济为核心的创新创业经济系统，需要通过多种形式来逐步实现。赫尔辛基的数字生态城战略和创新城市计划可资借鉴。

（一）整体性空间移植

北京现有的新一代信息技术以及航空航天、机器人等走在国际前沿的新产业，作为非首都功能将会直接移植到新区。高校、医院、研究机构、文创部门、体育娱乐产业等将作为新区配套随之跟进，这些将构成新区先遣产业直接植入。

（二）结构性地方嵌入

其他高端新兴产业、创新型要素和优质资源都将在行政指令下在新区内按市场化方式进行地方嵌入，并在新区不同区位形成多样化集聚，新区周边及外围地区可为其提供科技成果的转化空间。

（三）系统性生态培育

央企、金融机构、科研院所、高校本身就是创新生态系统中不可或缺的"创新物种"。新区地理邻近，借助市场力量将会加快这些"物种"耦合和配对，在新区构造新的需求链、创新链和产业链。

第三节　构建绿色智慧新城的支撑保障体系

城市高质量发展追求的是内部安全、和谐，外部协调、共享，因此，需要精心构筑绿色智慧新城五大保障性支持体系。

一、科学的空间规划设计体系

基本思路是以生产、生活、生态空间和谐为导向，构筑绿色智慧城市空间融合化规划设计体系。新区要做绿色智慧城市规划融合化的新城区，发挥规划的龙头作用，需从设计理念、空间结构、城市风格、城市留白等方面进行科学规划和精心设计。

在设计理念上，尊重城市发展规律，糅合西方空间科学和中国阴阳哲学。基于城市复杂巨系统演化特征和城市内生扩张性动能，充分借鉴霍华德田园城市理论和中国阴阳和谐的思想，体现城乡融合、蓝绿交织、错落有致；吸收有机疏散理论和紧凑城市理论，体现大疏小密、动静结合、浑然一体。

在空间结构上，以"三生"融合发展为导向，科学规划空间布局和功能分区。根据城市功能定位，结合业态特征和市场需求，统筹开发新区地上、地下空间，综合利用地下空间资源。按照全域空间生态化、城市空间融合化、街区空间生活化、人文空间多元化、信息空间智慧化的要求进行空间设计。借鉴波特兰的精明增长模式，斯德哥尔摩的绿色交通和功能混合生态住区、温哥华的"集中增长模式"等做法，构造宜居优美的空间结构。

在城市特色上，整体风格以中国文化为底蕴，地方特色为色调，体现中国气派。率先开展具有先进理念的城市设计，在建筑特色、城市风貌、城市魅力等方面提升城市品位。兼顾新区非首都功能的政务区特点，体现庄重肃穆、简洁明快。

城市景观、城市小品和城市家具适当引入国外经典，因地制宜进行精心设计。

保持战略耐心，增强留白意识。"它是一张白纸，可以更好规划"，"千年大计"当计谋百年，高起点谋划，高标准建设。每一个区块要做出最美的规划、最优的建设，并为后续的运营维护管理提供可操作的预案，力争留下"最美的艺术"，每一个设计方案都要优中选优，宁缺毋滥，宁可留白百年，不可急于求成。

二、先进的城市建设标准体系

基本思路是以世界眼光、国际标准、中国特色为导向，建立绿色智慧城市建设国际化技术标准体系。新区要做绿色智慧城市建设标准国际化的示范区，按照城市绿色可持续转型要求，对标国际先进城市，在理念、政策、技术、管理等方面形成系统的接轨国际的标准体系。

制定可持续城市建设全方位覆盖的国际化行业标准和操作规范。坚持经济、社会、生态的全面可持续发展原则，从碳排放、应对气候变化、住房、就业、交通、生活方式、服务设施、绿色基础设施、景观与历史环境、生物多样性、水资源管理、废弃物处理和社区服务等方面构建全面、具体的指标体系，特别是在建筑设计、材料选择、能源计量、产品规格等方面制定更高的标准。借鉴伦敦贝丁顿零碳社区、温哥华应对全球气候变化和实现城市可持续发展的经验做法，建设符合中国国情的低碳社区和可持续城市。

建立可持续城市建设评价指标体系并定期公开发布。按照全面、有效、可行的原则，构建指标体系；借助智慧化技术和工具，准确、及时获取指标原始数据并科学计算评价结果，用于指导城市建设。

科学运用评价结果并引导社会生态转型。定期公开发布新区社会组织和单位可持续评价指标，采取个性化定制或公益发送信息，让市民知悉人均垃圾产生量、人均生态足迹、水消耗量、食品碳排放量等关注度较高的指标，利用可视化技术呈现个人的环境影响，引导组织和个体的行为转型。

三、现代化城市治理能力体系

基本思路是以绿色、智慧、人本为导向，完善绿色智慧现代化城市治理能力和治理规则体系。新区要做绿色智慧城市治理现代化的样板区，创新治理体系，提升科学化治理能力，完善法治化治理规则。

以服务市民需求为宗旨，提升基于智慧城市的科学化治理能力。坚持以人民为中心，在城市治理中广泛运用智慧化技术，具备"数据思维"，"让数据多跑腿，让群众少跑路";按照统一指挥、分级管理原则,建设信息畅通、决策高效、指挥有力的新区城市综合管理指挥系统;按照精细管理、精准治理、精心服务的要求,完善城市管理标准,强化城市管理考核;发挥"三只手"合力,盘活社会资源,激发市场活力,采取群智众包,探索社会共治。

以提高治理效能为宗旨,建立法治化城市治理规则体系。新区要在城市土地开发、空间秩序、资源利用、环境保护、投资建设、行政管理、公共服务、公共安全、市政管理、社区治理等领域制定完善的法律法规并付诸实施。特别是借鉴城市增长边界控制做法,通过法律手段强化空间开发秩序和土地利用边界。

四、新型公共安全保障体系

基本思路是以安全、高效、有序为导向,打造绿色智慧新城新型公共安全常态化保障体系。新区要做绿色智慧城市平安建设模范区。新区之新在于功能之新,作为非首都功能集中承载地,新区平安建设在规模、等级、类型上均不同于其他城市,树立综合安全观十分必要,同时也有条件抓好平安建设。

(一)树立涵盖政治安全、经济安全、信息安全、生态安全和水安全的新区综合安全观

1. 政治安全

部分中央行政事业单位迁入新区,在空间上与党中央国务院形成了一定的距离,并在异地形成一定规模的集中,有必要通过建立组织机构、法律法规和政策机制确保政治安全。成立新区领导机构,加强党的领导,确保入区中央机构政令畅通;加强安全保卫,维护新区安全稳定,建设秩序井然、社会和谐、高效运转的政务区;加强保密工作和涉密单位管理,把新区建成外圆内方、智慧保密的公共治理典范。

2. 经济安全

中央宏观调控的部分行政管理机构和国家经济命脉的产业集中于新区,特别是涉及金融监管、产业政策、核心技术研发等领域的重大决策活动,需要得到切实的安全保障。

3. 信息安全

非首都功能有相当一部分具有国家级影响力和全国性关联面,集中承载区的信息安全基础设施建设和信息安全管理体系以及信息安全保障体系也要具备相应能力。

4. 生态安全

涵养好、呵护好白洋淀这个"华北之肾",建设生态屏障,严控新区城市

边界，科学规划各个区块的建筑体量，在确保城市功能运转前提下，尽可能减少新区发展对生态的影响，维护生态系统的完整性和生态服务的优质性。

5. 水安全

考虑到新区用水过亿吨规模，在外部调水工程的建设和运营管理上也要加强饮用水供水安全保障；防治雨洪渍涝，做好防洪排涝预案和智慧治理方案；强化新区及周边污染源防控和潜在危化物品排查管理，做好水环境重大污染应急处置预案。

（二）建立新区公共安全保障机制，利用信息化手段提升新区公共安全管理水平

1. 构建大安全大应急治理框架体系

按照系统治理观念，编制全方位立体化公共安全网。

2. 新区公共安全保障机制

主要包括常态化预警、监测、评估、决策、处置和应急保障系统，根据不同功能片区和不同类别单位，分级分类进行安全保障管理。

3. 推进智慧应急，实施城市敏捷治理

利用物联网、3S、大数据以及空间分析、信息集成技术等，构建新区综合安全数据库，对安全建设提供动态感知、实时监测、快速传输、精确计算、精准分析等技术和智力支持。

五、区域发展统筹联动体系

基本思路是以协调、共享、包容为导向，建立绿色智慧新城区域发展统筹联动体系。新区要做绿色智慧城市协调发展示范区。新区的战略支持点和经济增长点作用，体现为通过绿色智慧新城建设产生周边溢出效应、外向辐射效应和梯度扩散效应。

新区当做区域统筹发展的表率。在生态环境建设、民生改善、基本公共服务供给等方面要勇于承担责任，建设社会和谐、幸福宜居的"环白洋淀富裕带"；建立迁入企业对口支援协作机制，入区单位定点帮扶机制；减少新区对周边地区的资源环境依赖，控制城市集聚扩张动能产生的虹吸效应，避免出现"环新区贫困带"。

新区当做区域共享繁荣的典范。立足于欠发达地区，服务于全国性非首都功能，新区当为地方社会民生作出贡献。避免"建新拆旧"带来的"扶新刮旧"，新区需要承担地方社会发展和民生保障的责任，建立长期的财政收入分享机制，分阶段制定反哺地方的扶持性政策，直到周边区域形成持续发展的自生能力。

新区当做央地合作共赢的样本。加强央地合作、企地合作，建立新区与冀中南地区产业协作和专业化分工体系。根据发展需要，新区非核心功能适当剥离到外围地区，通过产业链、需求链、市场链密切地方联系，深度嵌入地方发展，变"飞地经济"为本土经济。

第四节 本章小结

雄安新区以"建设一座以新发展理念引领的现代新型城区"为目标，在绿色智慧新城功能打造方面，通过"一个目标、两大功能、三重意义、四项建设、五大保障"提出建议。雄安新区以集中承载非首都功能疏解为主要建设目标，需要通过绿色智慧新城建设，具备足以支撑这些功能实现的条件和要素。为此，要着力于宜居宜业宜学的发展环境和便捷高效优质的现代化公共服务建设，进而支撑京津冀一体化国家战略，成为冀中地区经济增长极。主要发展路径就是建设绿色智慧新城四大基础性系统和五大支撑保障体系。优化城市生态环境、创新创业环境，完善城市基础设施，着力推进绿色智慧新城生态系统、基础设施系统、城市运行系统和创新创业系统等四大基础性系统建设。绿色智慧新城五大保障性支持体系包括科学的空间规划设计体系、先进的城市建设标准体系、现代化城市治理能力体系、新型公共安全保障体系、区域发展统筹联动体系等。

第十二章 温州乐清智能电气小镇产城融合发展困境及对策

第一节 问题的提出

一、研究背景

近年来，随着城市高质量发展要求的提出，经济的快速发展，城镇化、市场化、工业化的步伐加快推进，依托"空间布局、特色产业、要素集聚、配套发展"为一体的特色小镇建设发展越来越快，前景相当广阔。特色小镇这一概念最早提于浙江省，作为浙江省县域经济排名前十的乐清市积极发展产业集聚、种类丰富的特色小镇，以此推进提升区域发展、加快产业融合、传承传统文化，走出转型升级新路子。

特色小镇的建设作为推进新型城镇化中的一项重要内容，它给新型城镇化战略添加了新的要素。因此，在新型城镇化的背景下，特色小镇的发展更应结合各经典的城市发展理论，明确自身的功能定位，根据当地资源禀赋条件，因地制宜、多途径、多渠道发展特色产业，选择适合自身的发展路径。引入田园城市、新城市主义、卫星城镇三个理论，用这几个理论实现倒推分析，给研究智能电气小镇奠定了基础。同时，也借鉴了国内外学者对于特色小镇的学术研究，给接下来的研究予以启示。

根据特色小镇的基本要求，以乐清智能电气小镇为研究对象，把脉其发展规律，为特色小镇更好的发展提供资料。首先分析了乐清智能电气小镇的发展条件，便利的区位交通、丰富的自然资源、特色的人文资源、雄厚的发展基础以及积极的政策保障，给智能电气小镇提供了优越的发展基础。接着从项目建设、经济发展、城市功能三个角度对乐清智能电气小镇的现状进行说明，从现状中我们可以看到智能电气小镇的建设在火热地进行中。在建设意义上，指明了智能电气小镇是乐清推进供给侧改革的有益探索，是乐清大力践行《中国制造2025浙江行动纲要》的重要部署，是加快温州大都市区北部中心建设的战略诉求，是加快推进柳白新区建设的有力举措。但是通过收集相关数据、比对其他特色小镇，可以发现智能电气小镇发展还是任重而道远。产业发展水平不高、高端要素集聚不足、城市化功能不完善、公共服务不到位等因素制约着其发展，急需解决。从智能电气小镇存在的问题上看，可以其发展问题具有一定的普遍性。为此，推广至其他特色小镇建设发展上，提出优化空间布局、发展特色产业、集聚高端要素、完善城市化功能、创新体制机制 5 个发展建议，给予当前特色小镇可持续发展方向。

通过研究，可以发现特色小镇对区域经济水平的提高具有促进作用，夯实产业基础，促进区域产业、文化、社会等结构优化，最终提升区域知名度和竞争力。同时要统一思想，勇于创新，共同创建特色小镇的美好未来。特色小镇的概念出现在国家决策层面，当时正好是供给侧改革引领经济、社会发展新常态的伊始阶段。供给侧改革注重的是经济市场中需求和供给之间的平衡，主要以消化过剩产能、降低生产成本、补齐生产短板等为主要抓手，在适当增加总需要的同时，通过改革的手段来调整整体结构，让要素资源得到优化，使得供给方在面对需求方的变化时，显得更加灵活、更加敏捷，而这将会成为宏观经济政策调整的主要旋律。针对产业结构的调整，主要可以从以下几个方面入手：一是积极淘汰落后产能，转变经济发展方式；二是加快传统产业转型升级，调整经济结构；三是坚持创新驱动，积极培育高端新兴产业，提高产业发展层次和效率，实现产业现代化发展。

对于浙江省来说，特色小镇的存在具有一定的价值和意义。从历史角度上来看，过去 30 多年，浙江根据自身情况，不断发展培育了一大批条块状经济和具有浓厚本土气息的特色产业，形成了一定的集聚效应和特色品牌，特色小镇则是这些聚集效应和特色品牌的合集。从政策角度上看，浙江省正在大力推进"五水共治""四名三化""三改一拆"等系列举措，特色小镇则是这些政策措施的集成和深化。从互比互学角度上看，特色小镇的建设与研究同当前全国其他各地的探索是同步进行的，这利于浙江的长久发展。从其他现实需求上看，传统块状经济竞争力日渐下滑，低、小、散产业陷入无利可图的困境，特色小镇的建设能够加快推进腾笼换鸟，实现凤凰涅槃。特色小镇是具有历史性、发展性、传承性的，是符合当前浙江实际情况的重大决策部署。当前浙江正处于产业结构调整的关口，特色小镇为全省各市（县、区）产业发展战略的再选择提供了新思路。

通过查询数据，可以发现 2017 年前三季度乐清的 GDP 结构中三个产业的比重分为是 2.3∶44.8∶52.9。由此看出，当前乐清的产业以第二、三产业为主，是乐清经济增长的主要来源。其中，工业增加值 257.15 亿元，高新技术产业增加值 121.85 亿元，规模以上工业增加值 207.62 亿元，战略性新兴产业增加值 42.75 亿元。初看这些数据，乐清的经济发展还是很可观的。然而，换个角度会发现该市的经济发展是存在着一定问题的。如，工业企业成本压力趋大，效益两极分化严重，规模以上工业企业主营业务成本 805.35 亿元，每百元主营业务成本 82.61 元，同 2016 年相比，效益下降的企业有 431 家，占规模以上工业企业总数的 39.2%。这些数据敲响着乐清经济发展的警钟。同时，横向对比，也可以发现乐清渐渐被邻边的温岭、黄岩所超越，地区竞争力日渐降低，发展难题亟待解决。为此，乐清市希望通过特色小镇建设这一契机，加强其规划建设，通过整合现有资源、提升改造、新增空间三个层面来设计，顺势而为，努力培育建设城市中心区创富港湾小镇、柳白新区智能电气小镇、经济开发区智慧小镇、雁荡山月光小镇、铁皮石斛养生小镇（表 12-1）等 5 个特色小镇来促进经济增长。通过统计部门了解到，2017 年 1-8 月乐清市创建的 3 个温州市级特色小镇总投资 21.25 亿元，其中特色投资 16.45 亿元，占比达 77.41%；民间投资 16.41 亿元，占比达 77.22%。同时，科技型企业入驻 25 家、高新技术企业入驻 7 家，引入五洲国际、正泰集团、武汉三特索道公司等行业龙头企业 9 家，引入"新四军"等高端人才 315 人，这些数据在温州市范围内排名较为前列。因此，无论是从发展规模、水平，还是发展特点来看，研究该市的特色小镇具有前瞻性、普遍性与代表性。

乐清市创建和培育中的特色小镇基本情况　　　表12-1

小镇名称	面积（km²）	区域范围	产业定位
智能电气小镇	3.5	柳白新区	高端装备制造—电工电气产业
雁荡山月光小镇	3	雁荡镇	旅游产业
智慧小镇	3.23	开发区	高端装备制造—智能电气和风能产业
创富港湾小镇	3.48	乐成中心城区滨海片区	智能硬件设计研发、"互联网+"、信息技术产业、软件和信息服务
铁片石斛小镇	3.13	大荆镇	农业

资料来源：作者自行整理。

乐清的柳白新区主要生产低压电器，其市场份额在全国范围内来看，占比为 60%，该区域拥有国家首批新型工业化示范基地（电工电气），是浙江省电气产业集群、浙江智能制造、信息经济和软件服务业示范县市，共有 11 项产业知名牌子。通过近些年的不断发展，目前，此区域已形成了温州、台州等地区第一个产值超过千亿元的电气产业集合体。但在当前经济发展新常态下，摆在柳白新区前面有许多新挑战，分别是城镇居民收入提高、产业转型升级，白石高铁站、绕北高速公路、七都北汉桥等重大基础设施建设以及城镇居民生活方式变化，这些都给柳白新区发展带来了新机会、新机遇。

乐清智能电气小镇与一般传统小镇不一样，它是乐清扎实推进新型城镇化发展、促进城乡一体化的关键点。从形态角度上看，智能电气小镇可以是柳市镇相对独立的个体区域，也可以是整个乐清市中心外的独立区域，可以享受到乐清的社会服务。从产业角度上看，智能电气小镇主要是依托智能电气产业，从而打造一条完整的电气产业生态链。从环境角度上看，智能电气小镇以营造优美景区为目标，解决当前柳市周边的环境问题，构建美好家园。因此，研究乐清智能电气小镇的发展情况，提出当前特色小镇建设的对策，深入探析特色小镇的发展是值得。

二、研究意义

为了进一步推动全省经济的转型升级，统筹协调城乡共同发展，浙江省提出了要加快建设一批独具特色的小镇，并使之成为"十三五"期间全省七大万亿元产业培育的重要突破口。

乐清地处浙江省东南部沿海，是温州大都市北翼副中心，同温州市区隔着瓯江互相对望，是"温州模式"主要发祥地。它拥有雁荡山、乐清湾、西门岛、七里港等众多自然生态资源，同时也是工业强市。乐清是全国经济社会综合实力百强县（市），浙江省工业强市创建的试点城市，是温州市工业产值最早超千亿元的县（市、区），仅国字号"金名片"就有20来个，如"全国科技进步先进市""全国体育先进市""全国文化先进市"等。

突出的资源、产业基础、人文等优势给乐清的特色小镇创建提供了得天独厚的机遇，为此，乐清需要牢牢把握贯彻落实浙江省、温州市的决策部署，积极争取列入省级特色小镇创建或培育名单，大力谋划建设温州市级特色小镇，建立乐清市级特色小镇培育库，实现乐清赶超发展。

本章将认真研究特色小镇发展困境及对策，把脉其发展规律，重点研究位于柳白新区中部的智能电气小镇，探讨其践行新模式、发展新经济等内容，并提出对于特色小镇具有普遍性的发展策略。

第二节　理论基础与文献综述

在认真搜集有关文献资料后发现，截至目前，国内外对于特色小镇已进行深刻的研究与分析，在中国知网上搜索"特色小镇"这个关键词，有17397种文献，其中包括视频、期刊、报纸、专利等，这些资料文献为本研究提供了丰富的基础性材料。

一、理论基础

（一）田园城市理论

田园城市理论（Garden City）是19世纪末英国城市规划学家霍华德提出的，该理论主张将人类社会活动安排在农田或花园的区域之内，是权衡第一产业、第二产业和居住空间比例的一种城市规划理念。

工业革命的兴起，加快推动了德国、英国等西方国家城市化进程，人口、工业等在城市过度集聚，从而引发了各种环境和社会问题，为解决这些问题，霍华德提出了一系列社会改革思想，希望通过"城乡磁铁"的观念来将城市与乡村紧密结合在一起，以此来调整城际分离、城乡分离的社会结构局面。霍华德在《明日：一条通向真正改革的和平道路》一书中提到，要想建设好一个城市，就要做好城市与乡村相结合的内容，即田园城市。

在霍华德的田园城市理论里，存在着几个先决条件。一是城市人口规模需要控制，建议人口为5.8万人；二是在城市空间规划中必须给农业留有空阔地方，必须保留好社区建设用地；三是要完善社区基础配套设施建设；四是管理部门要充分发挥行政管理职能。

1903年和1920年，英国建造起世界上第一、二座田园城市，分别是莱奇沃思和韦林花园。这几个城市的建立引起当时西方世界的高度关注，由于其优势所在，德国、法国、意大利等国家纷纷效仿；但多数只是抄袭了田园城市这个名字，并未完全深学细悟，把握其中的精髓。直至美国的拉德贝斯和德国的赫勒劳根据田园城市的理论，打造独具特色的城市后，第三代城市化建设的格局正式形成。1929年，在霍华德田园城市理论的影响下，美国社会学家佩里提出了邻里单元，着重单元里人们之间的交流；着重人车分流，致力于解决机动车交通对居民，特别是对小学生上学安全的影响；着重邻里单元之间住宅、商业、教育和娱乐设施的合理配置。

促进城镇与田园相互发展，加强区域文化与田园融合发展，使得田园与产业相得益彰，是田园城市建设的初衷所在。对比当前全国范围内的特色小镇建设思路，同田园城市这一西方百年理想是吻合的。如空间上，一个城镇发展规模需要限定，不能无限制地扩展；如功能叠加上，城镇要做好交通运输体系建设，要重视公共基础和生态建设。特色小镇能够破解城乡二元结构，它立足将自然生态、生产加工、生活起居等功能进行叠加，把区域文化、突出产业、休闲旅游等要素进行融合，构建一个"城市、产业、文化、人口"于一体的新型空间格局。

（二）新城市主义理论

自"二战"结束以来，美国郊区发展迅猛，人口数量急剧增加，经济产值比重大幅提高，深刻影响了美国城市和社会发展。然而，由于缺乏长远规划和总体规划，广大郊区在扩展中逐渐形成蔓延之势，造成诸如资源浪费、生态环境破坏、种族和阶层居住隔离加剧等问题。这时，美国基于对郊区蔓延的反思，兴起了一种城市设计流派，即新城市主义（New Urbanism）。

新城市主义目的在于把人民的生活方式都结合在一起，如居住、工作、商业和休闲娱乐等，构成一个新的整体，成为一种紧密的、生活适宜的、功能复合的新型社区，并将该社区同周边的自然环境一起，实现可持续发展。该理论按照规模适度、连通性、混合使用和多样性、混合居住、优化的建筑和城市设计、公共服务设施步行的可达性等原则，重视区域整体规划，着力从区域大局的角度来看待、分析、解决问题。强调以人为本的设计理念，塑造功能多样化、服务人性化、活动层次化的城镇活动氛围。同时，要注重规划与区域内人文、环境、历史的和谐性。

公共交通主导的发展单元（Transit-oriented Development）和新传统主义的邻里发展单元（Traditional Neighborhood Development）是新城市主义的两个主要发展模式。Transit-oriented Development（简称 TOD）偏向整个大城市层次的交通，而Traditional Neighborhood Development（简称 TND）偏向城镇内部大街小巷层次的交通。为改变消除郊区化无序蔓延所造成的不良影响，重新建设宜居的城市家园，新城市主义提出了以下任务：一是对单调、涣散的郊区进行整合重组，使之成为多样化的地区；二是保存维护现存的城镇中心，加强其核心领导作用；三是营造美好的自然环境，加强建筑遗产的保护（周薇，2015）。

城市的文明特性与自然特性和谐共存是新型城市理论追求的内容，即在充分发挥城市功能的基础上，统筹发展人、社会与自然间的关系。具体有如下特点：一是城区内部交通的贯穿性设计。整个城市街道设计表现为网格式布局，可以缓解城市内部的交通拥堵；二是城市外部交通网络的方便顺畅。远距离的城际之间建设快速的公路、铁路，近距离的城际间、城区内部则动员居民步行或者使用自行车；三是服务区融合设计。将更多的住宅、商铺、写字楼和服务设施集合在一起，最大限度地提升城市空间；四是可持续发展理念。践行可持续发展的理念，提高社区的建设和运作力度，降低社区对周边环境的影响。

新城市主义理论指明了在城镇的建设中，产业功能和城市功能要两手抓，把服务设施集合在一起，充分高效使用空间，从而推动联合发展，这点是符合特色小镇的建设要求。同时，在一个城镇的创建过程中，政府要紧紧立足"人"这一根本，尽可能地满足人想求的、想要的，实现人的全面发展。此外，该理论提出了可持续发展观念，这也切合特色小镇的未来发展路径。特色小镇建设不是一朝一夕的工程，而是可间断、可持续的发展，那么就需要在产业的发展和城镇建设过程中遵循客观规律，坚持"绿水青山就是金山银山"理念，改变粗放式发展模式，提倡集约型发展，走绿色可持续发展路径。

（三）卫星城镇理论

卫星城镇（Satellite city）这一概念主要源于埃罗·沙里宁的有机疏散理论，该理论主要是为了解决城市中心过度集中而引发的种种问题。卫星城镇是引用了宇宙间卫星和行星的关系，在大城市郊区或其以外附近地方，按照规划建立自成体系的工业企业、住宅区和成套的生活服务设施，成为相对独立的城镇。而泰勒提出的卫星城镇，主要目的是将部分居民、产业等从中心城市分离开来，让其生活生产在卫星城镇，这样就可以解决因为城市中心人口过度集中、城市不断臃肿而导致的种种问题（李万峰，2014）。1924 年，在阿姆斯特丹召开的国际会议上，有关建立卫星城市的倡议得到了通过。从此，全世界多个国家开始积极发展落实这个理论。相对于国际层面，我们对卫星城市的研究稍微晚了几十年。在 20 世纪四五十年代，上海、北京等地，政府在对城市的规划设计布局中融入了卫星城镇理论的内容。21 世纪以后，国内出现了大批学者对卫星城的概念进行研究，深化了卫星城镇在中国的意义。

自卫星城镇创建以来，卫星城镇的本质、功能都在不断发生变化，其发展大致可分三个阶段进行。第一阶段是"卧城"，即人口单一疏通的阶段。卧城往往在通向主城的重要交通线上，离主城的距离比较近，能够满足主城人口到此居住生活。第二阶段是"辅城"，即拥有部分支柱产业支持的阶段。辅城里拥有相当数量的商业、企业和配套服务设施，满足了当地一部分人的工作需求，同时还能让其他居民进主城上班。第三阶段是"新城"，即产城融合的阶段。新城建设不再过度依赖主城的资源要素，结合了产业发展与城市功能，大大减少了主城与新城种种问题，逐渐变成为城市经济新增长极，促进整个城市的建设发展。

特色小镇建设与卫星城镇建设有些类似，都能有利于产业结构的优化与升级，极大地提升区域的竞争力；加强城乡统筹，扎实推进城乡一体化发展。但是，两者又存在不同点。因为中心城镇和郊区城镇的距离比较远，许多外围的卫星城市受到要素流动的影响，变成了一座"空城"。特色小镇则一般位于中心城镇周边，距离城市中心不太远，没有要素流动难的问题，能够有效地避免成为"空城"。虽然如此，特色小镇的建设与发展还是能从卫星城镇发展的相关理论中得到一些实用性的思路。

（四）城市功用多样性理论

刘易斯·芒福德（Lewis Mumford，1961）指出，城市的发展与建设应当以人为中心，紧密连接人类文化。在城市建设和改造的过程中，要充分以人的各方面需求为第一准则，人对自然、社会、精神等都存在需要，忽视任何一个方面，人性都不是完整的。

简·雅各布斯（Jane Jacobs，1961）在《美国大城市的死与生》一书中指出，城市形成的天性和城市建设的重要准则是城市的多样性，城市的多样性功用体现在人们对城市功能的需求中，城市应满足聚集在一起的、错综复杂的、相互补充的人群的各种物质和精神需求。雅各布斯从社会学、经济学和规划学的角度出发，通过研究提出了"城市功用多样性理论"。其中，城市功用包括基本功用和从属功用，基本功用是指城市的基本功能，包括办公、居住、科教文卫等，从属功用是指商店、餐馆等服务业。城市功用多样性理论的核心是基本功用混合，她认为一个区域应至少包括两个基本功用，以此来吸引不同的人群集中在特定地点。本研究认为，把城市功用多样性理论应用到产城融合研究中，开发区建设中的基础设施投资和公共事业发展属于城市基本功用建设，服务业的发展属于城市从属功用建设，要形成产城融合发展的模式，必须注重开发区在城市化进程中基本功用和从属功用的协同发展。

二、特色小镇及相关概念辨析

（一）特色小镇的内涵及概念解读

1. 概念辨析

特色小镇非"城"非"镇"、非"园"非"区"，它区别于传统的建制镇，它不是一个行政区域，不是一个工业园区，而是相对独立的、拥有丰富的文化底蕴、牢固的产业基础、健全的社区生活设施和优美的资源环境等的综合体。它可以是城市中心的某个区域，也可以是离城市较近郊区的某个区域，是能够加强城乡统筹发展的载体，是推进城乡人口多元化流动的平台，是当前现代城市体系建设的一部分内容（杨红梅，2017）。

特色小镇的概念首次在浙江省公众场合提及是在 2014 年 10 月 17 日，时任浙江省省长李强在参观了云栖小镇时表示，要让杭州再多几个美丽的小镇，让浙江的特色彩云飘荡在蓝天白云之下。这个时候的浙江省特色小镇既不是政策区域概念上的开发区与产业园区，也不是行政区划意义上的建制镇，而是一个在大城市郊区出现的建设规模为 1 到 3 平方公里、拥有明显的产业特色、形式上如同城镇的空间发展单元。后来经过浙江省的进一步规定，浙江省特色小镇便形成了特定的内涵，除了上面提及的内容以外，还添加了特色小镇就是一个景区、特色小镇就是一个体制创新平台等内容。一般情况下，特色小镇的规模不大，若是简简单单地将"产业园区＋居住区＋自然风景区"相加，并不是所谓的特色小镇。为了区分什么是特色小镇，可以从产业定位是否特色且强大、小镇建设是否规范美丽、功能叠加是否齐全等方面入手。

然而，随着国家相关文件政策的相继出台，特色小镇的寓意发生了变化。2016年7月，国家相关部委出台了《关于开展特色小镇培育工作的通知》，通知里面明确提出特色小镇首先要是一个建制镇，同时它需要具备"相对完善的体制机制、特色鲜明的产业模式、便捷优质的设施服务、凸显特色的传统文化、和谐宜居的美丽环境"这五点要求。这个定义与浙江省特色小镇不尽相同。一个是非建制镇的空间单元，另一个则是建制镇，他们在发展上是不一样的（表12-2）。非建制镇的空间单元在创建、运转、管理上相对简单，可以靠市场机制运作来促进产业发展，而建制镇必须要兼顾城镇的综合发展，这就需要叠合整个创建的目标与任务，那么管理机构必然就是政府了。本研究主要讨论的是非建制镇的空间单元所定义的特色小镇。

特色小镇与建制镇的区别　　　　　　　　　　表12-2

属性	特色小镇	建制镇
行政区域	非行政区划，可跨区域	行政概念
划分依据	优势产业聚集	行政目的
主体	企业	政府
发展理念	五大理念	综合发展
产业	七大新兴产业	综合性产业

资料来源：作者自行整理。

2. "特色"解读

特，即小镇的特别之处，主要体现在：①产业定位特，特色小镇发展的产业一定是依据地域和资源优势，差异定位，错位发展的优势产业；②从业人群特，特色小镇从业人员多为智力型、技术型、创新型人才；③服务功能特，既能够为企业提供涵盖图书馆、实验室等功能完善的办公场所，又能为从业居住人员提供舒适宜居的生活条件。

色，即小镇的魅力所在，主要体现在：①主题风格个性，每个小镇都要有自己独特的建筑风貌和艺术风格，打造小镇个性化名片；②文化底蕴丰厚，特色小镇一定是兼具产业硬实力和文化软实力，以其文化特质增强小镇企业与居民的文化认同感和心灵归属感；③生态环境优美，特色小镇的选址大都有良好的生态环境，可以增加对企业、人才的吸引力，让居民得以舒心地创业和生活。

（二）特色小镇的外延

即使每个特色小镇都是功能综合体和社区，但是它们都有自己独具一格的主体功能。这些旗帜鲜明的主体功能就是特色小镇的"特"之所在。

一是旗帜鲜明的核心特色产业。创建特色小镇的重点在于发现特色，张扬特色，提升特色。建设特色小镇的关键点在于要有旗帜鲜明的特色产业，或者是拥有整个区域内若干家处于龙头地位的特色产业企业。在整个特色小镇的建设过程中，小镇的整体规划都需要紧紧围绕这个核心产业或龙头企业来发展，并综合协调各项资源、完善产业链条、配齐制度政策等要素。选择特色鲜明的产业是引导特色小镇发展的重要力量，它也决定了小镇未来的发展前景。因此，在特色小镇的创建过程中，要高度重视区域内的资源特点，了解自身的优势所在，紧紧依靠产业供给侧结构性改革的步调，全力发展区域内核心战略性产业，实现当地特色产业的更快、更好、更大发展。

二是特色鲜明的产业结构链。如果把特色产业比作特色小镇的心脏，那么特色鲜明的产业结构链就是特色小镇的经脉。从本质上看，特色小镇的建设需要顺应所在区域内经济发展的变化，这是所区域内产业生态系统升级和产业生态位置重组的要求。立足特色产业这个圆心，强化核心产业聚集效应，同时做好辐射效应，推动其他相关产业发展，构建完整的产业结构链条。通过打造这样一条完整的产业生态链条，促进其他经典传统产业向高端化、现代化、智能化产业发展，使其焕然一新，再创新绩。

三是可持续发展的运营模式。当前，全国范围内的特色小镇建设多是由地方政府规划、引导、招标、建设的，属于政府主导型的建设模式。然而，通过对照国外著名的特色小镇，如美国硅谷、德国海德堡、意大利波托菲诺等，他们的特色小镇建设则是以企业或是民间资本为主体来进行市场化运作。因此，中国的特色小镇要凸显和丰富特色产业内容，将所在区域内历史人文的因素添加到其中，加大对新项目的引进，新技术的应用，新产品的研发，从而形成绿色、协调、创新、开放的产业发展大环境。

四是宜居宜住的生活环境。一个产业若是集聚发展，必定会引起人口的集中。这时候，人们的物质要求变为健康舒适的生活环境。部分特色小镇在建设过程中，都需要进行整体性重新设计规划，并不断建设，形成一个全新的城镇。但对于绝大多数的特色小镇而言，都是在原先的城镇基础上，进行再设计，再建设。变化了的城镇同时也改变了原生地居民的生产生活方式。因此，这些特色小镇在建设过程中，要遵循原先的习惯，健全和完善生活、生产等的配套设施，让原生地居民更快地融入新城镇里面。此外，特色小镇的功能布局上要避免单一化，力争多元化发展，要具备居住、娱乐、旅游等多种功能（表12-3）。

特色小镇、工业园区、经济开发区与旅游区的比较　　　表12-3

类别	行政区划属性	产业结构	管理运行主体	开发建设模式	功能
特色小镇	非行政区划，可跨区域	将一批具有特色的产业集合在企业，并结合工业、服务业、经典文化产业	企业	企业主体	兼备生产、生活和生态功能
工业园区	一个行政区域范围，面积上无要求，小大由之	以工业制造业为主	园区管委会	政府主导	生产功能为主
经济开发区	半行政区划概念，承当一定的行政职能，面积一般较大	主营工业、服务业，一般是高新技术及企业各类产业园汇合地	管理委员会或投资公司	政府主导	生产功能为主，兼具生活功能
旅游区	非行政区域，可跨行政区域，面积上无要求，小大由之	主营服务行业，比如旅游、休闲、餐饮等	旅游公司或政府	企业或政府主导	生态、生活功能

（三）特色小镇的主要类型

立足当前全国范围内特色小镇的发展状况，对照新型城市化发展的本质，可以将特色小镇分为7种。

1. 产业发展型小镇

特色小镇的发展主要依靠产业，特色产业的发展既是特色小镇发展的内生动力，也是特色小镇外在的体现。充分发现区域内的特色产业，完全释放其本质，接着将区域内的空间、景点、人文等要素集合在一起，因地、因业、因人制定产业特色、产业形态、产业功能，并辅之以相关政策，构建起完整的产业链，激发产业活力，让该特色产业成为整个城镇发展的驱动器。

2. 文化产业型特色小镇

古村落古遗址、传统手工艺及其产品、京剧戏曲、特色传统建筑（宫殿、寺观、民居等）、传统文化等独特的文化资源，能够给一个城镇带来发展生机，衍生出具有鲜明区域特点的文化产品和文化服务，形成以文化为主导的特色小镇。这种小镇能够利用文化的力量，将其转变为城镇进步的动力和源泉，主要发展文化创意设计、艺术品加工、文化旅游等方面，促进文化的改革，推动文化的融合，使小镇拥有独具一格的文化身份，让小镇更宜居、宜业、宜游。

3. 人口集聚型特色小镇

由于人口是小城镇建设的基础，人口的集聚带来生活、生产、娱乐、教育、医疗等多方面的公共需求。为了满足这些需求，自然而然会衍生出社区、学校、娱乐场地、医院等机构和相应的配套设施，进而逐步形成了公共服务健全、基础配套实施完善、城镇环境美好的小镇。

4. 交通枢纽型特色小镇

随着近几年全国在交通基础设施建设上加大了投入力度，各个地方的公路、铁路、机场都建立完善起来，开始兴建高铁新城、空港新城，这时就需要一个交通枢纽中心。这个中心可以是一个大城市周边的城镇，承担着交通运输通畅的功能，这便是交通枢纽型特色小镇。一般来说，这种小镇都是当地政府、企业、居民共同组成的，与大城市之间形成互补，实现共同发展。

5. 城市人口疏解型特色小镇

当一个城市规模界限为零或负的时候，它必然形成增加和分离的两极化趋势，进而造成产业和人口的分离。这种逆城市化效应给部分小镇的发展带来新机遇、新条件、新动能。它会促使城市的功能向周边中小城镇或乡村辐射，给这些中小城镇或乡村带来经济、政治、文化、居住等功能，从而发展成为功能齐全的特色小镇。

6. 资源禀赋型特色小镇

很多中小城镇拥有不可替代的标签，如民间习俗、古村落古遗址、自然风光、历史文物、神话传说等，这些独特性和唯一性使得它有代表性或垄断性，在某个方面是可以拿出来的"金名片"。而其他小城镇无法模仿、无法抄袭，自然而然，这些中小城镇就变成了远近有名的特色小镇。

7. 城市功能补强型特色小镇

当早期的城市规模越来越大的时候，城市的配套设施、功能上出现了单薄或空缺的部分，为了改善补齐这些部分，早期城市在规划中就会衍生出国际化社区、创业创新园区、科教研究机构、金融物流中心等，而这些新词汇将渐渐成为现代城市的重要构成，其中有些部分发展成独立的区块，并慢慢演变成为特色鲜明的城镇。

总体而言，目前全国各个地方的特色小镇建设都围绕着以上几种功能定位来发展。从公布的浙江省首批特色小镇名单上来看，其主要类型集中在休闲旅游、传统文化、现代制造、教育科技等方面（图 12-1）。其中，现代制造类最多，休闲旅

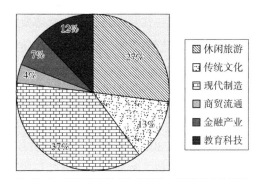

图 12-1　浙江省首批 79 个特色小镇的产业分配比

资料来源：作者根据浙江省公布的 79 个特色小镇建设名单绘制。

游类次之，两者合计占比超过 60%，主要是依靠原有的产业基础和资源禀赋，在原来的产业园区和旅游景区基础上转型而成。

三、国内特色小镇研究现状

（一）特色小镇的特征描述

仇保兴（2017）认为通过主流经济学的方法来描述特色小镇是不可取的，这样是无法正确判断它的好坏，因为特色小镇从主流经济学上来分析，就类似于某个生产函数或"黑箱"。为此，他认为要想对特色小镇的好坏进行分类，可以运用第三代系统论即复杂适应理论（CAS）。同时，可以从自组织、共生性、开放性、产业集群、超规模效应等十个方面着手，科学地看待一个特色小镇，做到有针对性，做好产业完善、生态修复，补齐城市功能等多个方面的内容，进而保持特色小镇的深度与广度。于新东（2016）认为特色小镇的特色要规避两种方向，一是没有相关产业基础，硬是无中生有，生搬硬套；二是选择性"失明"，以为当地无特色可寻找、可开发、可挖掘。其实每个地方的鲜明产业、镇街小巷、山山水水、人情风俗、当地特产、人文历史都可以是特色小镇的特色。郭林涛（2017）认为不论哪个特色小镇，居民的生活都是其中必不可少的构成部分。他将特色小镇的生活方式与大城市的区分开来，认为特色小镇的生活方式要遵循以人为主这一根本原则，致力于营造一个更加美好、舒适安逸、富有情趣的生活环境。

（二）特色小镇的发展模式

文爱心（2017）在《中国文化报》上发表文章，提出了基于特色产业和特色资源两大类型的特色小镇建设模式。基于特色产业而兴盛的特色小镇，通常立足发达的当地产业，通过深化供给侧改革、提升服务质量、优化发展环境等手段集聚发展要素，不断强化产业优势，调优要素配置，增强特色小镇的核心竞争力。基于特色资源发展模式下的特色小镇，往往是在其特有的生态要素或人文历史上做文章，通过发展生态旅游、休闲、文化创意等方面的领域，满足日益增长的精神文明需求，把资源特色转变成小镇的发展特色。冯云廷（2017）认为特色小镇组织模式发生根本性变革的原因是在于其空间、产业、文化等功能要素充足、交融并不断衍生，从而构成了相对多样化的组织模式。为解决特色小镇资金方面的匮乏和限制，加快特色小镇建设步伐，谷亚蕊（2017）分析了 PPP 融资模式，通过政企合作、特许经营、提供公共产品和服务、建立收益回报和风险分担机制五种具体运行方式。苏海红、王松江、高永林（2017）等人共同都认为特色小镇发展将离不开 PPP 模式。PPP 模式能够有效扩大社会资本的投资领域、缓解当地政府的财政资金压力、降低特色小镇建设的风险，对于当前热门的供给侧结构性改革具有促进作用。

（三）特色小镇的实践路径

仇丽萍、黄金旺（2017）等人对特色小镇建设的实践与探索进行了分析，认为特色小镇建设是推动全国经济转型升级的新动能，是实现经济持续快速、健康绿色发展的新动力，是促进城乡一体化发展的关键点。当前特色小镇建设存在着"换汤不换药"，小镇建设缺乏创造力；人为因素硬是打造出一个特色小镇，从而导致特色不"特"；脱离实际，重点发展房地产开发；忽视文化建设，割断区域内的历史文脉等一系列问题，这些都极度影响了特色小镇建设的效果。因此，为了扎实有序推进特色小镇建设，他们认为可以采取特色产业建镇、人才兴镇、融资富镇、文化兴镇、生态美镇以及做好监测管理等措施来建设充满魅力、独具一格的中国特色小镇。宋维尔、汤欢、应婵莉（2016）等人以浙江省特色小镇建设为例，总结了特色小镇的布局发展模式，特色小镇与传统意义上的城镇不同，它是一种全新的发展方式。在对特色小镇的规划中，要从布置好空间余地、打造好特色的产业平台、设定好投资目标三方面入手，使其具备综合功能。因此，要鉴于自身的整体区域规划、资源优势、地理环境等来准确选择特色主导产业与培养模式，并引入创新发展，打造独具特色的产业发展模式。

此外，在新华社刊登的"全面推进特色小镇创建综述"一文里提及了浙江省特色小镇创建。文章认为以梦想小镇、云栖小镇为代表的这批特色小镇，特色迥异、形态不一，已经成为浙江省经济转型升级发展中的新风景、新动能、新跳动。这是符合当前供给侧结构性改革的要求，是处理好政府和市场关系的新模式。特色小镇并不是一个镇，也不是一个区，而是"块状经济"的一种升级版。特色小镇的建设要坚持市场主导，杜绝千篇一律、"千镇一面"的现象，用创建制来替代审批制，彻底去除"争个帽子睡大觉"的坏习惯。此外，还要注重"产城人文"一体，充分利用当地的历史、人文、自然等独特资源要素，在继承历史文化底蕴，秉承工艺文化精华的同时，又能引导特色产业创新性发展，给传统产业提供强劲新动能。

四、国外特色小镇研究现状

国外的特色小镇建设已经发展到成熟期，是促进当地产业转型和升级，提高经济发展水平的支撑，是推进新型城镇化发展的有效手段。如美、英、德、意、法等国家都进行过相关建设，小镇的主题包括产业主导和旅游主导这两种模式。

从开发角度入手，Robert Madrigal（1995）基于社会效益的角度明确了特色小镇建设的目的，他认为政府主导的特色小镇开发建设一定要契合当地人民的意愿，只有采纳大部分当地群众的意见和观点，特色小镇才有机会实现可持续发展。Carlos Costa（2001）为了让特色小镇变得更加科学、更加均衡、更加合理，他构建了特色小镇规划建设的模型，从理性认知与技术手段来整体规划，以市场利益为出发点，把旅游业规划与小镇总体规划互相渗透、互相融合。

从收益效益角度入手，Melanie Kay Smith（2004）侧重研究英国沿海小镇的复兴情况，他发现将文化、商业、传媒同旅游行业进行多维度的融合，可以吸引当地个人资本进行投资，拉高当地消费水平，为当地经济的复苏提供能量。Claire Murphy、Boyle（2013）通过研究以文化旅游为主旨的小镇，他们发现以开发旅游产业为主的特色小镇在社会效益和经济效益上都很大成效。

从发展策略入手，Michela Nicola（2013）立足地域文化层面研究了处于大城市周边小城镇的发展模式。他认为区域文化可以成为小城镇经济发展新的突破口，若是该城镇拥有丰厚人文内涵，要努力营造独具一格的文化气氛，着力提升当地居民的文化归属感，全力打造区域文化品牌。对于那些人文遗产贫乏的城镇，应当积极加入到周边地方的文化活动中去，增加其人文氛围，同时要保持自身的独特性。Hervey Gibson（2006）在华盛顿开展了城市实践生活，得出在树立城市优质品牌的过程中，要对特色产业进行有效聚集和转型升级，这样才能够吸引到更多的市场消费群体，从而促进整个地区经济的平稳快速发展。

五、文献评价

通过上面内容的详细阐述，可以看出，国内外相关专家学者对特色小镇都已经有了深刻的研究与调研，并相当看好今后特色小镇的发展前景。

国外的特色小镇建设已经发展到相对成熟的阶段，在开发利用上，他们追求的是遵循民众意见，统筹发展产业与旅游两个主导方向，但是现在就浙江省来说，是没有借鉴意义的，因为当前浙江省范围内特色小镇建设还是以产业主导为主。在收益效益上，国外特色小镇的文化、商业、旅游、传媒等已进行多维度的融合，这些因素能够给当地的社会和经济带来可观的回报。在发展策略上，有学者注重文化层面，并认为文化可以成为一个城镇发展的关键点，立足文化提升，打造区域文化品牌，从而突破城镇经济发展瓶颈，促进区域经济快速发展。以上两点，都是需要我们去进一步借鉴、研究及推广的，因为仅仅靠产业主导，特色小镇无法实现可持续发展。

国内的特色小镇建设不同于国外，现还处于发展培育阶段，所以学者们更多是从什么是特色小镇，特色小镇该如何发展等角度来研究探讨。特色小镇与传统意义上的城镇不同，它不是一般行政意义上的建制镇，是一种全新的发展模式、发展方式。应该是产业基础、空间文化、所在居民的一个集合体，缺一不可。同时，要杜绝千篇一律、"千镇一面"的现象，挖掘其特色产业、特色资源，用开放创新的角度去建设一个特色小镇，并可以用复杂适应理论（CAS）来判定其好坏。当遇到资金方面的问题时，可以用PPP模式来缓解财政压力、降低建设风险，确保特色小镇的建设按期进行。

第三节　乐清智能电气小镇产城融合发展现状分析

特色小镇的核心是特色，这是特色小镇的规划设计、产业定位、功能建设的基本和出发点。为了保证这个基本和出发点，特色小镇的规划设计中就要融合新的思路。在建设观念上除了充分提高区域内的产业水平以外，还要注重文化、生活配套、生态等多方面融合，稳步推进城镇化建设。在都市圈和城市群战略的大背景下，特色小镇建设的政策红利进一步释放，品质消费和产业升级，推动了特色小镇加快落地。

当前，浙江省级特色小镇创建对象共有114个，省级特色小镇培育对象有69个。每个小镇都能完成相当大的固定资产投资额，并成为拉动当地经济增长的火车头。以下将对乐清智能电气小镇发展现状、问题及原因进行分析。

一、乐清智能电气小镇发展条件

根据前文提到的特色小镇内涵和外延，建设特色小镇需要拥有旗帜鲜明的核心特色产业、宜居宜住的生活环境、丰厚禀赋的资源优势。立足乐清智能电气小镇实际情况，发现乐清智能电气小镇拥有区位、资源、产业、文化、政策等多方面的发展建设优势。

（一）区位基础

智能电气小镇所在行政区域柳白新区位于温州市区正东方向，处于柳市镇和北白象镇两大经济强镇交界处，与温州市龙湾区和瓯江口新区隔江相望。柳白新区南据瓯江口的七里港物流港口，北依乐清火车站，西北方向临近浙南经济大动脉甬台温高速公路，是浙南重要的交通枢纽。当前，柳白新区内部正在建设电器城大道与北环南路，建成后柳白新区前往乐清市火车站与温州机场的时间将缩短为15分钟，将进一步完善柳白新区对外交通网络。同时，温州绕城北线高速公路和温州轻轨经过柳白新区，规划建设完成后将更加强化柳白新区与外部区块之间人员、信息与物资上的联系。

（二）资源基础

智能电气小镇拥有丰富的旅游资源，浙江省著名的5A景区雁荡山与小镇所在行政区域柳白新区同处于乐清市。小镇周边区域柳市镇和北白象镇拥有中雁荡景区等旅游景观。同时，智能电气小镇内的旅游资源也很丰富，水系非常发达，正在规划建设的智能电气湿地公园，包含精品民宿、水果采摘和水上乐园等一批项目，将成为小镇居民与游客休闲居住的场所。此外，五洲国际（乐清）电工电器城和正泰创新创业园将成为工业旅游精品路线的重要景点。小镇客厅、商业综合体、停车场、电瓶车和公共厕所等旅游配套设施项目也在规划建设中。因此，丰富的旅游要素为智能电气小镇进一步打造成国家3A级景区提供了有效保障（表12-4）。

乐清智能电气小镇生态资源表　　　　　　　　　　　　表12-4

生态资源类型	情况介绍
山	中雁荡山景区：国家AAAA级旅游区，国家级风景名胜区，首批浙江省文明风景游区，史称东南第一山，也是小镇大山水格局中的天然生态背景
河	乐琯运河：乐清西乡人民的母亲河，也是乐清境内最长的平原河网，西连永嘉县乌牛溪水，涌入瓯江，自南向北流经北白象、柳市、城南街道、乐成街道、翁垟街道等5个乡镇（街道）75个村庄，是智能电气小镇大山水格局的水系主脉
湿地	西芩湿地：位于小镇西侧，具有乐清地区独特的水网湿地景观，水生生物资源丰富，是智能电气小镇得天独厚的绿核
海洋	乐清湾：一个难得的天然良湾，位于浙江南部瓯江入海口北侧，湾内水深湿润，岛屿错列，整个乐清湾水质肥沃，饲料生物丰富，非常适合海水养殖。这里是浙江省蚶、蛏、牡蛎三大贝类的苗种基地和养殖基地

资料来源：作者自行整理。

（三）产业基础

电气产业一直都是乐清市的传统优势产业，乐清拥有"国家新型工业化示范基地""中国低压电器出口基地""中国低压电器之都""浙江省电器工业专业区"等多张"金名片","中国电器文化节"这一具有国际影响力、感召力的展会也落户于柳市镇。在2014年浙江省工业强镇的评选中，以电气产业为主导的北白象与柳市镇分别高居全省70个百亿工业强镇的一、二位。在2015年，乐清的工业电气总产值成功超过1000亿元。经过这么多年的发展，柳市镇也涌现出正泰、德力西、人民、天正等电气行业的领军企业。近年来，伴随着新一轮的产业革命和科技革命，电气产品逐渐向网络化、高端化和成套化发展，智能电气已经成为未来电气产业发展的重要方向。

智能电气小镇是依托五洲国际（乐清）电工电器城、正泰创业创新园两个省重大项目，积极发展专业市场、电子商务、金融等生产性、科技创新服务产业，建设全球规模最大、服务功能最完善的电工电气产品销售市场。同时，深化中国电器文化节相关展会的文化内涵，带动工业旅游发展。2017年，智能电气小镇累计完成固定资产投资额185031万元，同比增长52.28%，社会资本投入为7.64亿元。预计小镇三年新增投资达57.85亿元，启动实施小镇项目24个以上，实现年旅游接待量30万人次以上。

（四）文化基础

智能电气小镇节庆活动、会展活动频繁。每年都会举办中国电器文化节，文化节拥有万灯节、保护藏羚羊公益活动、电器营销创新峰会、电器时尚演绎会、大型民间书画等多项文化活动内容，努力将电器文化中的"温商精神"与专注精品"工匠精神"传播到全球各地。此外，小镇内还规划建设博物馆、职业学校和居民生活广场等文化设施项目。博物馆有利于展现和记载电工电气产业发展的辉煌历程，职业学校有利于培育一大批电气产业的专业工匠，小镇内还有生活广场，齐全完善的文体娱乐设施让居民业余生活变得丰富多彩。小镇周边的柳市是国家首批非物质文化遗产名录"黄杨木雕的发源地"，也是"温州模式"的发源地，集聚了黄杨木雕、细纹刻纸等大量的物质文化品牌（表12-5）。

乐清智能电气小镇文化资源　　　　　　　　　　　　　　　表12-5

文化资源类型	具体方面
水乡文化	农耕休闲、文化礼堂、美丽乡村
电气文化	大型企业品牌（巨邦电气、正泰电气、红光集团、华信国资电缆等）、中国电气文化节、较为先进的电气设备与工艺
非物质文化	龙舟、黄杨木雕、龙档、细纹刻纸

资料来源：作者自行整理。

（五）政策基础

在当前经济新常态的背景下，特色小镇建设能够促进产业转型升级，加快经济高质量发展。为此，浙江省将特色小镇建设列入"两美"浙江建设的战略举措，并于2015年在省政府工作报告中正式提出。省政府在《关于加快特色小镇规划建设的指导意见》中明确了小镇的发展要求、方式、政策、措施、组织等多个方面的内容。温州市政府积极响应省政府关于特色小镇建设的指导意见，制定出台了《温州市人民政府关于加快特色小镇规划建设的实施意见》，给温州全市范围内的特色小镇创建提供了好点子、新思路。

二、乐清智能电气小镇发展现状及必要性

（一）乐清智能电气小镇基本情况

智能电气小镇位于柳白新区中部，东至尚长路、双庆河，南至中山大道，西至七前东路，北至翁象大道，其规划总面积约3.3平方公里。主要按照"一年拉框架、两年打基础、三年出效益"的开发思路，以网络化、高端化、成套化为主攻方向，以智能制造和"互联网+"为主引擎，打造成为全国同类产品生产制造的标杆地区。通过智能电气小镇的建设，推动智能电气制造水平不断提高，科技创新服务、配套公共服务、工业科技主题旅游等功能不断壮大，成为国内外具有重要影响力和特色鲜明的集研发设计、孵化制造、展示体验、生活旅游于一体的国家级智能电气特色小镇（图12-2）。

从项目建设上看，智能电气小镇主要有中国电工电器城、道路河网等项目在筹备建设中。其中，正泰（乐清）物联网传感器产业园项目总投资约31亿元，总规划用地面积382亩，该项目是由浙江正泰电器股份有限公司作为主要投资方，是致力于打造以物联网传感技术为核心并带动多种智能科技研发的科技创新园，是正泰集团走向全球，利用科技的手段来智慧解决能源消耗等问题的重大战略部署。中国电工电器城是浙江省重大产业项目、温商回归重点项目，此项目总用地面积335亩，总投资约37亿元。主要为了打造成规模宏大、业态齐全、服务完善的全产业链、全功能、复合型电工电器展示采购中心、产业服务平台和品牌孵化基地。其中，会展中心建成后将成为乐清电器文化节的永久会场，从而彻底改变"马路办节"的历史。道路河网项目的建设主要是为了进一步提高智能电气小镇招商引资吸引力，通过加大基础设施的投入来改善硬件环境。绕北二期工程东西方向总投资将会超58亿元。

从经济角度上看，智能电气小镇是依托五洲国际（乐清）电工电器城、正泰创业创新园两个省重大项目，积极发展专业市场、电子商务、金融等生产性、科技

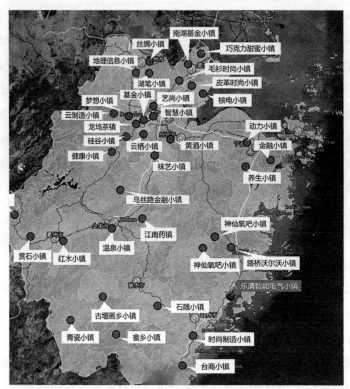

图 12-2　智能电气小镇在浙江省特色小镇的区位图
资料来源：乐清市发展和改革局。

创新服务产业，建设全球规模最大、服务功能最完善的电工电气产品销售市场。同时深化中国电器文化节相关展会的文化内涵，带动工业旅游发展。2017 年，智能电气小镇累计完成固定资产投资额 185031 万元，同比增长 52.28%，社会资本投入为 7.64 亿元。小镇整体开发以社会资本投入为主，预计小镇三年新增投资达 57.85 亿元，启动实施小镇项目 24 个以上，实现年旅游接待量 30 万人次左右。

从城市角度上看，智能电气小镇的商贸、旅游等服务功能培育已初步形成，小镇的电工电器城部分板块已竣工，小镇内部路基铺设基本完成，区域间公路建设基本顺畅，小镇到火车站的道路已完工，小镇内河护岸工程全面建成，电器城滨水绿带部分已完工。同时，小镇周边已成功打造了 3A 级风景区——柳市生态园。

当前，智能电气小镇初步确立了"一心、两轴和四区"的总体布局，"一心"指的是中国电工电器城会展中心部分区块，位于电器城大道和北环南路交汇处，同时也是发展轴和交通轴交汇处，是小镇客厅所在地。"两轴"一是南北向沿电器城大道，形成科创、产销、水系、生活共融的特色小镇发展主轴。二是东西沿北环南路，对外的主要交通走廊，是小镇的交通轴。"四区"指四类发展片区，包括电气产业示范区、高端电气装备产业区、小镇综合配套区和休闲生态旅游区四大区块。目前，"一心、两轴"的中国电工电器城和电器城大道、北环南路均已开工建设，投资 200 万元的小镇客厅作为特色小镇形象地标中心和展示宣传平台。

（二）智能电气小镇发展必要性

智能电气小镇建设是乐清推进供给侧改革的有益探索。2016 年 1 月，乐清积极学习落实习近平总书记关于供给侧改革的顶层设计，全面了解乐清当前总需求，着力提高乐清供给体系的质量和效率，为乐清经济的持续增长提供源源不断的动力。智能电气小镇的建设是从乐清供给侧切入，根据柳市的生产经济情况，为当地创业创新群体提供了个性化的创业需求供给，同时为不同客户提供了有效的产品需求供给。通过五洲国际（乐清）电工电器城和正泰创新创业园一批重点项目的建设，将人才、技术、资本等高端要素集中起来，大力发展智能化的高质量产品，把无效和低端供给降到最低，提高中高端和有效供给的比例，补齐了束缚电气产业发展的弱项和短板。

智能电气小镇建设是乐清大力执行《中国制造 2025 浙江行动纲要》的重要部署。《中国制造 2025 浙江行动纲要》明确提出要将新能源和节能环保装备、专用集成电路与新型元器件、机器人与智能装备等高端战略性制造产业列为今后十年制造业发展的重点领域。按照创新驱动战略的要求，浙江省立足于全省的发展实际，将高端装备制造产业列为省级重点培育的七大万亿产业之一，制定出台了《浙江省高端装备制造业发展规划（2014—2020 年）》，明确要进一步引导要素资源向高端装备制造产业集聚。乐清市结合本地产业现状，以智能制造和"互联网＋"为主引擎，以特色小镇建设为突破口，大力推进电工电气产品的一体化、成套化和系统化发展，着力打造高端电气制造产业，用实际行动来响应浙江省关于高端制造业的长远发展。

智能电气小镇建设是加快打造温州大都市区北部中心建设的战略诉求。2014年，温州制定出台的《关于围绕"两美"目标推进大都市区建设的实施意见》，提出"一主两副三极多点"大都市区布局，以中心镇为城市化的重要节点，大力推动新型城市化。智能电气小镇位于乐清市南翼沿瓯江口地区，选址于城乡接合部，紧邻全国小城镇综合改革试点镇——柳市镇。智能电气小镇将会按照五大发展理念，立足自身电气产业、自然资源优势，科学规划，完善产业链，深入挖掘柳白新区文化底蕴、生态禀赋，构建产城人文融合的新典范，努力成为温州大都市区北部中心建设的重要版图。

智能电气小镇建设是加快推进柳白新区建设的有力举措。根据当前乐清的城市框架，即"一心两翼"的城市布局，通过整合空间资源并形成新的城市空间，并在这个空间格局之下建设柳白新区。该新区借用了北白象与柳市两大经济强镇的各种资源要素，使之成为富有影响力的经济服务载体，拥有核心竞争力的南翼城市功能区，拉近与温州主城区之间的距离。乐清智能电气小镇以省级特色小镇的建设标准，加快当地会展中心、酒店、创客中心、物流中心和公园等配套基础设施等一大批项目的建设，科学引导社会资本进入电气产业发展的重点领域，进而优化投资结构，扩大现有投资规模，有效推动南翼城市功能区的建设，大力深化柳白新区和瓯江口产业集聚区的融合，推动区域经济健康可持续发展。

当前，智能电气小镇建设的成效已逐步显现，对柳白新区发展的影响将是深远的。小镇的建设将会起到缓解突出矛盾、增强发展后劲、丰富发展内涵的独特作用，对温台地区首个超千亿元的电气产业集群转型升级，实现制造的高端化、网络化、数字化、智能化、绿色化发挥积极作用。

三、乐清智能电气小镇发展存在的问题

根据田园城市理论，特色小镇在空间上需要注重布局的合理性，功能上需要注重叠加，重视公共基础和生态建设。新城市主义理论中提出特色小镇的发展要注重"人"这一根本，尽可能地满足人的所求、所需。卫星城镇理论中追求小镇的建设需要加强各种要素之间的流通。对照这些标准，不难发现处于发展起步阶段的乐清智能电气小镇未能准确把握其内涵，仍存在一些问题，其体现在空间布局不合理、产业发展水平不高、高端要素集聚不足、城市化功能不完善、体制机制不健全5个方面。

（一）空间布局不合理

特色小镇的功能表明，特色小镇的发展需要与城镇建设实现有机融合，其主要实现路径将是产城融合。特色小镇的建设应该规划先行，从环境、资源方面着手明确功能定位，其次通过顶层设计自上而下地做好特色产业发展、资源合理配置、空间优化布局三方面的统一。对照这些标准，反向推出当前智能电气小镇在空间布局、顶层设计上存在着一些问题。

一是概念理解上存在偏差。在创建理念上，智能电气小镇并没有真正从工业园区的项目模式中脱离出来，只注重电气产业的发展，不注重基础配套设施的培育，不注重整体资源的融合提升。从现状分析可以得出，特色小镇最终将达到产城人文于一体，成为地域文脉的彰显，成为生态自然的凸显，成为城乡一体化的节点，目前，智能电气小镇的建设还远远不够，小镇的"特"有名无实。

二是规划设计不够合理。小镇的整体发展并没有进行顶层设计，缺乏科技、文化、社会等领域的智囊高参，规划设计上仍具有一定的不科学性与缺乏前瞻性，如整体规划包含正泰乐清创业园区与高端电气产业园区两个板块，分散、割裂的功能布局与相关文件要求不符，致使整个小镇的产业集聚、人才集聚功能无法有效形成。再如，智能电气小镇只是将电气产业区（生产、科研、电商）和生活区进行简单叠加，缺乏产业文化底蕴，更缺乏旅游功能，又或是机械地将部分乐清（柳市）文化或者中雁荡山景区划入小镇建设区域，小镇文化、旅游等方面不能做到很好地有机融入、有机结合，难以做到各功能相互支撑，相互促进发展。

三是项目建设不够科学。在当前已开展的 15 个项目建设中，按照产业、生活、旅游三个层面划分，项目建设总投资额方面，产业领域项目建设是综合配套生活项目的 7.8 倍，是休闲旅游的 58.8 倍。放大了产业集聚功能，从而忽略了生活、基础配套、休闲旅游等方面的功能，这点与特色小镇要建设一个产业、城镇、人口、文化于一体的要求相违背。同时，在占地面积上，三者的比例约达到了 6∶1∶1。狭小的生态、文化、社区空间将会降低在住居民的生活幸福感、满足感，居民会纷纷离开这个小镇，这必然会阻碍整个小镇的发展（表 12–6）。

智能电气小镇项目建设情况表　　　　　　表12–6

项目类型	项目数量（个）	总投资额（亿元）	占地面积（亩）
产业领域	5	111.9	1023.8
综合配套领域	8	15.25	168.9
休闲旅游领域	2	1.9	178

数据来源：浙江省乐清市统计年报。

（二）产业发展水平不高

特色小镇的外延表明，特色小镇的建设关键点在于要有旗帜鲜明的特色产业，或者是拥有整个区域内若干家处于龙头地位的特色产业企业，从而使整个小镇的建设都是紧紧围绕这个核心产业或龙头企业来发展，来助推小镇的发展。要想增加特色小镇的核心竞争力，就要深化供给侧改革，不断强化产业优势。产业是特色小镇发展的"魂"。当前，智能电气小镇在这一方面还有所欠缺，主要可以从产业定位趋同、税收不高、企业发展水平不高这几个方面看出。

一是定位趋同。智能电气小镇主打的是以智能制造和"互联网+"为主引擎，发展专业市场、电子商务、金融等生产性、科技创新服务产业，这个同全国范围内的许多特色小镇相似，如广东省佛山市北滘智造小镇、山东省天桥区桑梓店智能制造小镇等，在建设模式、项目性质上基本雷同，智能电气小镇的发展整体定位有待升级。

二是税收不高。从地方税收总量上看（表12-7），2017年智能电气小镇的地方税收为4334.91万元，是拱墅运河财富小镇的13.26%，临安云制造小镇的27.4%，税收收入排名在全省范围内位处中列，智能电气小镇的企业生产水平低，生产总值还不高，从而不会带来高税收。因为经济是收入的来源，收入是税收的来源。从税收增长上看，2017年智能电气小镇的增长为540.97万元，而余杭梦栖小镇增长为6779.27万元，增长量上是智能电气小镇税收的12.53倍。这表明智能电气小镇发展势头不猛，电气产业未能带动小镇的经济实现抛物线式增长，产业需要进一步提升。

浙江省特色小镇地方税收情况表（部分）　　　表12-7

小镇名称	2017年税收收入（万元）	2016年税收收入（万元）	增长率（%）
临安云制造小镇	15823.32	13163.61	20.21
黄岩智能模具小镇	8888.25	8316.6	6.87
路桥沃尔沃小镇	4748.46	2645.14	79.52
温岭泵业小镇	11840.6	6504.6	82.03
乐清智能电气小镇	4334.91	3793.94	14.26
余杭梦栖小镇	10080.81	3301.54	205.34
富阳硅谷小镇	11919.87	9948.83	19.81
龙泉青瓷小镇	1021.56	676.06	51.1
拱墅运河财富小镇	32671.59	17316.04	88.68
龙泉宝剑小镇	766.66	646.58	18.57

数据来源：浙江省发展改革委统计年报。

三是企业发展水平不高。企业总数和企业入驻数量少、企业主营业务收入低、新产品产值不高等方面是企业发展水平不高的重要体现。全省范围内来看（表12-8），智能电气小镇现有企业户数是西湖云栖小镇的29.9%，是拱墅运河财富小镇的12%，企业数量少，发展基数小，要想实现经济快速增长，得从吸引外来企业入驻和提高产品产值入手。2017年智能电气小镇高新技术企业（国家级）入驻企业只有1家，科技型中小企业入驻只有7家。在吸引外来企业上，智能电气小镇2017年入驻企业数14家，分别是瑞安汽配制造小镇的11.6%，瑞安特色装备小镇的17.5%，永嘉模具制造小镇的4.3%，苍南台商小镇的31.8%，小镇的吸引力同比温州市范围内严重不足。再从提高产品产值上看，智能电气小镇规模以上工业企

浙江省部分特色小镇企业登记户数　表12-8

小镇名称	企业登记户数	小镇名称	企业登记户数
拱墅运河财富小镇	2021	乐清智能电气小镇	243
萧山信息港小镇	1587	富阳药谷小镇	213
上城玉皇山南基金小镇	1402	缙云机床小镇	200
青田石雕小镇	1214	上虞 e 游小镇	167
西湖云栖小镇	811	临安云制造小镇	126
建德航空小镇	588	天子岭静脉小镇	103
余杭艺尚小镇	541	黄岩智能模具小镇	102

数据来源：浙江省发展改革委统计年报。

业新产品产值仅只有瑞安汽配制造小镇的 0.02‰，新产品产值低下，产品研究力度不够，企业竞争处于下游（表12-9）。

2017年温州市高端制造型特色小镇新入驻企业表　表12-9

企业数据	乐清智能电气小镇	瑞安汽配制造小镇	瑞安特色装备小镇	永嘉玩具制造小镇	苍南台商小镇
新入驻企业数	14	120	80	325	44
其中：高新技术企业数（国家级）	1	14	20	2	8
科技型中小企业数	7	28	21	22	26
创业创新基地个数	1	3	6	2	3
其中：众创空间个数	1	2	1	2	2
规模以上工业企业新产品产值	0.00036	15.1	28.4	4.7	3.7
规模以上工业企业主营业务收入	0.2	34.4	55.4	15.6	10

数据来源：温州市发展改革委特色小镇统计报表。

（三）高端要素集聚不足

田园城市理论主张自然生态、生产加工、生活起居等功能进行叠加，把区域文化、突出产业、休闲旅游等要素进行融合，构建一个城市、产业、文化、人口于一体的新型空间格局。在继承历史文化底蕴，秉承工艺文化精华的同时，又能引导特色产业创新发展，给传统产业提供强劲新动能。要不断提升创新集聚能力，并与市场及优势产业相联结，培育打造特色产业的企业"隐形冠军"。各种要素对于城镇的发展也不可或缺，但当前智能电气小镇在这方面仍存在问题。

一是人才集聚不足。城镇的属性决定了人是生产发展和城镇建设的核心要素。不管是小乡村，还是大都市，最为重要的竞争力就是人才。一个地方能够吸引并留住人才，才能够促进当地的经济增长，提升产品的附加值。而在这两方面上，智能电气小镇都有欠缺（表12-10）。首先是在高端人才引进上（表12-11），当前智能电气小镇高新技术企业和科技型企业就业人数567人（不包括整个小镇的就业人数），其中高新技术企业从业人员数126人，"新四军"创业人员数86人，"国千"和"省千"人次均为0。而对于较低层次的人才，如应届本科、大中专等而言，智能电气小镇同北、上、广、杭等城市相比，现有的政策并未有更大的吸引力与竞争力，应届本科、大中专生更偏向于发展前景更好、招引力度更大的城市。对于落地的项目与企业来说，没有人才的支持，接下来的发展也就无从谈起，而没有企业的发展，智能电气小镇自然也就无法可持续发展。相较而言，如杭州市云栖小镇，集聚了一大批高层次创新创业人才，已有从业人员8500多人，引进各类人才超过4000名，小镇的发展具备了核心力量，形成以产业聚人才，以人才旺产业的可持续发展循环，给城镇的发展添入滔滔不绝的动能。

浙江省部分特色小镇人才数量　　　　　　　表12-10

人才类型	杭州云栖小镇	乐清电气智能小镇	磐安江南药镇
从业人员	8500	3000	10000
引入人才数	4000	100	2000
高中级技术职称人员	247	15	171
"省千人才"	10	0	1
"国千人才"	5	0	2

数据来源：浙江省发展改革委统计年报。

2017年温州市特色小镇高新技术和科技型人才表（部分）　　表12-11

人才类型	瓯海生命健康小镇	乐清智能电气小镇	平阳宠物小镇	温州汽车时尚小镇	苍南台商小镇
从业人员数	16558	567	3738	25314	2501
其中：高新技术企业从业人员数	0	126	1359	2216	1709
科技型中小企业从业人员数	0	221	1714	2978	1972
"新四军"创业人员数	51	86	10	96	49

数据来源：温州市发展改革委特色小镇统计报表。

其次是人才留住上，乐清在政策上有所不足。在高端人才引进方面，乐清出台《关于鼓励乐商创业创新促进实体经济发展的若干意见》，该意见也明确了高端人才的相关优惠保障机制，但是同比杭州、宁波等省内其他城市，优惠政策与力度有所欠缺。杭州、宁波对于高端人才都能给予几百万元的一次性补助，高额住房补贴，子女教育优待等。杭州、宁波属于副省级地区，而乐清只是一个县市级地区，在同等条件上，这些地方的教育、医疗、卫生、社保等就更具有吸引力，加之其在人才引进机制上优于乐清。而对于相对较为低层次的人才，如应届本科、大中专学生等，乐清没有制定出台相应的政策，而其他地区却有（表12-12）。如武汉针对大学生特意出台了留武汉创业的实施意见，在进一步放宽落户条件、安居保障、教育培训、创业岗位等多个方面作了详细规定，让他们无后顾之忧。对于大学生而言，武汉自然就是很好的选择。这些都表明智能电气小镇在人才引进上还是任重而道远。

武汉、深圳两地针对普通大学生的政策　　　　表12-12

政策	武汉	深圳
住房方面	加大人才公寓供给力度，建立"人才住房券"制度，以奖励形式支持企业人才和大学生购、租住房	本科 6000 元/人；硕士 9000 元/人；博士 12000 元/人。为一次性发放
落户方面	普通高校大学生在毕业 3 年时间里，可以凭借创业就业证明、毕业证书直接落户	高层次人才在深圳能够缴纳 1 年社保，同时没有出现超生情况的，可以直接申请落户。非全日制本科，没有违反计划生育，同时积分已经达到 100 分的，也是可以直接申请落户
创业创新	加大对大学生的创业补贴力度，每个初次创新创业的大学生，能够享受一定的融资和创业补贴。对毕业大学生提供免费创业工位	对毕业两年以内首次自主创业的高校毕业生，领取工商营业执照并正常纳税经营 1 年以上的，给予 4000 元的一次性创业资助，对创办注册资金 10 万元以下的小型企业或从事个体经营的高校毕业生，根据带动就业和纳税情况，每年给予最高 8000 元的财政资金扶持等
教育培训	建成 50 所以上公益性创业学院，每年提供不少于 10 万人次的大学生创新创业培训机会，5 年内组织建设 3000 个以上大学生实习（训）见习基地	无

二是资金投入不足。受经济下行的大环境影响，部分项目投资方出于对前景、政策稳定性的担忧，大笔资金不敢贸然进驻到智能电气小镇的建设中，资金到位不及时。如城市综合体项目尚未落地；小镇会展中心部分主体仍未封顶；小镇销售

中心未完成市政景观及社区管网工程等，从而导致项目建设停滞不前，小镇整体面貌较差。同时，智能电气小镇在经费的划拨、使用上未能形成统一的规定，影响了规划宣传、招商引资、配套建设等方面的财政投入。此外，招商引资上存在困难，操作方案没有立足柳白新区这一区域特点，抄袭照搬其他特色小镇，缺乏全面、务实、可行的要求。2017年，乐清智能电气小镇完成固定投资额（其中不包括商品住宅和商业综合体项目）合计12.3亿元，完成率不如瑞安汽配智造小镇、鹿城时尚体育小镇、永嘉玩具制造小镇等（表12-13）。

2017年温州市特色小镇1—10月份投资完成情况表　　　　表12-13

小镇名称	本年固定资产投资完成（不包括商品住宅和商业综合体项目）		
	目标任务（亿元）	完成额（亿元）	完成率（%）
瓯海时尚智造小镇	15	16.2	108
永嘉玩具制造小镇	9	7.3	81.1
乐清智能电气小镇	15	12.3	82
瑞安汽配智造小镇	6	5	83.3
鹿城时尚体育小镇	2	1.9	95
洞头蓝色度假小镇	4.1	3.1	75.6
平阳宠物小镇	11.2	7.7	68.7
温州万国财富小镇	10	14.3	143
瑞安特色装备小镇	12	12	100
泰顺廊桥小镇	6	4.5	75

数据来源：温州市特色小镇统计报表。

三是科创平台缺乏。智能电气小镇科创平台建设缓慢，还没能打造出智能电气创业孵化品牌，创业孵化平台缺乏专业运营团队。而浙江省内其他特色小镇，如云栖小镇的阿里云创业创新基地，梦想小镇的良仓孵化器已小有名气，对行业创业企业的虹吸效应较为明显。在温州市范围内比较（表12-14），2017年智能电气小镇的创业创新基地只有1个，落后于其他小镇。同时，智能电气小镇研发机构数量少，周边没有大学城、科技园等来支撑产业发展，小镇整体创新能力偏弱。

（四）城市化功能不完善

新城市主义理论指明了城镇的建设中，要牢抓城市功能建设，把服务设施集合在一起，充分高效使用空间。同时立足"人"这一根本，满足人民生产、生活所需的物质精神文明，把人们的生活方式都结合在一起，成为一种紧密的、生活适宜

2017年温州市高端制造型特色小镇创业创新基地表　　　表12-14

创业创新	乐清智能电气小镇	瑞安汽配制造小镇	瑞安特色装备小镇	永嘉玩具制造小镇	苍南台商小镇
创业创新基地个数	1	3	6	2	3
其中：众创空间个数	1	2	1	2	2
创业创新基地建筑面积（m²）	200	30000	10000	11500	74086
其中：众创空间建筑面积（m²）	200	4000	10000	11500	6416

数据来源：温州市发展改革委特色小镇统计报表。

的、功能复合的新型社区。特色小镇是在生态优先原则下，构建所在市民生活方式，使特色小镇具有"区域核"和"反磁力中心"功能。智能电气小镇的发展同这样一个社区模式是相符合的，但当前智能电气小镇在某些城市化功能上仍存在一些不完善的地方。

一是缺乏基础设施。目前，智能电气小镇主要在电气这个主题功能上做了很多文章，忽略了其他非主题的功能，不注重城镇基础设施环境完善，交通、公园、医院、学校等场所仍未建设好，增加了发展成本，导致小镇的活力不足。浙江省公布的特色小镇基础建设指数上看（表12-15），当前智能电气小镇得分65.14，同全省其他小镇相比处于中末位，这表明智能电气小镇的基础设施有待进一步更新完善。

二是软实力偏弱。智能电气小镇在娱乐、文化等软实力上整体偏弱，只是将现有的柳白图书馆与周边建筑设施进行简单拼凑，在整个建设过程中虽然强调了柳

浙江省特色小镇基础建设指数表（部分）　　　表12-15

小镇名称	基础建设指数
西湖云栖小镇	85.09
江北动力小镇	76.2
乐清智能电气小镇	65.14
苍南台商小镇	73.02
吴兴美妆小镇	85.90
海盐皮革时尚小镇	77.19
宁海智能汽车小镇	63.73
富阳硅谷小镇	70.27
建德航空小镇	70.58
西湖龙坞茶镇	89.26

数据来源：浙江省特色小镇官网。

白新区的电气产业、电气文化，但囿于惯性思维，不注重城市新空间文化内涵的塑造，忽视特色产业文化、居民行为文化、科技创新文化等，小镇的凝聚力和归属感缺乏。整个小镇的包装宣传上还不足，仅仅停留在文字描述、PPT讲解、宣传片上，与其他特色小镇动态流动宣传语、MAKA微场景的包装推广模式上存在明显差距，初级、粗糙的包装宣传手段难以充分展示电气小镇的内涵本质与发展优势，不足以提高智能电气小镇的知名度。

三是环境不优美。当前，智能电气小镇的形态不够优美，缺乏一些地地道道、扣人心弦的吸引点，小镇的卖点还不够，有些区域仍像旧农村一样，建筑高低不齐，道路仍不够平整，相关企业建筑仍在施工中，小镇整体面貌不佳，这些都大大降低了居民的幸福感和满足感。同比莲都古堰画乡小镇，环境优雅、景色迷人，成为其小镇发展的主要卖点。全镇紧紧围绕着景美、民富、镇强、兴业的目标，成为全国首批的创客示范基地，同时也是全国最大的一个写生创作基地。仅2015年，接待写生的人数已经超过了12万人次，与全国300余家高等院校有合作协议，油画产值达1个亿元。

（五）体制机制不健全

特色小镇的建设除了产业、配套设备、人文功能外，还需要有一定可持续发展的运营体制、机制。没有规矩，难以成方圆。运用适宜的模式，将所在区域内各类要素都融合在一起，从而形成绿色、协调、创新、开放的发展大环境。政府要进一步厘清与市场的边界，要积极规范引导地方行为，做好政务生态系统、创业创新生态系统、自然生态系统和社会生态系统的打造，充分发挥企业在特色小镇建设过程中市场主体的作用和地位，形成良性循环。对照这些内容，当前，智能电气小镇在体制机制上仍是不健全的。

一是缺乏市场化运作。智能电气小镇基本上还是以乐清市政府为主导，缺乏市场化动作。浙江省出台的特色小镇建设意见表明，特色小镇的运作模式应该是政府处于引导地位，企业处于主体地位，用市场化的方式来运作。在运营主体定位上，智能电气小镇有悖省级政策方向。同时招商方面，智能电气小镇项目碎片化现象比较严重，企业产业比较分散，从本质上说明了智能电气小镇是缺乏运营主体的。相较而言，浙江省内其他特色小镇的运作方式就多样化（表12-16）。

二是扶持政策力度不足。虽然浙江省、温州市先后都出台了新增财政收入返还和一次性资金补助的财政扶持政策，但就智能电气小镇范围内，返还和补助对象是乐清（或柳白新区）还是相关企业主体不明晰，企业主体难以从中获益，导致企业作为创建主体的参与积极性和参与度不高，这点远不如杭州云栖小镇。云栖小镇

特色小镇运作方式比较　　　　　　　　　　　　表12-16

小镇名称	运营主体	产生的影响
嘉善巧克力小镇 龙游红木小镇	市场主体、政府服务	加大国企、民企、高校等的建设投入比例
杭州云栖小镇 吴兴美妆小镇	政企合作、联合建设	共同协作，减轻了政府的建设压力
杭州梦想小镇	政府建设、市场招商	用市场的力量来招引资金，保障小镇的建设
乐清智能电气小镇	政府	有初步成效，但没引入市场，缺乏实质性运营主体

非常鼓励中小涉及云栖的企业过来发展，对于其中发展潜力比较好的，每年给予优惠的房租补贴；对于那些优秀企业的主要成员，在买房、租房的费用上也给予了一定的优惠。除了产业政策鼓励、一站式管家服务等，云栖小镇还设立了云计算技术培训学院"云栖学院"，大大增加了其吸引力。

三是融资模式单一。当前，智能电气小镇产业项目建设单纯是由企业来投资，如正泰乐清创业创新园、智能电气销售中心等；基础设施项目建设则大多是靠政府投入，如道路管网建设、智能电气小镇医疗服务中心、滨水景观绿带等，资金过于依赖政府，单一的融资模式制约着了智能小镇的可持续发展。

四、乐清智能电气小镇发展存在问题的原因

（一）产业生态不够健全

企业的信用环境决定了金融机构对实体经济的支持力度。目前柳市范围内，企业的自身缺陷包括企业规模较小、企业财务信息不公开透明、企业主要负责人缺乏足够的金融知识、企业缺乏附属抵押担保、难以保证资金的高效使用等诸多管理问题，这将对银行的贷款管理造成一定的风险。基于利润和风险的考量，银行不愿、不敢贷款给企业。而缺少资金的企业就无法支撑整个电气产业的发展，从而阻碍了智能电气小镇的建设。在过去的5年时间里，乐清市法院共受理柳市企业各类案件1000多起，其中绝大多数是规模比较小、财务信息不透明的企业，化解了银行的不良资产数亿元。

同时，人口集聚功能减弱，人口红利逐渐消失，也阻碍着整个产业生态的发展。乐清市净迁入人口从2011年的7004人转变为2017年迁出916人，年均人口增长率从20世纪90年代的2.01%下降至0.56%，人口红利进一步缩小（图12-3）。

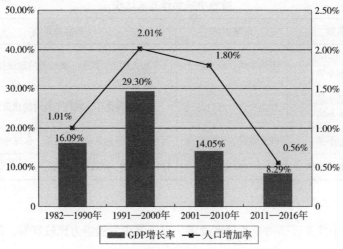

图12-3 乐清市人口比例分布与经济增长
资料来源：作者根据乐清市统计年鉴数据绘制。

主要表现为：一是乐清对外来人员的吸引力减弱。近年来，内陆地区快速发展，工资水平与东部差距缩小，就业吸纳能力明显增强，而迅速增长的生活居住成本，致使乐清外来人员从2012年的70.65万人下降到2017年的58.67万人，降幅达16.96%。二是本地年轻人口流失。随着大城市在教育、医疗、就业等方面的优势日益凸显，乐清本地居民尤其是年轻劳动力和优质人力资本，更倾向到北上广杭等大城市发展，青壮年人口比例逐年下降。三是人口老龄化加剧。2016年乐清全市60岁及以上户籍人口达21.25万人，占总人口的比重为16.6%，比2010年增加4.97万人，提高3.28个百分点（图12-4）。

（二）城镇化水平不高

智能电气小镇作为一个城镇，其发展是地区经济、人口和社会等多维度转换过程，能够有力地吸引了生产要素向小镇聚集，缓解了就业矛盾，促进经济增长。

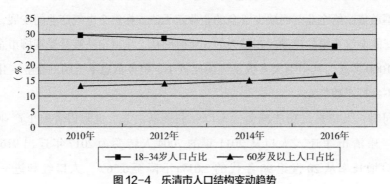

图12-4 乐清市人口结构变动趋势
资料来源：作者根据乐清市统计年鉴数据绘制。

但其速度和规模受区域内的人口数量、产业构成、市场需求等因素制约。

柳市是乐清南部乡镇，其城市化滞后于工业化进程问题依然存在，在人口、产业、社会和土地四个维度的城市化转变过程中存在时间和速度上的不同步。快速的经济增长成果并没有转化为城市公共服务水平的同步增长，教育、科研、交通等基层设施和公共服务滞后，科技、人才等高端资源要素缺失，制约了产业水平和城镇质量的进一步提高，"半城镇化"现象明显。由于分散的镇街，受财力限制，乐清在推进城市公共基础设施建设中面临顾此失彼，对于基础设施投入相对较低，支持力度弱，建设用地高度匮乏和经营成本急速攀升，城镇基础设施建设发展不健全（表12-17）。

2015—2017年度乐清市3大经济强镇
重点建设项目资金投入情况　　　　　　　表12-17

年份	乐成片区			柳市镇			虹桥镇		
	投资额（万元）	占比（%）	工业总产值占比（%）	投资额（万元）	占比（%）	工业总产值占比（%）	投资额（万元）	占比（%）	工业总产值占比（%）
2017	218810	23.32	6.98	131610	14.02	38.85	96190	10.25	12.09
2016	201092	23.14	7.26	100040	11.51	35.88	106464	12.25	13.08
2015	354679	29.43	7.19	115698	9.6	36.34	182193	15.12	13.17

数据来源：乐清市历年统计年鉴、乐清市历年重点建设项目形象进度计划。

城镇竞争力有待提高。电气制造业附加值不高，高端技术和服务经济发展相对滞后，高品质的城镇创业宜居和商业环境急需营造。根据历年温州市社会发展水平综合评价报告，整个乐清社会发展水平在温州市11个县（市、区）中逐年降低，从2010年的第4位降至2012年的第7位，处于中等水平，尤其在生态环境、社会稳定、人口发展等方面靠后，与经济地位不相适应。浙江省发改委和浙江省统计局公布《浙江省2013年统筹城乡发展水平评价报告》显示，乐清统筹城乡发展水平在全省61个按一级财政体制结算的县（市、区）中排名第34位，低于玉环、温岭和瑞安。在反映城市化效益和效率的指标与全国百强县名单内的其他城市相比存在一定差距，如人均地区生产总值、地均生产总值等（表12-18）。

（三）资源吸纳力不足

虽然智能电气小镇在温州市范围内具有一定的区位优势，但是从放眼整个乐清角度来看，其地域还是存在一定的劣势。根据《乐清市国民经济和社会发展第

乐清市与国内百强县和温州县市区比较（2016年）　　　表12-18

项目	温州县市区			全国百强县			
	乐清市	鹿城区	瓯海区	慈溪市	诸暨市	昆山市	晋江市
面积（km^2）	1367	290	466	1361	2311	928	721
人口（万人）	129.59	75.77	43.92	104.94	108.21	82.35	113.23
GDP（亿元）	838.40	877.05	487.01	1209.4	1099.0	3160.2	1744.2
人均GDP（元/人）	64696	115751	110885	115248	101567	383763	154043
地均GDP（万元/km^2）	6133	30243	10450	8886	4755	34054	24191

数据来源：各地区2016年度国民经济和社会发展统计公报。

十三个五年（2016—2020年）规划纲要》，整个乐清是处于长三角城市群外围、海峡西岸城市群最北端，两大城市集群分别以上海、福州为核心向四周辐射带动。地理位置边缘化不利于科技、人才等高端要素资源的引进。而海西城市群作为海峡西岸和其他台商投资相对集中地区，受长三角和珠三角影响，对台优势日益减弱。2017年长三角的上海市、江苏省和珠三角的广东省三地吸引台资497.83亿元，占比达51.5%。同时，福建省拥有福州、海沧、泉州、漳州等6个国家级台商投资区，以及四大经济特区之一的厦门，吸引了大量台商的投资。浙江省吸引台资仅占比3.49%，而乐清以民营企业为基础的区域经济和产业模式，受经济腹地、产业链和高科技人才等方面的限制，竞争力不足（表12-19）。

2017年台商对大陆地区投资情况（部分）　　　表12-19

项目	大陆	上海市	江苏省	广东省	河南省	福建省	浙江省
投资项目数（个）	323	61	84	50	6	36	19
投资总额（百万美元）	967.07	110.63	288.51	98.69	164.31	99.09	33.77
投资额占比（%）	100	11.44	29.83	10.21	16.99	10.25	3.49

数据来源：台湾地区"经济部投资审议委员会"《2017年1—12月投资月报》。

第四节　产城融合发展对策分析

特色小镇是加快要素集聚的新平台，是践行五大发展理念的重要创新举措，是提升城镇面貌的新方式，是拉动当地经济、促进可持续发展的重要平台载体。为此，正视当前智能电气小镇存在的五大问题，分析原因，并推广至其他特色小镇建设，提出以下5点建议。

一、优化空间布局

在特色小镇的发展中，要注重整体规划的连贯性。建立健全从策划到实施、从整体到细节、从文字到实际的发展规划，做好土地利用、产业发展等的文章，处处体现"多规合一"的系统化思路。明确开发边界，分隔出与特色发展定位不符的部分，让小镇从区域规模、投资额度、产业定位都符合建设要求，在空间上保证精致。此外，还要凸显"特色"文化元素，建设好"小镇客厅"，客厅可以进行商务、接待等工作，也可以是特色小镇的基本情况、文化风采的展示载体。特色小镇在建筑风格上要么突出人文地方特点，要么突出特色产业品质，要么突出创业创新特质。

（一）城镇配套促进城市生活空间融合

特色产业的迅速发展将会使人口在小镇快速集中，扩大了小镇对公共服务（教育、医疗、卫生等）基础设施的需求，同时增强了对服务质量要求。这就迫使小镇必须要提升城市服务功能，加强各个功能板块之间的联系，对人们的居住、就业、配套服务进行合理配比，从而满足各类生活需求。

对于智能电气小镇而言，需增加综合配套区，该区应根据新型城镇化的要求，建设以多层住宅为主体的居住小区和适合高端人才的公寓、排屋和别墅，以满足不同人才的个性需求，并配置完善的教育、文化、商业、医疗和公共服务等配套项目。主要将建设高端人才公寓、相关职业技术学校、特色小镇医疗服务中心等。这样不仅能为小镇居民提供便利，使产业发展与居住环境、生活条件得到协调发展，而且还能为产业结构升级优化提供人员、物质基础，实现可持续发展。

（二）产业集聚促进城市生产空间融合

以乐清智能电气小镇为例，可以通过规划布局产业园区，不断注入新知识、技术和人才，推动城镇与产业的良好互动。可以立足两个产业发展片区（电气产业示范区和高端电气装备产业区），顺应电气产业的网络化、高端化、成套化的发展趋势，紧紧围绕高压、特高压输变电装备及配套电器、工业电气设备和智能电网设备及用户端电气等重点领域，依托五洲国际（乐清）电工电器城和正泰创新创业园（正泰麦乐克传感谷）两大省级重点项目，重点发展会展业、市场营销、创业孵化和研发设计，建设国家级电气检测中心（图12-5）。同时，围绕智能电气产业，发展相关的生产制造、商贸物流、文化展示和工业旅游，以产业综合体为落脚点，打造具有国际影响力的国际智能电气产业示范城。而高端电气装备产业区围绕电气产业链，引入和建设一批重点项目，重点方向是先进机器人、量测与控制技术装备、多坐标测量机和传感器等，打造智能高端电气装备生产基地。通过进一步建设完善这两个产业区，大力推进智能制造、绿色制造和协同制造等生产模式，能够持续推动"两化"融合和机器换人,深化 ERP、MES、HRM 和 SCM 在生产制造中的应用,辐射带动周边电气生产和装备制造产业的发展。产业功能的抱团,优化并升级柳白新区电子制造产业的发展层次与强度,提高产业园区支撑力,实现以产兴镇的目标。

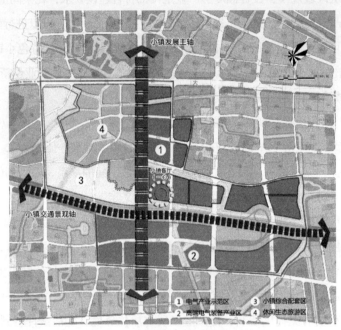

图12-5 智能电气小镇总体布局框架
资料来源:乐清市城乡规划方案。

(三)生态旅游促进城市人文空间融合

特色小镇可以依靠当地独有的资源禀赋和条件,规划设计休闲生态旅游区,让特色小镇的独特性和体验性得到旅游者们迷恋和追求。围绕特色产业的主题,依托周边的自然优势,并结合美丽城市、美丽乡村、美丽田园等大背景,全力打造特色产业文化主题公园(湿地公园),传承发展本地城镇别具魅力的特点。

对于智能电气小镇而言,可以重点布置相关电气主题公园、精品电气民俗民风、电气产品展示、小镇周边水上乐园等项目建设,大力发展电气旅游精品线和生态电气休闲精品线,统筹处理好电气产业发展与柳白新区生态环境保护的关系,全面展现智能电气小镇的生态旅游和休闲娱乐等功能,促进产城融合。

(四)路网布局促进城市交通空间融合

在一个城镇发展过程中,交通尤为重要。交通的基础条件、设施建设、便捷程度都会影响产业的运作,招商引资的吸引力。产业形态的变化决定了运输需求的变化，交通影响了产业的选择与发展。在特色小镇的布局中，要高度注重综合交通治理，根据交通现状，对道路网格进行明确的划分，不断完善道路交通规划，优化道路网结构，以处理好内部道路与周边城市道路的衔接。对于出入口和停车位，小镇结合内部道路结构，布置三个主要出入口和四个次出入口。在人员密集区域，设置公共停车场。停车设施，则采取配建停车为主、路外公共停车为辅、路边停车为补充，大大提高建筑配建标准，实施配建停车场的对外开放。此外，小镇还需要一个成熟的慢行交通网络。慢行交通网络主要以道路支网为主，如混合道路断面等。有条件的次干道也可以成为慢行交通绿化景观的一部分。在特色小镇的规划中执行"区域联通"的理念，倡导脚踏车、轮船等方式，保证社区、景区、产业园区内部道路的畅通性。

二、发展特色产业

（一）科学定位产业发展方向

坚持就地取材、对症下药，对于中心城市周边具有区位优势的小城镇，要主动承接其资金、技术、产业转移和经济辐射，重点将其打造成现代制造、传统文化、教育科技和商贸流通的专业特色小镇。对于那些距离中心城市较远的小城镇，要根据自身的资源禀赋，深入挖掘本土文化，紧紧围绕自然资源优势和文化特色，打造产业集群，使之成为农村与城市的枢纽中心，带动周边农村的建设与发展。此外，产业的定位还可以根据区域发展中出现的问题，用供给侧结构性改革的视角来落实产业，加快新旧动能转换，推动高质量发展。比如，以消费者需求和市场反馈为准则，促进消费升级，提高高端生活消费品的比例，重点解决产能过剩的问题；以健康养老为导向，积极探索养老新模式，重点解决人口老龄化突出的问题；以休闲旅游为目标，结合资源文化要素，发展第三产业，重点解决消费不给力的问题。

对于智能电气小镇来说，其特色就是电气产业。作为传统的优势产业，智能电气小镇可以依托五洲国际（乐清）电工电器城、正泰创业创新园两个省重大项目，积极发展专业市场、电子商务、金融等生产性、科技创新服务产业，建设全球规模最大、服务功能最完善的电工电气产品销售市场，拉动柳白新区经济的增长，带动整个乐清经济的发展。

（二）实现产业链上下游协调发展

强化区域合作，加强产业上游和下游的资源互动，建立健全企业之间利益分享机制，实现产业链互利共赢。推进产业链的深度发展，发展多样化的产品，提高产业链中的利润空间，提升产品的附加值。同时，加强产业配套合作，打造集"创新研发—制造加工—销售配套服务"于一体的产业价值链条，提高区域战斗力和竞争力。

比如智能电气小镇，可以延伸主导产业链，加快发展太阳能、风能发电设备及配套电气设施；顺应产业发展新趋势，做新做强电动汽车电气配件及其配套输电充电设备和智能电气产品。同时，不断完善与延伸电气产业链条，重点发展机器人、自动化设备、集成电路、先进传感器等。支持工业和生产性服务业齐头并进，进一步优化重大服务业项目布局，培育发展创业孵化、总部经济、技术研发、跨境电商、现代物流、现代会展业等生产性服务业。

（三）构建绿色发展体系

建立科学合理的空间发展体系，将生活、生产、生态融合起来，协同发展。积极倡导绿色发展理念，通过传统产业升级改造、新能源产业发展、节能减排、低碳物流等方式，不断提高特色小镇发展的绿色含量，让其成为绿色发展的领头雁、先行者。

就智能电气小镇而言，要做好小镇建设与休闲旅游有机结合的文章，形成风味独具的景观风貌。紧紧围绕电气产业这一根本，利用电气产业的"金名片"来吸引游客，把智能电气小镇周边可利用的景区、工业、体验、休闲、健康旅游等都翻找出来，并将这些融合在一起，让游客享受其中。充分利用湿地公园和中雁荡景区等镇域内及周边重要的旅游资源，盘活乡村的旅游资源，结合小镇内丰富的水系资源和湿地环境，依托国际电工电器城和正泰乐清创新创业园等重大项目，重点开辟以教育科普和会展博览为主的工业旅游精品路线，加快电气文化博物馆建设，深化中国电工电气节等相关展会的文化内涵，以乐清电工电气产业发展中积淀下的工业精神文明为核心，带动工业旅游的发展。

三、集聚高端要素

（一）加大人才引进力度

加大对人才引进力度，特别是对那些高技能、高水平的人才。做到人才能来会来，人才要住要留，人才会干能用。

一是优化创业环境，吸引人才集聚。加强创业初期的政策扶持力度，强化创业项目审查补助力度，支持国内外高端人才服务机构和知名猎头机构入驻到特色小镇内。对比当前国内外建设成效明显的特色小镇人才引入方式，在本地鼓励人才创业创新促进实体经济发展的政策基础上，发挥特色产业领军人才引进导向作用。加大财政支撑强度，鼓励海内外高端人才来本区域进行再次创新创业。

二是创新工作机制，推动人才发展。依托本地的大学院所、科研机构，整合现有的资源优势，成立特色产业的发展理事会、联合会。以政府支持，市场主导，社会组织为载体的人才发展机制为主，协同创新联盟，把握创业创新要素，促进区域资源共建共享、建设项目互助互赢。

三是完善人才服务，释放人才活力。结合国家和省"千人计划""海外精英引进计划"，完善高层次人才居住、创业补贴、落户、医疗、社保、子女教育等具体办法。可以通过政府购买服务的形式，建立人才服务中心，给人才提供创业注册、居住绿卡等服务。用人企业或单位要发挥主体作用，促进项目建设、人才利用、经费使用等资源配置向一线人才倾斜。同时，要积极实施人才培养计划，建立人才公共实训基地，通过大力引进产业科研人才和研究培训机构，提升企业中高级专业技术人才的素质水平。鼓励企业积极培育高水平人才，支撑企业长远发展。通过优化人才服务的软环境，增强人才的认同感、归属感、安全感、幸福感，让人才同特色小镇一起进步，一起成长。

（二）强化创新要素集聚

一是打造创新文化。特色小镇的建设要注重发扬为天下先的勇气，爱拼才会赢的精神，积极探索，形成热爱创新、大胆创新、尊重创新、保护创新的文化体系，打开大众创业、万众创新的局面。二是建立加强"产学研用金"相结合的开放协同创新体系和机制，更加无拘无束、行之有效地配置各类创新资源。利用附近高校、科技站所等力量，通过合作研究开发、专家培训等形式，提升产业科技水平。三是打造开放性创新网络。建立一个新的创新创业研发机构，打通渠道，构建互动共享开放的创新网络，并以市场化的形式为企业服务。

（三）做好招商引资

创新多元投融资模式。基础设施、公共服务等领域建设采取PPP合作模式推进，设立特色小镇产业发展基金，强化对小镇内特色产业发展的支持。充分发挥政府引导作用，通过财政、信贷等手段，保证小镇建设资金链不间断。同时，根据市场化的原则，动员全社会力量参与，引入行业协会、民间个人、外来企业等资本，打造多元化的投资格局。

对于智能电气小镇而言，要建立一支专业化招商队伍，形成规范化、市场化的招商引资运作机制。围绕特色产业发展的重点领域，有目标、有标准、有选择地进行招商，编制招商引资的指导目录，确定目标企业。加强与行业协会、龙头企业等合作，利用中介平台，以商引商，创新招商手段。争取与世界500强、央企

100强、民企100强和上市公司等国内外知名企业建立战略合作关系。同时，基础设施、公共服务等领域可以采取PPP合作模式推进，设立电气产业发展基金，给予发展支持。

四、完善城市化功能

（一）加强城市基础设施建设

以特色小镇具体实情为基础，按照国家景区的标准，重点推进医疗服务设施、环卫设施和消防设施等安全卫生设施的建设。围绕游客规模数量特点，建设一批高级酒店、农家乐、民宿，完善住宿设施和餐饮设施，满足不同顾客的个性需求。同时，围绕特色小镇周边居民的特点，规划和建立医院、商业综合体、学校、超市、酒店、农贸市场等配套设施，为小镇居民提供一流的生活配套服务。

此外，完善小镇信息基础设施，镇域内接入万兆光纤，推进5G信号的全覆盖，无线WiFi在热点公共区域全覆盖，针对性建设物联网络平台，扩大RFID感知、位置感知、视频感知网络、环境感知网络等感知监控网络覆盖范围，实现特色小镇内动态实时监控，建成融合化、高速化、泛在化的信息基础设施。

（二）完善居民生活配套建设

特色小镇建设要以功能融合规划为依托，合理控制特色产业规模和产业功能的交通流量，最大可能性地安排好小镇内的交通道路，完善小镇内的交通功能，从而保障交通路线的顺畅。根据进得来、出得去、散得开的要求来规划和布局小镇的交通。这样一个相对完善的慢性交通网络的建立，能缓解各个交通站点的压力，加强了特色小镇居住区、休闲区、产业区之间的联系，能够让区域与区域之间的联系更加密切。同时，搭建一个包括交通信息共享平台、电子政务平台、智慧旅游平台在内的综合性数据平台。该平台能够提供资源管理、数据存储及处理、安全管理等多方面的功能，促进信息流通和资源共建共享。以智慧应用为契机，深化物联网、云计算、移动互联网等新一代信息技术在民生社会、资源环境、城市管理、经济产业等各个领域的应用，建立统一的小镇门户网站。

就智能电气小镇而言，可以根据小镇内电气旅游景点，设计步行游线、自行车游线、电瓶车游线、游船游线等。引进一批电瓶车和自行车，规划和建立电瓶车充电桩和换车点。建立小镇景点标识系统，对公共信息标识系统进行整体规划和设计，标识系统应按中、英、日多种语言设计。利用好互联网、物联网等新一代技术，将其运用在日常的生产生活中，建立智能电气小镇的门户网站，实时更新信息，满足需求。

（三）丰富小镇文化生活

做好特色产业与周边环境的相互催生。杜绝同周边成熟景点简单相加的思考方向，突出做好产业旅游、文化旅游、体验旅游开发，向大众讲好特色产业的故事，传播区域文化的好声音，创建特色产业的风情体验区。做到文化内化于心，充分挖掘特色小镇的历史、产业、创新、人为行动文化等文化内在，把文化的色彩体现在特色小镇的各个项目中。同时，也要做到外化为形。比如设计特色小镇的 logo、卡通杯、游戏、广播影视、音像等文化创意产品，打造特色小镇文化展示长廊，刻画特色小镇的文化形象，宣传小镇的文化品牌，提高其文化底蕴，打造独具一格、与众不同的现代产业文明，增强特色产业与居民的文化获得感、心灵归属感，提高小镇居民的身份认同度。

就智能电气小镇来说，要利用好独有的文化遗存特色，加大文化内涵的宣传和渲染，要促进黄杨木雕、细纹刻纸、蓝夹缬等非物质文化遗产，以及王十朋故里、黄檀硐古村落等周边历史文化遗迹与智能电气小镇的融合发展。同时，可以通过定期电气文化展览、发展电气论坛、电气创作比赛等方式，强化人才、技艺与其他地区的沟通交流，实现传统与现代、历史与时尚、自然与人文的完美结合。

（四）打造生态宜居环境

特色小镇内要积极推进美丽街区、美丽宜居示范村、特色村和农村新社区建设。深入实施旧村改造、基础设施改造、绿化景观改造、墙体立面改造；大力推进生活垃圾处理、生活污水整治、乱堆乱放整治；深化"千村整治、百村示范"工程，因地制宜推进美丽乡村精品线、示范乡镇（街道）、精品村建设，积极培育美丽乡村样板户，努力打造精品样板，全面提升人居环境。加强村庄规划和建设，强化农房设计服务，彰显区域农房特色，如江南水乡、西北生土民居等。此外，还要扎实推进小镇内农房改造集聚建设及改造等工作。

就智能电气小镇来说，用"点、线、面"结合的理念，对柳白新区整块景观进行打造。如在活动广场上用陶罐、观赏草、陶土粒等营造出具有自然写意的生活化景观氛围；在景观空间的布置上，结合交通动线，局部设置休闲场地，满足周边居民健身、休闲、观赏等活动需求。强化道路周边建设，对缺失及病害行道树进行补植替换，修剪法桐；合理利用道路两侧现有植被，通过乔木、灌木、草类比例的控制，增加生态景观层次，形成舒朗大气的城镇道路景观。沿河岸线利用生态石笼、置石，同时搭配种植耐水观赏植物如蒲苇、芒草、鸢尾、美人蕉及常绿悬垂植物云南黄馨、爬山虎、花叶络石等。从尊重生态的角度出发，充分考虑空间的生物多样性，因地制宜地打造生态宜居环境。

五、创新体制机制

（一）强化组织协调

省级层面，要明确特色小镇建设培育牵头部门，或健全会议联席制度，统筹安排全省范围内特色小镇建设培育工作，统一制定特色小镇培育方案、实施计划、目标要求等，防止九龙治水、职责交叉。地级市层面，要控制区域内特色小镇建设总量，严格按照上级关于特色小镇的建设标准要求，淡化建设数量目标。县（市、区）层面作为特色小镇培育建设的落实主体，主要是根据省、市的要求，做好特色小镇建设培育的具体工作，科学看待，避免随波逐流，杜绝低效重复建设，节约人财力等多方面成本。

对于智能电气小镇来说，要强化乐清市智能电气小镇建设领导小组与负责特色小镇建设的有关省级部门之间的沟通衔接，加强小镇规划的顶层设计；建立由小镇建设相关部门、项目实施业主共同参与的联席会议制度，强化小镇建设，推进中政府部门与项目实施方之间的组织协调。编制乐清市智能电气小镇城市设计概念性规划，调整相应的控制性详细规划，强化不同部门规划和方案之间的衔接和协调。

（二）完善政策扶持

出台一揽子财政税收优惠政策，鼓励吸引多元化的金融服务机构、金融资本参与到特色小镇的建设，也可以鼓励有实力的企业整体进入，承建和运营特色小镇，从而构建具备产业特色、符合市场规律的特色小镇商业运作模式。创新土地供给制度，对拟建设或正在建设特色小镇的具体用地进行研究盘活，提升用地效率。对于能够按期完成目标的特色小镇，可以奖励一定的用地指标，提高节约用地的积极性。

对于每个特色小镇来说，要按照本省特色小镇的统一部署，积极与省、市相关部门对接，争取在资金和人才等方面的政策扶持，并围绕建设要求，落实好相关财政返还和土地指标等方面的配套政策。同时，积极争取和落实国家、省和市鼓励与该特色小镇产业发展有关的政策意见，做到落实有政策依据和保障。

（三）完善考核体系

制定完善相关的特色小镇考核办法，促进小镇建设有序推进。考核重点以特色产业培育、人才引进、政策落实、城镇风貌等为主，考核等级可以分为优秀、良好、及格、不合格四个档次，对于评为优秀、良好的特色小镇分别给予不同程度的资金使用、用地指标的嘉奖。对于评为及格的特色小镇，要敦促其加快建设力度，争取上游。对于评为不合格的特色小镇，视情况予以淘汰。对于某些类同小镇和同产业多镇现象，可以考虑突破县域限制，整合资源集中在一个点上规划建设，同时，要避免因为考核而人为性地建设特色小镇，针对实际情况，突破框架来对各个特色小镇分别赋分。

对于智能电气小镇，可以建立和完善乐清智能电气小镇的统计指标体系，强化统计、监测、分析和预警工作，重点围绕重大项目的建设和推进工作，按季度向高端装备类小镇主管部门报送创建工作进展情况。强化目标导向和结果评价，建立小镇发展目标责任制，完善综合考核评价体系，形成强有力的推进落实机制，确保小镇建设有序推进。

第五节　研究小结与展望

一、小结

本章以特色小镇作为研究内容，重点研究智能电气小镇的发展基础、条件，对小镇的发展潜力、存在的问题及原因进行了论述，从个体到整体，从局部到全部，延伸到其他特色小镇上，阐述了特色小镇的建设与发展方向。得出的主要结论如下。

对乐清智能电气小镇发展存在的问题进行了阐述，空间布局不合理、产业发展水平不高、高端要素集聚不足、城市化功能不完善、体制机制不健全的问题制约了小镇的发展，并对上述问题产生的原因进行进一步分析。结合理论研究内容，给出对策。在查漏补缺后，乐清智能电气小镇的人文特色、经济价值、社会效益将更加突显。

特色小镇对区域经济水平的提高具有促进作用。特色小镇是现代生产、现代生活、现代旅游的创新载体，本研究在一个较为客观、系统、全面的视角下论证了智能电气小镇发展对整个乐清经济发展的促进作用，证明了智能电气小镇建设能够夯实电气产业基础，促进区域产业、文化、社会等结构优化，最终提升区域知名度和竞争力。能够为现阶段其他特色小镇的建设发展提供范例。

阐述了乐清智能电气小镇能够促进产业集聚与区域经济竞争力良性循环，论证了政策、文化、产业、人才等对特色小镇的建设与发展起到的重要作用。而特色小镇的建设是具有推广性的，这可以给其他小镇的发展提供参考。

二、特色小镇的未来展望

我国的特色小镇目前还处于萌芽发展阶段，需要在实践中不断摸索。在《2016-2020年中国特色小镇建设深度分析及发展战略研究报告》中就提到，要健全相关机制体制，强化合作交流，让全国的特色小镇建设进入超车道。在 2017 年相关部门公布的有关做好特色小镇建设工作的通知里，对特色小镇建设指明了方向，提供了可操作的方案。后续，国家层面将会出台更多的激励机制和配套政策，来进一步促进特色小镇的发展。这些都表明，国家对特色小镇建设的重视程度非常高，力争融合特色小镇的产业、空间、人口、环境等方方面面，形成一种城镇发展的新形态、经济增长新载体，真正实现结构改造、功能融合、环境美化和文化宣扬。

特色小镇作为产城融合的新型城市形态，其生命力贵在创新。未来还需要从外部动力和内生动力上不断释放特色小镇的潜能，从体制机制创新、特色挖掘、空间治理、产业创新和运营模式等方面厘清特色小镇发展路径，注重特色，突出产业主导、企业引领、项目支撑、生态导向，按照"空间、产业、人文、配套"四位一体有机结合的思路来打造空间平台、功能平台、"双创"平台、人居住区。

第十三章　新城新区产城融合发展路径

第一节　产城融合路径的逻辑理路与政策取向

一、产城融合路径的逻辑理路

从本源意义看，城市是经济发展的自然结果，城市受经济发展的推动与制约；经济发展水平高，城市化水平相对提高。在城市形成及其进一步发展过程中，对规模经济的追求促使城市对周边区域非农生产要素的吸附能力逐渐增强和人口从农村向城市迁移，非农生产要素在城市的空间集聚，推动非农产业进一步细化，城市的经济带动效应开始显现，即产城发展是统一、不可分割的整体。产业应当是符合未来城市发展需要、能够引领城市走向现代文明的知识型产业，城市应超越人口转移的概念而突出其经济中心的功能，成为市场、信息、人才、资金、科技、文化的中心，能够为多样化的人才、多层次的产业、各种新生事物提供充分的发展空间和机遇，在不断孕育创新中推进经济现代化发展和城市文明进步。

具体来说，产城融合发展路径的逻辑主线包括以下三个方面（图13-1）。

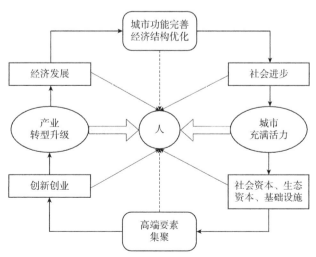

图13-1　以人为本的产城融合路径逻辑图

资料来源：作者根据资料绘制。

第一，以产业塑造新区城市的功能和形态。为了强化产业的发展，园区积极加强各类创新载体和平台的建设、引入创新资源、搭建创新服务平台和完善创新服务体系，培育高新技术产业，逐步淘汰落后产业，重点发展"集约、高效、环保"的战略性产业，这些既优化了园区的创新创业环境，也构建了创新型城市的基础架构。同时，高新技术产业的集聚发展和创新服务体系的基础建设，能有力带动各种关联配套服务产业的进入、细化分工和衍生发展，形成各类知识型、创新型服务业业态，使城市的功能得以不断丰富和发展，成为促进和推动新兴城市化的重要力量。同样，此类高新技术的发展又会进一步促进第三次产业的衍生，使得城市的服务体系更加完善。

第二，以产业推动社会经济结构向现代城市方向转变。园区通过高新技术产业的引入和培育促进区域产业结构的优化升级，并正在以不断扩大的创新经济规模和体量引领区域向现代服务经济、知识经济转型，实现了由新兴产业所带动的新型城市化发展。高科技产业发展所带来的是高端人才就业，以及优质资本、技术等高端要素集聚。以产业为基础与平台吸引和凝聚人才，辅之以环境和政策的支持促进了大量高端人才的本地化生活发展，逐渐优化和改进区域的人口结构，并由此带动园区整体向高端城区的转变。高端人才的聚集会促进高品质生活、居住、交通、医疗、教育、文化等城市配套功能和服务产业的逐步健全完善，推动新型城市化的进程和现代城市文明的进步。

第三，以现代城市建设及其功能服务的不断完善助推产业创新和人才发展。城市对各种资源、信息、服务、市场等的中心集聚又是知识服务业发展的重要驱动力。为加强对高新产业和人才发展的支撑力，园区应重视加强城市基础设施的建设。不断完善园区环境，逐步促进园区和行政区的合并，利用有限资源，让开发区新城区的建设形成科研、教育、产业、居住、生活、商务、社交、文化、休闲等融合协调发展的环境，为产业的发展提供了有力支撑。一方面，城市是一个资源和要素聚集的平台，强大的经济聚集力能够为产业的发展提供有力的互补性支撑条件，并能够将其转换为规模化需求，为产业的创新发展创造更大的空间和机会；另一方面，城市提供了一种人的社会承载空间，以多层次的社会互动建立和强化社会网络关联，这不仅是产业本地化根植发展的重要基础，而且也是产业内生学习和创新的动力机制。

第四，以人为本的城市发展理念有效推进高质量的新型城镇化建设。从城市的形成和发展来看，工业化和城市化是相互伴随、互相促进的过程，农业人口在工业化即农业用地转为非农业用地的过程中，逐步变成市民，工业集聚和人的发展需要又催生了服务业的分化，而产城融合不仅仅强调城市与产业同步发展，更着眼于"人"这个核心。在此过程中，必须实现以"人"催生产业升级和城市嬗变，以产业促进人口集聚和城市转型，以城市实现"人"的城镇化，使人、产、城三者之间和谐共生、持续发展、充满活力，不断攀升，逐步达到城镇化的新阶段。

从上面的分析可以看出，产业代表着未来经济的发展方向，其发展会形成服务经济自我强化效应，通过带动人口、就业结构的转变有力推进新型城市化的进程，引领未来城市文明的发展方向。同时，产业发展也离不开城市环境的支持，特别是对于以创新为基础的创业型企业，其发展不仅需要产业发展的空间载体和基础设施保障，而且更依赖城市人文、制度、生态等多功能服务支撑。城市凝结了人们在工作、生活中广泛嵌入的社会关系，其所提供的各种功能服务有效强化了创新主体之间多层次互动，促进了新知识、新技术、新创意以及新兴产业的产生。

二、产城融合的政策取向

（一）破除产城融合发展的制度藩篱

计划经济时期所形成的城乡二元体制，是中国城镇化进程中的制度基础。主要表现为：在土地制度方面，尽管我国土地都属于公有制，但城市土地属于国有性质，农村大部分土地则属于集体所有性质。城市土地和农村土地的价值和用途管制都有所不同，且农村集体用地只能通过征地转变所有权，才能进行非农开发，拥有征地权利的政府成为城市建设用地的垄断者。政府凭借行政力量支配土地资源、服务于发展竞争，进而产生出对土地城市化的强烈偏好。土地资源被过度开发使用，造成严重的效率损失；户籍制度方面，1958年，《中华人民共和国户口登记条例》的出台，标志着我国建立起了城乡二元体制的户籍制度，这严格限制了人口的流动。部分地方已经打破二元户籍壁垒，但从整体环境看，人口流动壁垒仍然存在，尤其是像北京、上海这样的超大城市，户籍制度基本没有松动。这是因为附着在户籍层面的红利依然存在，地方政府能够利用户籍制度来决定公共物品供给的覆盖范围。即使受到城市中歧视性的公共服务政策对待，农民也会始终向城市涌入寻找就业机会，整体上城市化的需求大于供给。在这种情况下，政府为了减少公共福利成本，把农民或外来打工者这一类新迁入人口排除在享受福利的市民主体之外，他们没有被赋予基本的市民权益，也就无法同等地享受城市提供的多种公共产品。

总结来看，我国城市化发展中行政色彩浓厚、市场机制缺失是一个基本特征。在这样的制度环境下，深刻地影响了城市土地和人口的密切融合，进而割裂了产业用地、居住用地与城市人口的关系，影响产业与人、城市的协调发展。因此，需要淡化行政色彩，体现经济发展和公共服务的要求，改革有利于产城融合的土地政策、人口管理制度、公共服务供给政策。

推进产城融合需要在制度设计上进行创新，制定符合产城融合理念的政策。城市化既是经济增长的重要推动力，也是社会结构变迁的助力器。产城融合就是要在城市化进程中以经济融合促进社会融合，本身是制度变迁的过程，需要构建城市间"用脚投票"的无壁垒人口流动机制；对特大城市和城市群，城市行政建制和区划管辖尽可能淡化行政色彩，更多体现经济发展和公共服务的要求，按照经济规律和市场需求进行空间规划和资源配置；改革有利于产城融合的土地政策、户籍制度和社保制度，消除产、城、人融合的制度藩篱。

在国家大力推进新型城镇化建设的政策背景下，城镇化朝着更高质量发展的方向转变，要求城市以高质量的城市建设、高质量的基础设施、高质量的公共服务、高质量的人居环境、高质量的城市管理和高质量的市民化作为新的发展要求。而城镇化本身就是制度变迁的过程，是国家根据不同的实际情况和要求对城市发展持续性的调整规划过程。但是城镇化在实施过程中也存在着不少问题，例如，以往的城镇化往往对农村人口在城镇落户有众多的条件限制，同时户籍制度的存在限制了人口在城市间的流动，急需构建城市间"用脚投票"的无壁垒人口流动机制，强化区域互促作用；此外，以往的城市在设市标准的制定上有浓重的行政色彩，不利于城市自身发展特色和灵活性的发挥，因此，以后的新城新区的设市标准需要尽可能淡化行政色彩，更多地体现经济发展和公共服务的要求。

（二）着眼于产城融合，在新城新区产业发展中培育城市功能

第一，调整新区产业整体发展规划，以适应城市建设的需求。土地利用规划不能再以工业用地为主，而应该充分考虑城市配套的需要，增加对商业用地、居住用地的配比，各地政府应将工业、商业、居住用地统一纳入城市规划，以高新技术产业为重点推进现代城市建设。建设应将产业规划、土地利用规划、人口规划有效协调，要考虑随产业发展所带来的人口增长及人口构成的变化，有序规划区内的医院、学校、交通、住房、商场、文娱等配套设施的建设和发展，使产业的发展与社会发展能够同步。

第二，必须坚持把产业培育作为主要任务，加速培育新区主导产业。产城融合的发展理念要实现要素集聚集约、产城互动和人城互融。必须努力培育高新技术产业，因地制宜发展特色产业，加快实现规模经济和集聚经济，从而对城市的服务业发展形成有力支撑。同时，随着产业链条的延伸和关联产业的衍生，越来越多的人被引导到二产和三产就业，技术、资金、人才等要素也逐渐向这一区域集中，在

实现工业化过程中开始了城镇化建设。实践证明，产业聚集度高的地方，工业就发达，市场就繁荣，城市发展就比较成熟。所以，根据各自的比较优势，选择符合自身发展的主导产业是实现产城融合发展的关键。

第三，改革考核评价体系，完善符合新区发展的产业激励，重视城市与社会发展。目前的产业区评价主要注重对科技创新、产业竞争力、经济效率的评价，近年来的修订开始增加了对服务业、收入、能耗和排污等评价，但对城市建设、人居环境与服务、社会发展、生态文化等方面的考虑还比较少。从鼓励产城融合发展的角度，应该增加对新型城市建设、城市服务能力和知识型社会发展等方面的综合考评。同时运用财政税收，对入驻新区、且符合产业发展方向的企业、大项目和总部经济，视情况给予财税激励，并通过财税政策和环境政策构建产业退出迁移机制，促进城市产业结构优化升级。实施人才集聚工程，有针对性地培育引进国内外技术领军人才和高技能人才，为现代高端制造业和战略新兴产业提供有力支持，形成促进产业发展的科技政策。

第四，创新体制机制，提升和加强产业新区的综合城市服务和管理能力。园区的产城融合发展，在获得城市功能服务有效支撑的同时，也增加了大量的社会事务和提高了对社会管理的要求。园区不再仅是承担创新和产业促进职能，而需要全面介入经济社会的整体发展，这相应地就需要对其授权，应从经济管理权限扩大到行政与社会管理权限。产业区未来的发展需要进一步确立其政府的主体地位，才能够有效整合行政资源，推进城市化建设。

（三）着眼于产城融合，在新区城市发展中优化产业结构

第一，调整土地利用结构，集约高效利用土地，通过土地政策引导产业结构转型升级。加快调整老城区、城市新区、产业园区的用地结构，规范土地分配途径，制定有效的用地政策，提高土地的利用效率，同时应该提高工业用地的价格，使之与商业、居住用地之间能够实现平衡。着力将地均基础设施投资收益率、地均投资强度、地均工业产值、地均 GDP 等指标纳入土地利用绩效考评，避免发生土地无序开发、过量占地、低价圈地等不利于城市长远发展的短视行为。

第二，推动功能混合和产城融合。鼓励开发区、产业集聚区规划建设多层工业厂房，实现企业生产、研发、设计、经营等多功能复合。为创业者提供低成本办公场所和居住条件，鼓励土地复合利用。允许工业仓储与商业、办公等功能在同一地块内的混合，引导土地用途兼容复合利用，同时引导园区协同发展新兴产业、养老产业、文化产业、体育产业等项目用途的开发建设，促进其他产业投资；简化土地的分类管理，推广综合用地。通过园区土地利用的再规划和再开发，提高现有建设用地的利用效率，鼓励企业与园区、相关政府部门的积极参与，分享转型的收益，提高土地产出率，推动经济转型和产城融合。

第三，改革新区户籍制度。产城融合不仅包括城市、产业，更多的是人、产、城三者的有机结合。人是城市发展的基本点，加快产城融合发展必须关注人。因此，产城融合必须以人为本，逐渐改革不利于产城融合发展的户籍制度及配套制度；建议可以逐步放开户籍限制，对于一些在城市居住生活超过一定年限的、对城市贡献度较大的可以放开，同时在住房方面，要着力加强经济适用房、廉租房、公租屋建设，确保其在全部住房中保持一定比例，为产业的外来人口提供住宿。在产业区应加强科教文卫、游养娱等配套设施的建设，加大吸引人才的力度。通过户籍制度改革，吸引多层次劳动力和人才集聚，为产业发展提供具有竞争力的劳动者、创业者和创新性人才。

第四，完善公共服务体系。一要吸纳外来务工人员参与社会治理，深入推进异地务工人员参与社区治理试点工作，切实维护外来务工人员合法权益，大力培育和塑造具有开放开明、兼容包容特质的包容文化，增强城市文化对外来务工人员的亲和力和凝聚力，实现共建共治共享的治理新局面。二要提高基本公共服务能力，健全服务体系，注重民生公共服务平台的搭建，持续加大社会事业投入，不断提高教育、医疗等公共服务能力和水平，促进就近稳定就业，完善养老护理体系；全面加快智慧城市建设步伐，不断提高城市管理和公共服务效率、质量。三要逐步实现外来人口在养老、医疗、住房保障、子女教育等方面享受与市民同等待遇，进一步吸纳更多的外来就业人口向城市新区转移，增加城市活力。

第二节　新城新区产城融合发展路径与治理策略

一、新城新区产城融合发展路径

从空间布局、产业结构、公共服务等角度来寻求新城新区产城融合发展路径。

（一）以综合集成为导向优化空间布局

产城人融合是指产业发展、城市规划和人口发展相互协调、相互促进的一种发展模式，城市规划需要综合考虑产业发展和人口分布的需求，制定科学合理的规划方案，以促进城市的经济和社会发展。在新城发展定位上，升级新城的基础服务功能，从传统的集聚区、承载地的产业平台转型为综合集成的服务平台。延伸产业功能，丰富产业形态，由传统服务业转型为现代服务业，由传统制造业升级为先进制造业，推进制造业向服务型制造转变，发挥数字化链接、渗透、融合的作用，为新区企业提供集成化服务，以产城融合为指导思想做好新城新区空间规划，在新城中心形成 5 公里的核心区，建设集多种功能于一体的产城融合核心区；在空间形态上构筑"依山傍水，产城融合"的新城空间开发模式，按照点、线、面的原则进行城市风貌建设；在建设策略上可从道路、界面、分区、节点、开放空间等方面展开；在空间开发利用上，借鉴城市有机生长理论，提出"强化新城有机成长和功能用地适度混合"，既要确保每一块建设用地的功能用地占主导地位，又要考虑与其他功能的有机融合；在空间组织形式上，可将新区划分为一个个组团，每个组团都能满足居民生活的各种所需，同时，各组团间以细密的路网相连，从而实现城市功能的自然生长和居民分流。

（二）以创新绿色为导向调整产业结构

发挥新区在区域发展中的创新引领作用，把新区打造成为新技术策源地和新产业孵化器，通过产城融合为区域经济创新增长和绿色发展提供动力源（杨亚平，等，2023）。新城产城融合的方式主要是以产业结构调整为主，确立强大的产业支撑，建设多功能型城市（蓝菲，2012）；在新区规划阶段的产业引进和升级策略研究的基础上，大都会新区应率先向节能减排、绿色环保、内涵化、集约化、可持续性方向发展，将工业制造中的"两高一资"转移出大城市，大力发展服务业，压缩工业 GDP（刘荣增，等，2013）。制造业转型升级路径会影响开发区的空间变化过程，产城融合的关键在于正确处理好"产""城"的关系（陆嘉，等，2013）。要实现产城良性互动，就必须从在工业发展过程中培育城市功能、在城市发展过程优化工业结构两个方面入手，通过工业化与城市化的协调来推动产城融合（杨雪锋，等，2015）。

（三）以惠企利民为导向提升公共服务

优质的公共服务可以吸引人才流入，促进产业发展和科技创新，也可以提高城市的人口素质和生活品质。产城融合要以人为本，不断完善基础设施、提高公共服务，不断优化营商环境，改善人居环境。从苏州工业园区，上海张江高新技术园区和天府新区的实际情况来看，新城的发展大致可以分为三个阶段，即"产业先行—公共服务设施跟进—公共服务设施完善"，而每一个阶段的发展都必须以满足居民的基本需求和发展需求；通过运用大数据做好外来务工人员的管理和服务，改善产业工人的居住环境，构建新市民的社会保障制度，促进新市民融入城市，进而实现产城人融合发展。唯有强化新城基础设施及公共服务，使其"造血机能"得到提高，方能吸引人力、财力、物力等要素流入新城，实现新城面貌的根本性变化（杨雪锋，等，2016）。完善企业投资审批等商业服务制度，做好企业的"店小二"。

除上述角度以外，学者们也从完善基础设施体系的建设提升来实现产城融合提出了诸多建议，包括城市交通基础设施的建设、市政基础设施的建设、环保处理设施的建设等等。虽然不同学者对于不同的策略分类不同，但总结而言都是基于"产—城—人"三要素的平衡与融合为出发点，以三大要素为核心，因地制宜、因时制宜，根据各个地区不同的基础条件和发展水平而提出适合当地发展的策略。因此，结合现有的文献可以发现，对于产城融合的策略研究很难有一个严格的规范，更多地需要结合实际，各地新区建设中要立足于自身的发展特点，找寻契合自身的策略选择。

二、面向产城融合的新城新区治理策略

新城新区高质量发展离不开高效能的城市治理，必须坚持系统治理理念，对城市实施全方位治理，并不断创新新城运营管理模式，提高新城运行绩效和发展质量。

（一）系统治理

系统治理包括城市的多个方面，如城市空间治理、经济治理和社会治理。

1. 空间治理方面

工业化和城市化的持续推进，城市政府逐渐向"经营性"政府转变，新城新区在发展中往往存在职住空间分离，过度注重房地产开发，城市空间碎片化，布局混乱等空间利用不合理现象。新型城镇化时期的城市空间治理要以人为核心，推动城市空间从"空间经营"向"空间服务"转变，实现城市发展的人本价值归位，城市空间发展的治理方式要从粗放型向集约化转变。内涵式、集约化、可持续的发展方式是当代城市空间发展的必然选择。

2. 经济治理方面

一个城市经济发展的水平，可以用这个城市的产业发展水平来衡量。实现新城新区的产城融合，从经济治理的角度来看，侧重于调整城市现有的产业结构，实现城市经济的可持续发展。必然要求城市顺应发展的需要，适当地对产业"退二进三"，鼓励创新型服务业的发展，从而创造更多的优质就业岗位，吸引优秀的人才集聚，推动城市经济高质量发展，同时提升城市基础服务水平。

3. 社会治理方面

社会治理的核心在于人的需求，也就是以人为本的发展理念。以往的新城新区发展为资本服务，过度注重经济发展，"唯 GDP 论英雄"的政绩考核机制更是助推了这一趋势。产城融合要求把人放在第一位，一改以往的发展方式，满足人们对

城市生活的向往也是人们对美好生活向往的重要组成部分。基础设施逐步完善，公共服务水平不断提升，生态环境持续改善，人们的幸福指数加速上涨，才是真正意义上的产城融合的新城。

（二）运营模式创新

首先，以往的城镇化在推进上，都完全依赖政府的力量，政府包揽了新城建设的一切事项，缺少市场的参与，很难达到城市建设运营效能的最大化。借鉴当前PPP项目在众多公共项目中的运用，将其引入到城市运营中不失为一种方法。各种城市新区的基础设施的建设都需要大量的资金投入，如果还是按照以往单纯依靠政府的税收财政一种来源，建设的成果往往会达不到预期效果。寻求诸如 BOT、PPP等多样化的融资方式创新，可以缓解政府的财政支出，也可以加快新城新区的建设步伐。

其次，结合城市和产业的辩证关系，从产业融合的角度来带动产城融合。产业融合不仅体现在功能不同的产业的融合，更是体现在不同类别的产业的融合，这个不同类别就是指第几产业，当前城市主要还是要实现二、三产业的融合，引入互联网科技公司，通过科技创新和产业结构优化相结合的方式，改进原有第二产业的生产工艺、管理技术等，实现城市产业的业态创新。针对发展初期且靠近郊区的新城，第一产业在城市中仍占有较大比重的，将农业的发展和资本结合起来，打造"资本＋农户"的农业集成商模式。充分利用互联网经济的优势，提升农业产品的附加值，构建农业综合体，带动集体经济转型。

第十四章 本书研究结论

第一节 关于新城新区产城融合机制的主要观点

本书致力于分析产城融合的科学内涵和人本逻辑，剖析城镇化进程中产城分离的病灶及其后果，揭示高质量发展导向下新城新区产城融合发展的机理，基于人本思想提出产城融合中"人"的二重性论断，指出城市竞争的供求转换逻辑，提出公园城市的价值体系和发展目标，绿色智慧新城的四大基础系统和五大保障体系。通过研究得出如下结论。

产城分离的本质特征是城市二元结构的体现，表现为空间、产业、市场、社会四重二元分割特征。这种特征是传统的城乡二元结构的历史延续，也是经济增长至上的城市发展观的集中体现。我国产城分离问题的历史和制度根源，主要有二元体制的户籍制度、土地制度、财政制度、社会保障制度等，以及城市竞争"锦标赛"、新城新区区政关系失调、城市规划不科学等现实原因。

产城融合是城市高质量发展的必由之路，更是新城新区提高竞争力、实现可持续发展所需要坚持的理念。狭义的产业区与城区的空间融合、广义的工业化与城镇化融合，体现新时代新发展理念的新型产城融合，还包括新城新区的社会融合、城乡之间的经济融合。

产城融合的核心思想是坚持以人为本、幸福导向，把"人"作为产城融合的主体，把握"人"作为生产者与消费者的二重性，以及由此形成劳动生产者与人口再生产者、员工与居民多维角色的空间转换关系，展现出生产、生活、居住、服务的一致性、相通性、融合性。产城融合是产、城、人、文、地、业、居七大要素在空间上的有机结合，其中"人"是核心，"业"和"居"是支撑，"产"是基础，"城"是空间，"地"是载体。人既是生产者，也是消费者；既从事劳动生产，也承担人口再生产；在"产"（即企业）为员工，在"城"（即社区）为居民。业和居是产和城的微观基础，业与居的协调要求产与城的融合。人的经济社会活动就是在"业者"和"居者"两大角色之间进行空间转换，产城融合能够让这种空间转换成本最小化、时间最高效、心情最愉悦，实现生命成本最小化、生活质量最优化。

产城融合理念的契合城市规划新思潮，汲取了区域主义、新城市主义、紧凑城市、精明增长、多中心治理等城市规划和公共治理理论的精髓；也暗合了高质量城镇化导向的城市竞争新逻辑。高质量发展对产业结构、技术水平、人居环境、生活品质等方面提出新的要求，城镇化从量的扩张转向质的提升。城市竞争从以往的供给导向转变为需求导向，即从过去注重要素供给转向资本和人才对营商环境、公共服务和城市生活品质的需求。

产业结构调整、生产技术进步、生产性服务业的发展构成产城融合的现实基础。着眼于产城融合，在产业发展中培育城市功能，在城市发展中优化产业结构。新城新区产业融合带动产城融合，产城融合促进城乡融合。

国家级开发区经过先产后城、产城分离、产城互动三个发展阶段，在起步、成长、成熟三个发展阶段中，产业发展与城市功能是协同演化的，构成系统的多要素之间存在多重互动关系。产城融合影响因素之间的动态关系通过产城融合发展指数和产业发展指数、城市发展指数、生态文明指数进行反映。杭州经济技术开发区产城融合程度不断提高，影响产城融合发展水平的产业发展指数、城市发展指数、生态文明指数整体也是呈上升趋势，其中，城市发展指数权重最高，表明城市化建设对开发区产城融合发展具有更显著影响。

公园城市建设以"城、园、景、境"为核心要素、以"产、城、人、文"为着力点，让更多的城市文明向农村居民延伸，让城市文脉得以延续并发扬光大，同时也让更多的生态福祉惠及更多的城市居民，让更多的农村居民享受城市公共服务。

特色小镇为破解新城新区发展"千城一面"以及"城市病"难题而产生，但是也普遍存在空间布局不合理、产业发展水平不高、高端要素集聚不足、城市化功能不完善、体制机制不健全等问题，导致产业集聚和人口集聚双重不足。

第二节 不同类型新城新区的产城融合路径

不同发展阶段新城新区的产业基础、城市空间结构、城市化功能配置存在巨大差异，在导向产城融合发展的过程中，需要区分不同类型的新城新区，提出相适应、符合发展趋势的发展路径。

开发区产城融合路径是通过优化产业结构、完善城市功能、提升职住质量、实现职住平衡；产业发展投资以先进制造业和现代服务业两业并举、科技研发和应用两轮驱动为主，城市功能建设以加大基础设施投资、提高公共服务能力为主，生态环境建设以构建绿色产业链、打造生态开发区为主。

科技新城产城融合路径选择是，按照创新融合、功能契合、空间融合、人文融合多维发展要求，推进不同时期科技新城产城融合。发展路径为基于产业需求和人才需求的城市服务体系构建，产城融合的模块化布局、创新环境多元化引导；从提升城市功能、加快轨道交通建设、有序推动房地产开发、制定引新退老产业结构调整政策等方面，构建科技新城产城融合政策支持体系。

"产城人境业"融合发展的公园城市建设路径是，按照公园城市价值体系五维目标（自然之野、人文之韵、经济之活、治理之善、百姓之乐）推进生态化指向的产城融合发展路径，就是锚定公园城市成长坐标，坚持"绿水青山就是金山银山"的发展理念，以大融合、大生态、大健康为重点，构建绿色经济发展新机制。

国家级新区绿色智慧新城的产城融合路径是，以生态宜居、产城融合、运行高效为目标，建设绿色智慧新城生态系统、基础设施系统、城市运行系统和创新创业系统等四大基础性系统。以内部安全、和谐，外部协调、共享为目标，构筑绿色智慧新城科学的空间规划设计体系、先进的城市建设标准体系、现代化城市治理能力体系、新型公共安全保障体系、区域发展统筹联动体系等五大保障性支持体系。

特色小镇产城融合发展路径是，按照"三生"融合、创新创业的要求，优化空间布局、发展特色产业、集聚高端要素、完善城市化功能、创新体制机制。

参考文献

[1] Ommeren J, Rietveld P, Nijkamp P. Job Moving, Residential Moving, and Commuting: a Search Perspective [J]. Journal of Urban Economics, 1999（2）: 230-253.

[2] Genevieve G.Is Jobs-housing Balance a Transportation Issue?[J]. University of California Transportation Center, 1991（1305）: 305-312.

[3] Smith T E, Zenou Y. Spatial Mismatch, Search Effort, and Urban Spatial Structure [J]. Journal of Urban Economics, 2003（1）: 129-156.

[4] 柴彦威, 张燕, 刘志林. 职住分离的空间差异性及其影响因素研究 [J]. 地理学报, 2011（2）: 157-166.

[5] 张道刚. "产城融合"的新理念 [J]. 决策, 2011（1）: 1.

[6] 林华. 关于上海新城"产城融合"的研究: 以青浦新城为例 [J]. 上海城市规划, 2011（5）: 30-36.

[7] 李文彬, 陈浩. 产城融合内涵解析与规划建议 [J]. 城市规划学刊, 2012（7）: 99-103.

[8] 罗守贵. 中国产城融合的现实背景与问题分析 [J]. 上海交通大学学报, 2014（4）: 17-21.

[9] 杜宝东. 产城融合的多维解析 [J]. 规划师, 2014（6）: 5-9.

[10] 李文彬, 张昀. 人本主义视角下产城融合的内涵与策略 [J], 规划师, 2014（6）: 10-16.

[11] 刘畅, 李新阳, 杭小强. 城市新区产城融合发展模式与实施路径 [J]. 城市规划学刊, 2012（7）: 104-109.

[12] 孔翔, 杨帆. "产城融合"发展与开发区的转型升级: 基于对江苏昆山的实地调研 [J]. 经济问题探索, 2013（5）: 124-128.

[13] 张开华, 方娜. 湖北省新型城镇化进程中产城融合协调度评价 [J]. 中南财经政法大学学报, 2014（3）: 43-48.

[14] 苏林, 郭兵, 李雪. 高新园区产城融合的模糊层次综合评价研究: 以上海张江高新园区为例 [J]. 工业技术经济, 2013（7）: 12-16.

[15] 蒋东华. 产城融合发展及其城市建设的互融性探讨: 以四川省天府新区为例 [J]. 经济体制改革, 2012（6）: 43-47.

[16] 贺传娇, 王旭, 邹兵. 由产城互促到产城融合: 深圳市产业布局规划的思路与方法 [J]. 城市规划学刊, 2012（5）: 30-36.

[17] 潘锦云, 姜凌, 丁羊林. 城镇化制约了工业化升级发展吗: 基于产业和城镇融合发展的视角 [J]. 经济学家, 2014（9）: 41-49.

[18] 于涛, 陈昭, 朱鹏宇. 高铁驱动中国城市郊区化的特征与机制研究: 以京沪高铁为例 [J]. 地理科学, 2012（9）: 1041-1046.

[19] 史官清, 张先平, 秦迪. 我国高铁新城的使命缺失与建设建议 [J]. 城市发展研究, 2014（10）: 1-5.

[20] 申小蓉. 关于科技型城市几个问题的思考 [J]. 四川师范大学学报（社会科学版）, 2006（5）: 42-46.

[21] 李新阳, 马小晶. 知识经济时代背景下青山湖科技城规划策略研究 [J]. 城市规划学刊, 2012（7）:

75–80.

[22] 左学金 . 我国现行土地制度与产城融合：问题与未来政策探讨 [J]. 上海交通大学学报（哲学社会科学版），2014（4）：5–9.

[23] 卢为民 . 产城融合发展中的治理困境与突破：以上海为例 [J]. 浙江学刊，2015（2）：151–154.

[24] 贾晓华 . 强化中小城市的产业支撑实现城镇与产业的融合发展 [J]. 辽宁大学学报（哲学社会科学版），2014（3）：40–45.

[25] 左学金 . 我国现行土地制度与产城融合：问题与未来政策探讨 [J]. 上海交通大学学报（哲学社会科学版），2014（4）：5–9.

[26] 韦亚平，赵民 . 关于城市规划的理想主义与理性主义理念：对"近期建设规划"讨论的思考 [J]. 城市规划，2003（8）：49–55.

[27] 霍春龙 . 论政府治理机制的构成要素、涵义与体系 [J]. 探索，2013（1）：81–84.

[28] 邹伟勇，黄炀，马向明，等 . 国家级开发区产城融合的动态规划路径 [J]. 规划师，2014（6）：32–39.

[29] 张莉，王贤彬，徐现祥 . 财政激励、晋升激励与地方官员的土地出让行为 [J]. 中国工业经济，2011（4）：35–43.

[30] 覃成林 . 基于协调与共享发展的中原城市群建设制度创新 [J]. 地域研究与开发，2008（6）：1–6.

[31] 焦华富，戴柳燕 . 合肥市城市居民职住空间均衡性现状及影响因素 [J]. 城市问题，2015（5）：46–51；59.

[32] 赵学彬 . 基于空间均衡格局下的长沙市城市空间发展战略研究 [J]. 城市发展研究，2010（11）：34–40.

[33] 郑耀群 . 人本视角下不同类型区域产城融合发展的路径研究 [J]. 西安电子科技大学学报（社会科学版），2019（3）：33–40.

[34] 杨雪锋，孙震 . 共享发展理念下的产城融合作用机理研究 [J]. 学习与实践，2016（3）：28–35.

[35] 沈锐，李同升，赵伟 . 后现代的新城市主义与中国城市规划 [J]. 城市问题，2005（4）：20–24.

[36] 汤培源，周毅 . 基于新城市主义理念的新城规划与建设的反思 [J]. 现代城市研究，2007（12）：18–24.

[37] 蔡辉，贺旭丹 . 新城市主义产生的背景与借鉴 [J]. 城市问题，2010（2）：8–12.

[38] 王慧 . 新城市主义的理念与实践、理想与现实 [J]. 国外城市规划，2002（3）：35–38.

[39] 刘军 . 基于新城市主义理念的天津住区规划发展演进研究 [D]. 天津：天津大学，2014.

[40] Keat Foong.What's new in new urbanism: the paradigm–shifting movement adapts to current as well as future conditions [J]. Multi–Housing News，2014，4（49）：22.

[41] 刘根生 . "精明增长"需要城市"紧凑" [N]. 南京日报，2016–08–09（A04）.

[42] 孔翔，等 . 浅析我国大城市近郊的高科技产业发展：基于产品内分工的视角 [J]. 经济地理，2009（12）：1985–1989.

[43] 张忠国 . 城市成长管理空间策 [M]. 南京：东南大学出版社，2006.

[44] 徐新，范明林 . 紧凑城市：宜居、多样和可持续的城市发展 [M]，上海：世纪出版集团，2010.

[45] 刘海龙 . 从无序蔓延到精明增长美国城市增长边界概念述评 [J]. 城市问题，2005（3）：67–72.

[46] 藤田昌久，等 . 空间经济学：城市、区域与国际贸易 [M]. 北京：中国人民大学出版社，2011.

[47] 孙久文，等 . 区域经济学教程 [M]. 北京：中国人民大学出版社，2002.

[48] 张荣天，张小林 . 国内外城市空间扩展的研究进展及其述评 [J]. 中国科技论坛，2012（8）：151–155.

[49] 蔡伟丽，申立 . 新区实践与城市发展理念新动向 [J]. 地域研究与开发，2008，27（6）：11–14.

[50] 卢培云，严文复.城市新区空间结构优化探讨 [J].沈阳建筑大学学报（社会科学版），20079（3）：269–271.

[51] 吴国玺，潘春彩，申怀飞.许昌新区建设的理念及可持续发展规 [J].地域研究与开发，201130（3）：48–51.

[52] 约翰·M·利维.现代城市规划：第 5 版 [M].北京：中国人民大学出版社，2003.

[53] 李孙桂，李芳.新区实现产城融合的空间布局研究 [J].城市地理，2015（24）：31.

[54] 李王鸣，潘蓉.精明增长对浙江省城镇空间发展的启示 [J].经济地理，2006，26（2）：230–240.

[55] 王凯.产城融合视角下苏州吴中城区空间优化研究 [D].苏州：苏州科技大学，2016.

[56] 殷悦.产城融合视角下的开发区转型研究 [D].苏州：苏州大学，2015.

[57] 张卫良."区域城市"：刘易斯·芒福德的城市愿景与中国的新型城镇化 [J].都市文化研究，2014（2）：63–76.

[58] 陈建军，陈菁菁，陈怀锦.我国大都市群产业：城市协同治理研究 [J].浙江大学学报（人文社会科学版），2018，48（5）：166–176.

[59] 谭荣，曲福田.中国农地非农化与农地资源保护：从两难到双赢 [J].管理世界，2006（12）：50–59；66.

[60] 陆铭.建设用地使用权跨区域再配置：中国经济增长的新动力 [J]，世界经济，2011（1）：107–125.

[61] 郝佳琳.开发区产城融合的动力机制与实施策略研究 [D].南京：东南大学，2020.

[62] 贡瀛翰.论帕特里克·格迪斯有机的城市观 [D].上海：上海师范大学，2014.

[63] 宋一然.刘易斯·芒福德区域规划思想的实践研究 [D].上海：上海师范大学，2017.

[64] 李月.古希腊城市研究的生态与区域视角：论刘易斯·芒福德的古希腊城市史观 [J].都市文化研究，2016（2）：3–15.

[65] 陶希东.欧美大都市区治理：从传统区域主义走向新区域主义 [J].创新，2019，13（1）：1–9.

[66] 林利剑，滕堂伟.世界一流科学园产城融合的分异、趋同及其启示：以硅谷与新竹科学工业园为例 [J].科技管理研究，2014，34（8）：33–37；64.

[67] 詹克斯，等.紧缩城市：一种可持续发展的城市形态 [M].周玉鹏，等译.北京：中国建筑工业出版社，2004.

[68] 杨雪锋，蔡诚.国外新城运动经验及启示 [J].中国名城，2016（8）：71–75.

[69] Brunn S D, Hays, Mitchell M, et al. Cities of the World: World regional Urban Development[M]. New York: Happer & Row Publisher, 1983.

[70] 朱东风，吴明伟.战后中西方新城研究回顾及对国内新城发展的启示 [J].城市规划学刊，2004（5）：31–35.

[71] 冯奎.中国新城新区现状与创新发展重点 [J].区域经济评论，2016（6）：15–25.

[72] 何丹，谭会慧."规划更美好的伦敦"：新一轮伦敦规划的评述及启示 [J].国际城市规划，2010，25（4）：79–84.

[73] 彼得·霍尔.城市和区域规划 [M].邹德慈，陈熳莎，李浩，译.北京：中国建筑工业出版社，2002.

[74] 杜赫.英国新城公共服务设施空间布局对于当下中国新城的借鉴意义 [D].合肥：合肥工业大学，2016.

[75] Strange I, Davoudi S. Conception of Space and Place in Strategic Spatial Planning[M]. London: Rouledge, 2009: 181–205.

[76] 刘士林，刘新静，盛蓉.中国新城新区发展研究 [J].江南大学学报（人文社会科学版），2013（7）：74–81.

[77] 彼得·卡尔索普，威廉·富尔顿.区域城市：终结蔓延的规划 [M].叶齐茂，倪晓晖，译.北京：中国建筑工业出版社，2007.

[78] 张京祥，毅洁，何建颐.全球化世纪的城市密集地区发展与规划 [M].北京：中国建筑工业出版社，2008.

[79] 王田.美国现代城市郊区化与"婴儿潮"一代 [D].厦门：厦门大学，2009.

[80] PutnamR D, Alone B. The Collapse and Revival of American Community[J]. Public Choice, 2000, 108（3）: 390–395.

[81] 李亚丽.英国城市化进程的阶段性借鉴 [J].城市发展研究，2013（8）: 24–28.

[82] 张文忠.日本的国土开发对中国西部大开发的启示 [J].地理科学，2013（11）: 85–91.

[83] 陶希东.国外新城建设的经验与教训 [J].城市问题，2005（6）: 95–98.

[84] 杨雪锋，王森峰，张锋.开发区产城融合发展动力机制研究：基于系统动力学方法 [J].商学研究，2020（6）: 5–17.

[85] 杨雪锋，徐周芳.基于空间关系的产业新城产城融合模式形成与选择：以杭州为例 [J] 中国名城，2017（3）: 39–43，63.

[86] 张锋.基于系统动力学的开发区产城融合发展评价研究 [D].杭州：浙江财经大学，2017.

[87] 向乔玉，吕斌.产城融合背景下产业新城模块空间建设体系规划引导 [J].规划师，2014（6）: 17–24.

[88] 高纲彪.产城融合视角下产业集聚区空间发展研究 [D].郑州：郑州大学，2011.

[89] 许莉，段莹，黄涛."资源节约型"规划思想引导下的武汉旧城更新 [J].城市规划学刊，2009（7）: 160–165.

[90] 吴建伟.大规划：城市与产业 [M].上海：同济大学出版社，2009.

[91] 陈爱民.中国城市化：田野研究与省例分析 [M].北京：经济科学出版社，2003.

[92] 宋金平，王恩儒，张文新，等.北京住宅郊区化与就业空间错位 [J].地理学报，2007，62（4）: 387–396.

[93] 郑思齐，谢洁玉，吴斌珍，等.中国城市房价与居民消费 [J].金融研究，2012（6）: 13–27.

[94] 司林杰，赵曦，朱莉芬.产业转移、城市竞争与租金耗散 [J].工业技术经济，2013（9）: 3–9.

[95] 孟斌.北京城市居民职住分离的空间组织特征 [J].地理学报，2009，64（12）: 1457–1466.

[96] 顾翠红，魏清泉.上海市住分离情况定量分析 [J].规划师，2008，24（6）: 57–62.

[97] 孙斌栋，李南菲，宋杰洁，等.职住平衡对通勤交通的影响分析：对一个传统城市规划理念的实证检验 [J].城市规划学刊，2010（6）: 55–60.

[98] 肖琛，陈雯，袁丰，等.2000~2010 年无锡市职住空间关系变化及影响因素分析 [J].地理科学，2014（2）: 137–146.

[99] 郑思齐，曹洋.居住与就业空间关系的决定机理和影响因素：对北京市通勤时间和通勤流量的实证研究 [J].城市发展研究，2009（6）: 29–35.

[100] 邓羽，司月芳.北京市城区扩展的空间格局与影响因素 [J].地理研究，2015（12）: 2247–2256.

[101] 朱一荣，田华，祁丽艳.人口与产业分散视角下的北京新城开发成效探讨 [J].规划师，2010（8）: 113–117.

[102] 刘斯敖，贺华丽.浙江经济空间集聚模式的历史演进分析 [J].浙江学刊，2012（1）: 210–217.

[103] 樊杰，洪辉.现今中国区域发展值得关注的问题及其经济地理阐释 [J].经济地理，2012（1）: 1–6.

[104] 孙浦阳，武力超，张伯伟.空间集聚是否总能促进经济增长：不同假定条件下的思考 [J].世界经济，2011（10）: 3–20.

[105] Cervero R. Jobs–housing balance as public policy[J]. Urban Land, 1991（10）: 4–10.

[106] Howard E. Tomorrow: a peaceful path to real reform[M]. London: Swann Sonnenschein, 1898.

[107] Giuliano, G. Is jobs-housing balance a transportation issue[J]. Transportation Research Record, 1991, 13 (5): 305-312.

[108] Kain J F. Housing segregation, Negro employment, and metropolitan decentralization[J]. Quarterly Journal of Economics, 1968 (82): 175-197.

[109] Kim S. Excess Commuting for 2-Worker Households in the Los-Angeles Metropolitan-Area[J]. Journal of Urban Economics, 1998, 38 (2): 166-182.

[110] Marshall A. Principles of economics: An introductory Volume (8th ed.) [M]. London: Macmillan Press, 1920.

[111] Daniel W K, Carl G. Spatial auto correlation and the selection of simultaneous auto regressive models[J]. Global Ecology and Bio-geography. 2011, 15: 1-13.

[112] Young A. Increasing Returns and Economic Progress [J]. Economic Journal, 1928 (38): 152.

[113] Giuliano G. Is jobs-housing balance a transportation issue?[J]. University of California Transportation Center, 1991.

[114] Van Ommeren J, Rietveld P, Nijkamp P. Job moving, residential moving, and commuting: a search perspective[J]. Journal of Urban Economics, 1999, 46 (2): 230-253.

[115] Patacchini E, Zenou Y. Search activities, cost of living and local labor markets[J]. Regional Science and Urban Economics, 2006, 36 (2): 227-248.

[116] Smith T E, Zenou Y. Spatial mismatch, search effort, and urban spatial structure[J]. Journal of Urban Economics, 2003, 54 (1): 129-156.

[117] Brueckner J K. Urban sprawl: diagnosis and remedies[J]. International Regional Science Review, 2000, 23 (2): 160-171.

[118] Hepinstall-Cymerman J, Coe S, Hutyra L R. Urban growth patterns and growth management boundaries in the Central Puget Sound, Washington, 1986-2007[J]. Urban Ecosystems, 2013, 16 (1): 109-129.

[119] Hutchinson P M. The effect of accessibility and segregation of the employment of the urban poor[M]. Lexington: Lexington Books, 1974.

[120] Ihlanfeldt K R, Sjoquist D L. Spatial mismatch hypothesis: a review on recent studies and their implications for welfare reform[J]. Housing Policy Debate, January 1998, 9 (4): 849-892.

[121] Ellwood D T. The spatial mismatch hypothesis: are there teenage jobs missing in the Ghetto?[R]. NBER Working Papers 1188, National Bureau of Economic Research, Inc. 1983.

[122] Ihlanfeldt K R. The Spatial Mismatch Between Jobs and Residential Locations Within Urban Areas[J]. Cityscape, 1994, 219-244.

[123] 未来. 服务业集聚视角下新城职住分离影响因素研究: 以杭州下沙为例 [D]. 杭州: 浙江财经大学, 2017.

[124] 刘荣增, 王淑华. 城市新城的产城融合 [J]. 城市问题, 2013 (6): 18-22.

[125] 欧阳东, 李和平, 李林, 等. 产业园区产城融合发展路径与规划策略: 以中泰（崇左）产业园为例 [J]. 规划师, 2014 (6): 25-31.

[126] 向乔玉, 吕斌. 产城融合背景下产业园区模块空间建设体系规划引导 [J]. 规划师, 2014 (6): 17-24.

[127] 王兴平, 等. 开发区与城市互动整合 [M]. 南京: 东南大学出版社, 2013.

[128] 郑国. 开发区职住分离问题及解决措施: 以北京经济技术开发区为例 [J]. 城市问题, 2007 (3): 12-15.

[129] 杨雪锋，徐周芳.科技新城产城融合的区位类型、路径选择及政策支持[J].学习与实践，2017（4）：14-22.

[130] 安礼伟，张二震.论开发区转型升级与区域发展开放高地的培育：基于江苏的实践[J].南京社会科学，2013（3）：11-17+32.

[131] 陈家祥.中国国家高新区功能偏离与回归分析[J].城市规划，2006（6）：22-28.

[132] 陈甬军，张廷海.京津冀城市群"产城融合"及其协同策略评价[J].河北学刊，2016（5）：136-140.

[133] 郭亚军，易平涛.线性无量纲化方法的性质分析[J].统计研究，2008（2）：93-100.

[134] 简·雅各布斯.美国大城市的死与生[M].金衡山，译.南京：译林出版社，2005.

[135] 黄鲁成，张淑谦，王吉武.管理新视角：高新区健康评价研究的生态学分析[J].科学学与科学技术管理，2007（3）：5-9.

[136] 林高榜.衡量城市化与工业化比较水平的新指标研究[J].数量经济技术经济研究，2007（1）：46-55.

[137] 李海龙，于立.中国生态城市评价指标体系构建研究[J].城市发展研究，2011（7）：81-86+118.

[138] 沈宏婷，陆玉麒.开发区转型的演变过程及发展方向研究[J].城市发展研究，2011（12）：69-73.

[139] 唐晓宏.基于灰色关联的开发区产城融合度评价研究[J].上海经济研究，2014（6）：85-92+102.

[140] 马克斯·韦伯.工业区位论[M].李刚剑，等译.北京：商务印书馆，1997.

[141] 卫金兰，邵俊岗.基于AHP的产城融合评价研究[J].河南科学，2014（10）：73-77.

[142] 张开华，方娜.湖北省新型城镇化进程中产城融合协调度评价[J].中南财经政法大学学报，2014（3）：43-48.

[143] 格雷戈里·曼昆.微观经济学原理[M].梁小民，梁砾，译.北京：北京大学出版社，2012.

[144] Kelly A，Williamson J. What Drives Third World City Growth? A Dynamic General Equilibrium Approach[M]. Princeton：Princeton University Press，1984.

[145] Krugman P. Increasing Returns and Economic Geography[J]. Journal of Political Economy，1991，99（3）：483-499.

[146] Kuznets. Economic Growth and Income Inequality[J]. The American Economic Review，1955，45（1）：1-28.

[147] Mumford L. The City in History[M]. New York：Harcourt，1961.

[148] Mzlcolm G. Economics of development[M]. New York：New York Press，1998.

[149] Mohamad M I，Nekooie M A，Taherkhani R. Exploring the Potential of Using Industrialized Building System for Floating Urbanization by SWOT Analysis[J]. Journal of Applied Sciences，2012，12（5）：486-491.

[150] Rannis G，Fei J. A Theory of Economic Development[J]. The American Economic Review，1961，51（4）：533-565.

[151] Young A. Increasing Returns and Economic Progress[J]. Economic Journal，1928，38（152）：527-542.

[152] 四川天府新区战略研究局."天府新区建设公园城市本底与路径研究"课题研究报告[R]，2018.

[153] 杨雪锋.公园城市的理论与实践研究[J].中国名城，2018（5）：36-40.

[154] 赵晶，朱霞清.城市公园系统与城市空间发展：19世纪中叶欧美城市公园系统发展简述[J].中国园林，2014（9）：13-17.

[155] 曹康，林雨庄，焦自美.奥姆斯特德的规划理念：对公园设计和风景园林规划的超越[J]，中国园林，2005（8）：37-42.

[156] 杨雪锋.公园城市的科学内涵[N].中国城市报，2018-03-19.

[157] 卢艳芹，彭福扬 . 人与自然命运共同体论析 [J]，理论月刊，2017（6）：42-47.

[158] 杨雪锋 . 绿色生态文明 [M]. 北京：中国环境科学出版社，2015.

[159] 孟卫东，吴振其，司林波 . 雄安新区绿色智慧新城建设方略探讨 [J]. 行政管理改革，2017（7）：23-27.

[160] 郑德高，王英 . 新城发展取向与创新试验：基于国际建设经验与未来趋势 [J]. 上海城市规划，2021（4）：30-36.

[161] 方晓霞 . 推动雄安新区建设绿色智慧新城的思考 [J]. 发展研究，2018（3）：44-46.

[162] 李金华 . 雄安新区绿色智慧新城建设及核心政策设计的思考 [J]. 财经智库，2018，3（2）：84-92；142.

[163] 闪淳昌 . 建立新时代大安全大应急框架 完善公共安全体系 [J]. 中国减灾，2023（1）：14-17.

[164] 李雪峰 . 提高公共安全治理水平的战略意涵与实现路径 [J]. 中国应急管理科学，2022（11）：13-26.

[165] 江特 . 特色小镇发展困境及对策研究：以乐清市智能电气小镇为例 [D]. 杭州：浙江财经大学，2018.

[166] 杨亚平，许悦靖 . 经济技术开发区升格、产城融合与城市创新水平 [J]. 科技管理研究，2023，43（14）：241-250.

[167] 杨雪锋，未来 . 产城融合：实现路径及政策选择 [J]. 中国名城，2015，30（9）：9-13.

[168] 杨雪锋，李爽 . 特色小镇：现实背景、发展动力与建设路径 [J]. 城市管理研究（第二辑），2017：70-81.

[169] 仇保兴 . 特色小镇的"特色"要有广度与深度 [J]. 现代城市，2017（1）：1-5.

[170] 苏海红，王松江，高永林 . 特色小镇 PPP 项目运作模式研究 [J]. 项目管理技术，2017，15（6）：13-17.

[171] 霍华德 . 明日的田园城市 [M]. 金经元，译 . 北京：商务印书馆，2002.10-20.

[172] 仇保兴 . 复杂适应理论（CAS）视角的特色小镇评价 [J]. 浙江经济，2017（10）：20-21.

[173] 约翰·R·罗根，朱宇姝 . 解读中国的快速城镇化问题 [J]. 景观设计学，2015（5）.12-25.

[174] 杨雪锋，林森 . 新城新区产城分离现状、原因及对策 [J]. 行政科学论坛，2017（4）.51-57.

[175] 杨雪锋，曹春露，王淼峰 . 新城新区产城融合：演变历程与发展策略 [J]. 中国名城，2023（12）：2-8.

后 记

产城融合是城市实现高质量发展的重要理念，新城新区作为各地城市发展的新空间，是新兴产业发展的重要平台，承担城市的特定功能，尤其需要贯彻落实好这一发展理念。

笔者长期致力于该领域研究，积累了系列研究成果。本书是教育部人文社会科学研究后期资助项目"高质量发展背景下新城新区产城融合机制与路径研究"（20JHQ097）的最终成果，也是浙江财经大学公共管理学院浙江省一流 A 类学科"公共管理学"学科建设成果，受到国家社会科学基金重大项目"协同推进绿色低碳消费的体制机制和政策创新研究"（23&ZD096）资助，部分成果还被教育部采纳。在该书撰写过程中，我的研究生未来、徐周芳、江特有一定的贡献，四川成都天府新区战略研究局提供了调研支持。在此一并致谢。

由于研究周期较长，部分数据略显陈旧，对研究案例的描述多数限于当时的发展状况，各地城市发展日新月异，本书难以及时跟进，不妥之处还请业内专家学者批评指正。最后，对中国城市出版社的宋凯主任、张智芊编辑为本书出版做出的辛勤工作表示感谢。

杨雪锋

2024 年 12 月